Journalistische Praxis

Gegründet von
Walther von La Roche
Herausgegeben von
G. Hooffacker, München, Deutschland

Weitere Bände in dieser Reihe
http://www.springer.com/series/11722

Der Name ist Programm: Die Reihe Journalistische Praxis bringt ausschließlich praxisorientierte Lehrbücher für Berufe rund um den Journalismus. Praktiker aus Redaktionen und aus der Journalistenausbildung zeigen, wie's geht, geben Tipps und Ratschläge. Alle Bände sind Leitfäden für die Praxis – keine Bücher über ein Medium, sondern für die Arbeit in und mit einem Medium. Seit 2013 erscheinen die Bücher bei Springer VS (vorher: Econ Verlag).

Die gelben Bücher und die umfangreichen Webauftritte zu jedem Buch helfen dem Leser, der sich für eine journalistische Tätigkeit interessiert, ein realistisches Bild von den Anforderungen und vom Alltag journalistischen Arbeitens zu gewinnen. Lehrbücher wie „Sprechertraining" oder „Frei sprechen" konzentrieren sich auf Tätigkeiten, die gleich in mehreren journalistischen Berufsfeldern gefordert sind. Andere Bände begleiten Journalisten auf dem Weg ins professionelle Arbeiten bei einem der Medien Presse („Zeitungsgestaltung", „Die Überschrift"), Radio, Fernsehen und Online-Journalismus, in einem Ressort, etwa Wissenschaftsjournalismus, oder als Pressereferent/in oder Auslandskorrespondent/in.

Jeden Band zeichnet ein gründliches Lektorat und sorgfältige Überprüfung der Inhalte, Themen und Ratschläge aus. Sie werden regelmäßig überarbeitet und aktualisiert, oft sogar in weiten Teilen neu geschrieben, um der rasanten Entwicklung in Journalismus und Neuen Medien Rechnung zu tragen. Viele Bände liegen inzwischen in der dritten, vierten, achten oder gar, wie die „Einführung" selbst, in der neunzehnten völlig neu bearbeiteten Auflage vor. Allen Bänden gemeinsam ist der gelbe Einband. Er hat den Namen „Gelbe Reihe" entstehen lassen – so wurden die Bände nach ihrem Aussehen liebevoll von Studenten und Journalistenschülern getauft.

Gegründet von
Walther von La Roche
Herausgegeben von
Gabriele Hooffacker
München, Deutschland

Stefan Primbs

Social Media für Journalisten

Redaktionell arbeiten mit Facebook, Twitter & Co

Stefan Primbs
München
Deutschland

Journalistische Praxis
ISBN 978-3-658-07358-9   ISBN 978-3-658-07359-6 (eBook)
DOI 10.1007/978-3-658-07359-6

Die Deutsche Nationalbibliothek verzeichnet diese Publikation in der Deutschen Nationalbibliografie; detaillierte bibliografische Daten sind im Internet über http://dnb.d-nb.de abrufbar.

Springer VS
© Springer Fachmedien Wiesbaden 2016
Das Werk einschließlich aller seiner Teile ist urheberrechtlich geschützt. Jede Verwertung, die nicht ausdrücklich vom Urheberrechtsgesetz zugelassen ist, bedarf der vorherigen Zustimmung des Verlags. Das gilt insbesondere für Vervielfältigungen, Bearbeitungen, Übersetzungen, Mikroverfilmungen und die Einspeicherung und Verarbeitung in elektronischen Systemen.
Die Wiedergabe von Gebrauchsnamen, Handelsnamen, Warenbezeichnungen usw. in diesem Werk berechtigt auch ohne besondere Kennzeichnung nicht zu der Annahme, dass solche Namen im Sinne der Warenzeichen- und Markenschutz-Gesetzgebung als frei zu betrachten wären und daher von jedermann benutzt werden dürften.
Der Verlag, die Autoren und die Herausgeber gehen davon aus, dass die Angaben und Informationen in diesem Werk zum Zeitpunkt der Veröffentlichung vollständig und korrekt sind. Weder der Verlag noch die Autoren oder die Herausgeber übernehmen, ausdrücklich oder implizit, Gewähr für den Inhalt des Werkes, etwaige Fehler oder Äußerungen.

Springer Fachmedien Wiesbaden ist Teil der Fachverlagsgruppe Springer Science+Business Media
(www.springer.com)

Inhaltsverzeichnis

1	Einleitung	1
2	Was ist Social Media?	5
	2.1 Definition	5
	2.2 Abgrenzung zum Begriff Web 2.0	6
	2.3 Social Networks/Soziale Netzwerke	7
	2.4 Für uns sind es Drittplattformen	8
	2.5 Warum sind Soziale Netzwerke und Social Media so wichtig?	9
	2.6 Warum sind Soziale Netzwerke so erfolgreich?	11
3	Überblick: Social Media-Dienste, Funktionen, Formate	15
	3.1 Blogs	15
	3.2 Liveblogs	17
	3.3 Soziale Netzwerke	20
	3.3.1 Facebook	22
	3.3.2 Twitter	30
	3.3.3 Facebook versus Twitter	36
	3.3.4 YouTube	37
	3.3.5 Google+	41
	3.3.6 Instagram	42
	3.3.7 Tumblr	45
	3.3.8 WhatsApp	45
	3.3.9 Weitere Soziale Netzwerke	47
	3.4 Das Social-Media-Prisma	48
	3.5 Die digitale Visitenkarte	48

4	Social Media verstehen	51
4.1	Social-Media fürs Selbst-Marketing	52
4.2	„Ich" sagen: die Personalisierung des Journalismus	52
4.3	Einmal Journalist, immer Journalist	53
4.4	Vom Bloggen leben?	54
4.5	Journalismus auf Augenhöhe	56
4.6	Vom Leser/Hörer/Seher (User) zum Partner	57

5	Publizistische Phänomene in Sozialen Netzwerken nutzen	61
5.1	Virale Verbreitung als Schlüssel zum Erfolg	61
5.2	Meme und Internet-Hypes	62
5.3	Virale Hypes – die Bedingungen	64
5.4	Texten, Filmen und Gestalten fürs Social Web	65
5.5	Die journalistischen Formate	66

6	Social Media im redaktionellen Umfeld	73
6.1	Die Strategie	73
6.2	Realistische Ziele und Visionen für den eigenen Social-Media-Auftritt	75
6.3	Das Konzept	76
6.4	Phasen der Seitenentwicklung	77
6.5	Messbare Ziele: Community, Reichweite, Interaktion	78
6.6	Daten für die Erfolgsmessung	81
6.7	Facebook-Marketing ist nicht „Fans kaufen"	82
6.8	Organigramme und Workflows für Redaktionen	84
6.9	Planung eines Events	88
6.10	Webseite Social-Media-tauglich machen	90
6.11	Social-Sharing-Buttons	90
6.12	Teaser, Tags und Description für Soziale Netzwerke	92
6.13	Transparenz und Fortschreibung von Artikeln/neue Nachrichtenstände	93

7	Tools für Publikation und Monitoring	95
7.1	Publikation und Teamarbeit organisieren	95
7.2	Anforderungen und Funktionen für Social-Media-Tools	96
7.3	Tweetdeck – nur für Twitter und gratis	97
7.4	Hootsuite	98
7.5	Feed-Poster, Cross-Poster, Link-Schleudern	99
7.6	Linkkürzer und die Durchklick-Statistik	100

7.7 Monitoring von Themen 102
7.8 Analytik und Statistik 103

8 Der Umgang mit der Community 107
   8.1 Formale und informelle Community: Definition 107
   8.2 Standardaufgaben des Community-Managers 109
   8.3 Ziel: eine konstruktive Community 110
   8.4 Warum Fans mehr sind als User 111
   8.5 Umgang mit Trollen: nicht füttern! 112
   8.6 Zwischen „Zensur" und Trollerei: Brauchen wir eine Netiquette? 113
   8.7 Wie dialogisch sind Sie? 115
   8.8 Der Shitstorm 116
   8.9 Möglichkeiten bei Sabotage und Spam-Terror 120

9 Arbeiten mit Material aus den Sozialen Netzwerken 123
   9.1 Recherche 124
   9.2 Echtzeit-Recherche nach Meldungen und Bildern in Twitter ... 124
   9.3 Personen und Posts suchen in Facebook 125
   9.4 Ein Wort zur Wikipedia und ihrem Bilderschatz 127
   9.5 Recherche in Verbraucherkritiken 128
   9.6 Bildrecherche in Flickr 129
   9.7 Verdeckte Recherche und Informantenschutz 129
   9.8 Metarecherchen für Kuratier-Aufgaben 131

10 Kuratieren – jeder ist ein Herausgeber 133
   10.1 Kuratier-Formate 134
   10.2 Tools für Kuratier-Formate 135
   10.3 Storify 137
   10.4 ScribbeLive 137
   10.5 Kuratieren in Sozialen Netzwerken 138
   10.6 Verifizierung von Inhalten (und Profilen) aus dem Netz ... 138
   10.7 Social TV 142

11 Crowdsourcing – die Grundlagen 145
   11.1 Vier Gründe, warum Crowdsourcing-Projekte scheitern, und die Regel dazu 146
   11.2 Mediales Crowdsourcing: Von der Fotoaktion zum Leserreporter! 147

11.3 Das Beispiel „ZDFcheck" 149
11.4 Weitere Beispiele 151

12 Darf ich das? Rechtliche Fallstricke 153
12.1 Urheberrecht 154
12.2 Persönlichkeitsrecht 155
12.3 Presserecht und Pressekodex 156
12.4 Ein Blick in die AGBs 157
12.5 Embedden und Teilen – darf ich das? 159
12.6 Creative Commons 160

13 Exkurs: Journalismus mit dem Smartphone 167
13.1 Das richtige Smartphone: wichtige Eigenschaften 168
13.2 Apps für bessere Fotos, Videos und Audioaufnahmen 169
13.3 Ministative, Leuchten, Mikros: nützliches Zubehör 170
13.4 Hüte dich vor dem Datenloch 171

14 Fünf Blogs für Social-Media-Journalisten 173

15 Journalistische Berufsbilder im Social-Media-Bereich 177

Glossar 181

Einleitung 1

Social Media, Facebook, Twitter, YouTube und Co, Community-Management, das Verifizieren und Kuratieren von Inhalten aus dem Netz – das sind Themen, mit denen sich alle journalistisch Tätigen mittlerweile im Alltag konfrontiert sehen. Und zwar nicht nur Onliner oder spezialisierte Community-Manager. Als Journalismustrainer für diesen Bereich wurde ich oft nach einem Buch gefragt, das systematisch in diese Arbeitsbereiche einführt.

Dass es – während ich dies schreibe – noch kein Buch gibt, das diesen Anspruch erfüllt, liegt sicher auch an der rasanten Entwicklung in den letzten Jahren. Ein Buch wäre schon bei Erscheinen hoffnungslos veraltet gewesen. Doch mittlerweile ist nicht mehr alles #Neuland. Es liegen längerfristige Erfahrungen aus dem Alltag der Redaktionen vor, Standards haben sich herausgebildet und bewährt, funktionierende Workflows etabliert. Es ist also Zeit für ein Buch, das erfahrenen Journalisten Social Media nahebringt; und das Social-Media-erfahrene Berufsanfänger auf spezifisch journalistische Herausforderungen in Facebook, Twitter und Co vorbereitet.

Im Berufsleben stehenden Journalisten, die ihr Handwerk vor dem Jahr 2000 gelernt haben, bietet das Buch eine systematische Einführung in Social Media. Denn in ihrer Ausbildung war Social Media noch kein Thema; die Rede vom „Shitstorm", die Datenschutzproblematik und nicht zuletzt die Angst vor weiterer Arbeitsverdichtung lassen die Betreffenden oftmals skeptisch auf die Sozialen Medien schauen. Doch heute verlangen Medienhäuser von ihren Angestellten selbstverständlich, für ihre Medienmarken Social Networks zu betreuen oder als Journalisten selbst zu bloggen oder zu twittern.

Das Buch zeigt ihnen, wie sie die neuen Möglichkeiten sinnvoll nutzen und in ihren persönlichen Arbeitsalltag und in einen Redaktionsworkflow einbauen können. Und sie erfahren, wie sie mit Sozialen Netzwerken ihre Arbeit inhaltlich bereichern können. Gleichzeitig wird dargelegt, welche Chancen Social Networks Journalisten bieten können, um sich selbst einen Namen zu machen oder unabhängig von Verlagen zu publizieren.

Berufsanfänger haben zumeist vielfältige private und erste berufliche Erfahrungen mit Sozialen Medien gemacht. Das Buch hilft ihnen, diese Erfahrungen auf eine professionelle Basis zu stellen. Sie lernen, welchen Platz Social Networks neben herkömmlichen Publikationsformen einnehmen können, sodass sie selbst in die Lage versetzt werden, redaktionelle Konzepte und publizistische Strategien zu erarbeiten. Außerdem lernen sie Grundlagen des Community-Managements und auch die vielfältigen rechtlichen Fallstricke kennen, die in diesem Bereich lauern, aber auch die Chancen, die sich durch Creative-Commons-Lizenzmodelle oder die AGBs von Twitter für ihre Arbeit ergeben.

Vor allem geht das Buch auch auf das wirklich „Revolutionäre" an Social Media ein, nämlich wie sich das hergebrachte Sender-Empfänger-Modell der Massenkommunikation verändert, und was das für den modernen Journalismus bedeutet: ein verändertes Berufsbild, neue journalistische Formate und neue Möglichkeiten für den einzelnen Journalisten.

Ebenso werden die einzelnen Dienste und ihre Eigenheiten vorgestellt. Zudem wird gezeigt, wie sie im redaktionellen Alltag eingesetzt werden und wo noch Potenzial für weitergehende redaktionelle Strategien zu sehen ist. Eine wichtige Rolle wird dabei auch dem Zusammenspiel mit dem User/Leser/Zuschauer/Zuhörer eingeräumt. Denn dieser rückt von der rein passiven Rolle als Rezipient künftig (im Idealfall) in die Rolle eines aktiven Verbündeten und Partners des Journalisten.

Freilich will auch der Umgang mit User-Material gelernt sein, vom Verifizieren von YouTube-Videos bis zum redaktionellen Crowdsourcing. Ein Kapitel widmet sich im Überblick den vielfältigen urheber-, persönlichkeits- und presserechtlichen Fragen im Umgang mit Sozialen Netzwerken (und bei der Verwendung von Usermaterial). Auch werden die unterschiedlichen Creative-Commons-Lizenzen erklärt und es wird dargelegt unter welchen Umständen sie für redaktionelle Zwecke genutzt werden können.

Dienste wie Twitter machen (neben speziellen Liveblog-Systemen) das Smartphone zum Reporterwerkzeug. Ein kleines Praxiskapitel bringt technische Tricks und gibt Hinweise auf nützliches Zubehör. Ein Glossar erleichtert die Lektüre, denn viele Fachbegriffe sind leider kaum zu umgehen.

1 Einleitung

Die Webseite zum Buch soll helfen, die medienbedingten Grenzen der Publikationsform Buch etwas abzumildern: Dort gibt es zu den einzelnen Kapiteln empfehlenswerte Links auf Beispiele und weiterführende Lektüre und Blogeinträge. Und Aktualisierungen. Denn schon mit Drucklegung werden Einzelheiten veraltet sein, Netzwerke die eine oder andere Funktion neu erhalten haben etc.

Bleibt zu danken all jenen, von und mit denen ich im Arbeitsalltag alles über Social Media gelernt habe, was ich hier dargelegt habe; den vielen Bloggern und Kollegen und Kolleginnen aus BR, ARD, BBC und ZDF sowie Gruner + Jahr, die mich an ihren Experimenten und Projekten teilhaben ließen, die ihre Erkenntnisse mit mir teilten, persönlich oder in größeren und kleineren Runden, deren Artikel ich gelesen, deren Konzepte ich studiert habe, und mit deren Redaktionen ich in vielfältiger Weise zusammenarbeiten konnte. Auch all den Social-Media-Experten, die auf Kongressen und Tagungen ihr Wissen weitergaben. Einige Blogger erwähne ich im entsprechenden Kapitel; die Linkliste auf der Buchwebseite wird sicher noch länger.

Besonders danken möchte ich meiner Lektorin und Herausgeberin Prof. Dr. Gabriele Hooffacker für das Vertrauen und die Gespräche zur Konzeption. Und vor allem meinen BR-Teamkollegen Benedikt Angermeier und Verena Stöckigt, mit denen ich täglich im Austausch in Sachen Social Media bin, sowie Norbert Sedghi, der immer wieder Rechtliches für mich ins Journalistische übersetzt. Ebenso danke ich Reinhard Dreßler, Christine Kalkhof und Natascha Plankermann, die wertvolle Hinweise lieferten, sowie meinem Chef Hans Helmreich. Was an diesem Buch gut ist, habe ich von und mit diesen und vielen anderen gelernt – was an Fehlern und Unzulänglichkeiten enthalten ist, geht ganz auf mein Konto.

Hinweis zum Thema geschlechtergerechte Sprache: Aus Gründen der Vereinfachung verwende ich an den meisten Stellen die generischen (maskulinen) Begriffe, zum Beispiel „User" oder „Twitterer". Es sind natürlich immer alle betreffenden Menschen gemeint.

Was ist Social Media? 2

> **Zusammenfassung**
>
> Was ist das Besondere an Social Media? Wie bringt man die Nutzer dazu, Inhalte zu teilen? Warum sind Social Networks und ist die öffentliche Konversation darin so wichtig? Journalisten und ihre Medienhäuser können Massenwirkung erzielen, wenn sie verstehen, wie Social Media und deren Nutzer ticken. Dazu braucht es Informationsmanagement, Identitätsmanagement und Beziehungsmanagement.

> **Schlüsselwörter**
>
> Social media · Social-media-strategie · Web 2.0 · Social networks · Beziehungsmanagement

2.1 Definition

Was ist überhaupt Social Media? In den vielfältigen Diskussionen wird der Begriff recht schwammig gebraucht, mengt sich zu anderen Begriffen wie Web 2.0, Leserreporter, Rückkanal, Bloggerszene. Für dieses Buch gilt eine offene Definition:

„Social Media" bezeichnet Online-Dienste, die den Nutzern helfen, Inhalte, Meinungen und Informationen auszutauschen oder gemeinsam zu erarbeiten. Die Definition folgt weitgehend derjenigen von Wikipedia. Beispiele für Social Media sind Facebook, Twitter oder YouTube, aber auch Blogs, Foren und Wikis. Online-Dienste in diesem Sinne müssen nicht unbedingt Webseiten/-Portale sein, sondern können auch Apps oder andere Software-basierte Angebote sein.

Die wichtigste Erkenntnis daraus für alle publizistischen Aktivitäten: Social Media ist auf Konversation und andere soziale Aktivitäten ausgelegt – das ist mehr als Feedback, mehr als Interaktion des „Empfängers" mit dem „Sender". Der Begriff „Media" enthält außerdem den Aspekt, dass die Konversation öffentlich oder zumindest teilöffentlich, das heißt innerhalb einer Gruppe, stattfindet.

2.2 Abgrenzung zum Begriff Web 2.0

Anfang bis Mitte der 2000er Jahre wurde für viele Veränderungen, die heute auch „Social Media" kennzeichnen, der Begriff „Web 2.0" verwendet. Der Begriff „Social Media" oder allgemeiner „Social Web" ist aber nicht nur ein neues Mode- oder Buzzwort, sondern bezeichnet tatsächlich eine wesentliche Veränderung zu „Web 2.0".

Wer „Web 2.0" sagte, meinte vor allem: Das Internet gibt dem Nutzer mit neuen Tools die Möglichkeiten an die Hand, auf einfache Art selbst zu publizieren. Jeder konnte jetzt Sender sein, nicht nur Empfänger. Pressefreiheit galt nicht nur für die Verleger, sondern jedermann. Die Mittel für diese Möglichkeiten waren die ersten simplen Content-Management-Systeme (CMS) und Publishing-Dienste für Blogs, Videos (YouTube) und Audios (Podcasts) sowie Fotos (Flickr, Picasa). Das „Social Web" setzt dies alles voraus, und tatsächlich ist ein Teil des Web 2.0 auch Social Media; aber der Begriff „Web 2.0" betont weniger das Miteinander, sondern eher das „ich auch". Denn es konnten zwar alle bloggen oder (ab 2005) YouTube-Videos einstellen, aber praktisch taten das nur wenige.

Ein Blick in die Geschichte des Internets lohnt an dieser Stelle. Schon vor dem Web 2.0 gab es Soziale Netzwerke der ersten Generation: Newsgroups und Mailinglisten sowie Chatrooms. Als Netzwerke der zweiten Generation, des Web 2.0, können Online-Foren oder Inhalte-getriebene Dienste wie Flickr, YouTube oder Myspace gelten.

Für Insider war tatsächlich die heutige Entwicklung schon damals absehbar. So liest sich das Cluetrain-Manifesto von 1999 wie eine Beschreibung der Entwicklungen in der Gegenwart. In der Wirklichkeit war es allerdings zunächst nur eine kleine Minderheit, die diese neuen Möglichkeiten nutzte. Das änderte sich erst durch den Siegeszug der Sozialen Netzwerke der dritten Generation in der Nachfolge von Myspace wie Facebook, die das Publizieren – auch wortwörtlich– zum Kinderspiel und zum Massenphänomen machten: publizieren und kommunizieren ohne technische und berufsspezifische Kenntnisse und auch ohne Anstrengung, ohne den Anspruch, Medium zu sein, ohne Begrenzung auf ein bestimmtes Thema oder Business. Und auch wenn die Anfänge solcher Netzwerke in die frühen 1990er Jahre, die Pionierzeit des Webs, zurückreichen und eine Linie über Dienste wie Myspace und Plattformen wie AOL sich bis heute durchzieht: Der „Social Turn" der Medien erfolgte erst durch die massenhafte Nutzung dieser Sozialen Netzwerke auch jenseits einer als nerdig empfundenen „Netzgemeinde" oder der rein privaten Nutzung in Partnerbörsen und geschlossenen Diensten wie AOL. Und durch die neue Öffentlichkeit, die genau dadurch entstand.

Ein Weiteres kam mit den Sozialen Netzwerken hinzu (im Unterschied zur „Blogosphäre"): Das persönliche Soziogramm jedes einzelnen und damit das Soziogramm einer Gesellschaft wurde zum bestimmenden Faktor, wo vorher für die Rezeption von Nachrichten vor allem sachliches Interesse derer vorherrschte, die ein Blog besuchten oder als RSS-Feed abonnierten. Eine Entwicklung, die zuletzt mit dem Siegeszug des Smartphones noch einmal an Geschwindigkeit und Qualität gewann, weil nun nicht nur jeder, sondern jeder überall und jederzeit im sozialen Netz war und Inhalte für das Netz publizieren und produzieren konnte.

▶ **Netzgemeinde** Unter Netzgemeinde verstand man bis etwa 2010 eine Gruppe von Internet-Begeisterten, die durch ihre eigenen Aktivitäten das Internet inhaltlich weiterentwickelte; zur Netzgemeinde in Deutschland zählten Blogger und Bloggerinnen, Podcaster(innen), Gründer und Intellektuelle, die sich mit dem (und vor allem im) Internet austauschten. Zum zentralen Kongress der Netzgemeinde wurde die Berliner Konferenz re:publica – ein sprechender Name, der auch etwas über das Selbstverständnis der Netzgemeinde aussagt. Mittlerweile ist der Begriff „Netzgemeinde" zum Anachronismus geworden, da ein Großteil der Bevölkerung dank Sozialer Netzwerke im Internet aktiv ist. Allenfalls wird Netzgemeinde noch als Selbstbeschreibung einer sich als digitale Elite verstehender, aber nicht klar umgrenzen Gruppe von Online-Enthusiasten verwendet, einer „Hobby-Lobby für das freie, offene und sichere Internet", wie es eine der Führungsfiguren dieser Netzgemeinde, Sascha Lobo, definierte.

2.3 Social Networks/Soziale Netzwerke

Die Sozialen Netzwerke wie Facebook oder Twitter sind also zentral für die Veränderungen, die das Zeitalter des Social Web ausmachen. In dieser Kommerzialisierung liegt eine gewisse Ironie: Während die Theorie im Web 2.0 erwartete, dass nun jeder publizieren würde, unabhängig von großen Firmen oder Verlegern, haben erst die Social Networks und ihre Simplizität daraus ein Massenphänomen gemacht – zu dem Preis, dass nun wieder große Firmen Inhalte und Personen kontrollieren und den Profit abschöpfen.

Doch was zeichnet Soziale Netzwerke aus? Zeit für eine weitere Definition: „Soziale Netzwerke sind Social-Media-Angebote, die sich durch eine eigene, durch Mitgliedschaft definierte Community auszeichnen. Das Profil der User und ihr Soziogramm (persönliches Netzwerk, „Social Graph") spielen dabei eine wichtige Rolle. Nur wer sich als Mitglied einloggt, kann die zentralen, aktiven Funktionen (Publizieren, Kommentieren, Weiterverbreiten) der Sozialen Netzwerke aktiv nutzen. Beispiele: Facebook, Twitter, YouTube. Sie sind Social *Media*, weil sie als Medium öffentlich wirken, und sie sind Social *Networks*, weil sie auf realen persönlichen Beziehungen und Mitgliedschaften analog zu Clubmitgliedschaften aufbauen.

2.4 Für uns sind es Drittplattformen

Es gibt Medienunternehmen, die selbst ein Soziales Netzwerk betreiben. Oft wird dafür der Begriff „Eigene Community" verwendet (allerdings nicht in diesem Buch – siehe Glossar: „Community"). Die wichtigen das Internet und die Medien treibenden Sozialen Netzwerke sind aber Drittplattformen. Das heißt, Betreiber sind Dritte, die zwischen uns, den Journalisten und Redaktionen, und dem User/Leser/Hörer stehen. Diese Dritten haben meist eigene kommerzielle Interessen, so auch die für die Verbreitung journalistischer Inhalte wichtigsten Drittplattformen: Facebook, Twitter und YouTube.

Wir als Journalisten sind selbst nur Gast dort, unsere Medienmarken, für die wir ggf. arbeiten, maximal Partner. Das ist nicht immer angenehm. Wir müssen Nutzungsrechte an den Inhalten an die Drittplattform abgeben. Und der Hausherr legt eigene Regeln fest, die AGBs des jeweiligen Netzwerks. Da fliegt dann schon mal ein Gesundheitsvideo des ZDF aus YouTube, weil dem Netzwerk nicht gefällt, dass in einem Bericht über Krebs eine blanke Brust bei der Untersuchung gezeigt wird. Und ein Facebook-Posting des WDR-Talkers Domian wird von der Plattform gelöscht, weil sich zu viele Facebook-Nutzer darüber beschweren.

Und wir selbst können uns – unabhängig von irgendwelchen AGBs – auch nicht so bewegen, wie wir das auf eigenen Webseiten gewohnt sind: Oft hat unser Arbeitgeber oder Auftraggeber beispielsweise für zugekauftes Bild- und Videomaterial nicht die erforderlichen Rechte, dieses auf Drittplattformen wie Facebook und

Twitter zu publizieren. Zudem wollen Interviewpartner für eine Zeitung oder eine seriöse Medienmarke nicht unbedingt auch bei YouTube zu sehen sein und so fort.

2.5 Warum sind Soziale Netzwerke und Social Media so wichtig?

Dennoch sind Soziale Netzwerke unglaublich wichtig für den Journalismus, für die Bewerbung der eigenen Medieninhalte und für deren Vertrieb geworden. Hier nur die wichtigsten Gründe:

Warum Social Media für Journalisten?
- Mehr als die Hälfte aller Deutschen „Onliner" verbringen in diesen Netzwerken einen Großteil ihrer Mediennutzungszeit.
- Die Verbreitungsmechanismen in Sozialen Netzwerken sind ausschlaggebend geworden dafür, welche Medien im Netz wahrgenommen und rezipiert werden.
- Die Relevanz von Nachrichten kann auch daran abgelesen werden, inwieweit sie diskutiert werden, im Gespräch sind – zum Beispiel in Sozialen Netzwerken. Diese auch messbare Größe (Shares, Comments, Likes) wird eine der „Währungen" für den Journalismus sein. Selbst wenn man diese Wertung nicht für gerechtfertigt hält, so ist sie doch vorhanden – Portale wie 10000flies.de veröffentlichen im Web die Social Charts der Informationsmedien.
- Die Nutzerbindung bei Medienmarken erfolgt stark auch über Soziale Netzwerke.

Ein paar Zahlen dazu
- Facebook hat in Deutschland (Ende 2014) rund 25 bis 30 Mio. Nutzer
- YouTube ist nach Google, zu dem die Plattform gehört, die zweitgrößte Suchmaschine der Welt.
- Ein Viertel ihrer Online-Zeit verbringen die Nutzer in Sozialen Netzwerken.
- Ein Viertel der Online-Nutzer kommt mittlerweile über Facebook auf die Artikel der Online-Plattformen von Medien. Bei taz.de waren es Ende 2014 laut dem eigenen Hausblog bereits 28 %, die von Facebook kamen (Abb. 2.1).

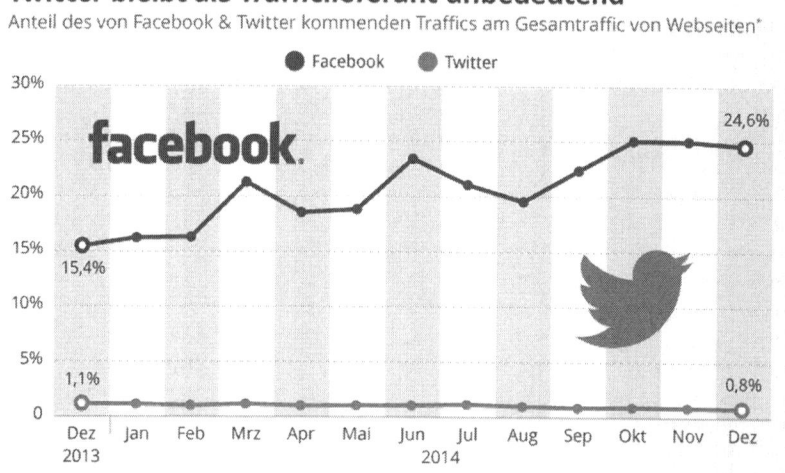

Abb. 2.1 Wie stoßen User auf Informationen im Internet? Die Grafik zeigt, wie wichtig Facebook für den Vertrieb von Inhalten im Web ist (Twitter hat andere Stärken). Grafik: statista.de

Social Media gibt darüber hinaus jeder Redaktion die Chance, sich mit ihrer „Fangemeinde" auszutauschen und die Fangemeinde/Zuschauer/Zuhörer ins Programm mit einzubeziehen. Auch der Journalist ist nicht mehr „allein" an seinem Computer, um für einen imaginären Leser zu schreiben. Er kann ihn – oder zumindest einige davon – nun kennenlernen.

Zudem haben User eine Expertise, die man wertschätzen und nutzen sollte, um das eigene Produkt besser zu machen. Bedenken Sie: Unter 10.000 Lesern ist garantiert einer, der im Thema tiefer drin ist als der Autor der Geschichte – weil er eben ein Experte, Anwohner, Betroffener oder ähnliches ist. Soziale Netzwerke enthalten darüber hinaus viele Inhalte, Themen und Informationen, die anderweitig nicht zu recherchieren oder zu bekommen wären (zum Beispiel Fotos oder Videos). Oder können Inhalte generieren, Stichwort: Crowdsourcing (siehe unten).

Wer sich als Profi in die Sozialen Netzwerke begibt, sollte allerdings ihre Eigenschaften kennen und sich entsprechend verhalten. Denn nur dann wird man dort Freude – und Erfolg – haben.

> Soziale Netzwerke und ihre Communities
> - sind auf Dialog/Diskurs in Augenhöhe angelegt,
> - funktionieren in Echtzeit,
> - bevorzugen Multimedialität,
> - sind mobil und immer dabei (Smartphone),
> - schlafen nie, sind immer eingeschaltet,
> - begünstigen virale Effekte: das Schneeballsystem (virales Marketing/ Verbreitung, negativ: Shitstorm).

2.6 Warum sind Soziale Netzwerke so erfolgreich?

Drei Grundbedürfnisse befriedigen Social Media und Netzwerke wie Facebook, sagt uns die Soziologie. Wer in diesen Netzwerken erfolgreich sein will, muss mit seiner Strategie auf diese abzielen. Diese drei Grundbedürfnisse der Nutzer sind:

> - Beziehungsmanagement: Das alte Versprechen „wir bleiben in Verbindung", das jeder vom letzten Klassentreffen kennt – Facebook ist das Netzwerk für diesen Zweck. Dabei reicht die Intensität der Beziehungen mittlerweile von Facebook-Befreundung als Ersatz für den Austausch von Visitenkarten bis zum engen Austausch in Familie und Freundeskreis.
> - Informationsmanagement: Auf Facebook oder Twitter erfahre ich, was für mich, meine Freunde, meine Kollegen interessant ist. Ich muss News und aktuelle Infos nicht aktiv suchen, sie erreichen mich dort über meinen Bekanntenkreis oder Abos.
> - Identitätsmanagement: Mit meinen Postings erschaffe ich ein (besseres) Bild von mir, verschaffe mir ein Image.

Mehr über die entsprechenden Forschungen kann man unter anderem nachlesen in: Zerfaß, Ansgar; Martin Welker; Jan Schmidt (Hrsg.) (2008): Kommunikation, Partizipation und Wirkungen im Social Web. Zwei Bände. Köln: Van Halem Verlag.

Was heißt das für die Facebook-Strategien von Journalisten und Medienhäusern? Fangen wir mit dem vermeintlich Leichteren an: Informationsmanagement, so könnte man meinen, wäre eine Sache, wo wir Journalisten stark sind. Und doch versagen wir häufig dabei. Denn wenn sich schon im Web 1.0 die Leute über die Nachrichten aus aller Welt auf immer weniger Plattformen informierten, so verschärft sich dieses Problem in Sozialen Netzwerken wie Facebook noch.

Im Web 1.0 störte es zumindest keinen, wenn auf der Webseite beispielsweise einer Regionalzeitung zunächst die großen Weltnachrichten standen, wie im gedruckten Blatt eben auch auf Seite eins. Es las sie halt keiner. Wenn ich aber bei Facebook ohnehin Spiegel-Online-Fan und – eine zweite Quelle ist immer gut – tagesschau.de-Fan bin, brauche ich dort keinen weiteren allgemeinen News-Kanal. Ja, es nervt, wenn ein paar Minuten nach Spiegel Online merklich uninspirierter die eilig umgeschriebene dpa-Meldung aus der Regionalzeitung auch noch daherkommt. Die konkurriert nämlich jetzt mitten in meiner Timeline direkt mit den Infos von Tagesschau und Spiegel Online.

Gutes Informationsmanagement heißt, dass ich Informationen nur einmal bekomme, und zwar aus der relevantesten Quelle! Die Folge: Ich werde Medien, die mir dasselbe – weniger inspiriert – liefern, abbestellen. Und damit leider auch das Gute, Einzigartige, das mir diese Redaktion, diese Medienmarke hätte liefern können, das aber nicht tut. Und selbst wenn ich diese Inhalte nicht abbestelle, erledigt Facebook das für mich. Facebook und Co merken nämlich, wenn von einer Seite zu wenig Interessantes für mich kommt. Facebook wirft dann den automatisierten Auswahlfilter an, zeigt mir/dem User die Inhalte nicht mehr an (siehe Stichwort „Edgerank" und optimierter Newsfeed im Glossar). Für die Regionalzeitung beispielsweise bin ich dann als Leser verloren, bestenfalls noch als Fan registriert, aber doch eine Karteileiche. Nun ist „Informationsmanagement" und die ideale Reaktion darauf nur die Pflicht.

Wer in Social Media gewinnen will, muss in der Kür bestehen.

Die Kür ist in der Welt der Sozialen Netzwerke vor allem: Identitätsmanagement. Das betrifft als Erstes die Medienmarke. Einer Medienmarke, die im entsprechenden sozialen Umfeld als cool, modern, emotional und hip wahrgenommen wird, fällt es viel leichter als einer neutralen Nachrichtenmarke, Fans = Abonnenten = Unterstützer zu gewinnen. Marken werten unsere Inhalte auf, Marken werten aber auch unsere Leser auf. Ich kenne Leute, die kaufen sich „Die Zeit" nur, weil sie sich für Leute halten, die „Die Zeit" lesen – oder zumindest für solche gehalten werden wollen.

Aber die Marke ist nur ein Aspekt – und wenn Sie als Journalist für eine solche arbeiten, haben Sie wenig Chancen, als einzelner Mitarbeiter viel an deren Image zu ändern. Aber Sie sollten wissen, dass es diesen Effekt gibt und Ihre Inhalte vielleicht auch darunter leiden, dass sie von einer weniger coolen, vielleicht sogar als altbacken wahrgenommenen Marke kommen.

Wir wollen, dass Menschen unsere Inhalte verbreiten Diese Inhalte sollen also so beschaffen sein, dass die Leute sie teilen. Doch wer einen Inhalt weitergeben soll, muss etwas davon haben, zumindest muss das Verbreiten des Inhalts sein Image verbessern. Schließlich gibt er seinen guten Namen dazu und sagt seinen Freunden virtuell: Lest das, schaut euch das an! Eine Möglichkeit, dies zu erreichen: schnell sein. Wenn wir die Ersten mit einer relevanten Nachricht sind, dann wird sie geteilt, weil auch der User in seinem Bekanntenkreis der Erste sein will, der etwas weiß, es rumerzählt, weil ihn das irgendwie auch interessant macht. Der dritte, der mir dieselbe Nachricht zukommen lässt, ist schon wieder langweilig und nervt. Das Gleiche gilt für witzige – oder besser: gewitzte, intelligent unterhaltende – Inhalte. Wer einen guten Witz erzählt, steht im wahren Leben im Mittelpunkt – ebenso bei seinem Freundeskreis im Internet. Und ganz groß raus kommt, wer seinen Fans nicht nur Text und Noten in die Hand drückt, damit er vor seinen Freunden die Rampensau geben kann – nein: Geben Sie ihm auch eine Bühne, auf der er sich so darstellen kann, wie er sich selbst sieht, wie er gesehen werden möchte. Wie so eine Bühne aussehen kann, das ist die Herausforderung. Wie man ihr begegnet, dazu später mehr.

Mit am wichtigsten, aber vielleicht am wenigsten von uns als Journalisten beeinflussbar ist der Part „Beziehungsmanagement". Image und Beziehungen gehören zusammen. Informationen gewinnen Bedeutung im sozialen Kontext. Sie werden es als Journalist vielleicht nicht schaffen, Beziehungen zwischen Menschen zu stiften oder zu verbessern. Steile Thesen, die man formuliert, können immerhin Debatten auslösen, Kommentare provozieren. Inhalte/Meinungen, die zu echten Konflikten oder auch nur einem größeren Dissens im Bekanntenkreis Anlass geben könnten, werden allerdings oft ignoriert und nicht verbreitet.

Sie sollten also wissen, wie Ihre Community tickt, und entsprechend posten. Inhalte nämlich, die im eigenen Netzwerk identitätsstiftend cool, trendy sind, die einen gut vor Freunden dastehen lassen, werden umso häufiger geteilt. Und Sie können schließlich selbst eine Beziehung aufbauen zu denen, die Ihre Inhalte lesen – vielleicht sogar, weil die Inhalte mit Ihnen zu tun haben, von Ihnen als Person sind, nicht von irgendwem.

Überblick: Social Media-Dienste, Funktionen, Formate

3

Zusammenfassung

Was sind die wichtigsten Plattformen für Social Media? Was sind die technischen Besonderheiten der einzelnen Dienste? Welche Stilformen und Formate sind dort besonders erfolgreich? Und was muss beim journalistischen Einsatz bedacht werden? Wer professionell bloggt, twittert oder auf Facebook unterwegs ist, muss die technischen Möglichkeiten dieser Plattformen kennen und seine Inhalte gezielt an diese anpassen.

Schlüsselwörter

Social Media · Social-Media-Strategie · Web 2.0 · Social Networks · Blog · Facebook · Twitter · YouTube · Liveblog · Instagram · Google+ · Tumblr · WhatsApp

3.1 Blogs

Der Begriff „Blog" ist mittlerweile recht undifferenziert genutzt. Im Wesentlichen sind zwei Bedeutungen zu unterscheiden.

Das Blog als simples CMS. Für die einen ist ein Blog in erster Linie gekennzeichnet durch eine frei zugängliche Software oder Softwareplattform zum Publizieren von Inhalten. Ein Content-Management-System, mit dem jedermann ohne Programmierkenntnisse regelmäßig im Internet publizieren kann. Demzufolge wird fast alles, was mit der Software Wordpress oder auf der Plattform wordpress.com, auf blogger.com oder auf vergleichbaren Plattformen publiziert wird, als Blog bezeichnet.

© Springer Fachmedien Wiesbaden 2016
S. Primbs, *Social Media für Journalisten*, Journalistische Praxis,
DOI 10.1007/978-3-658-07359-6_3

Davon zu unterscheiden ist das Blog als publizistisches Produkt bzw. als journalistisches Format. Denn nicht immer erfüllen die so publizierten Inhalte auch die Kriterien für ein Blog im publizistischen, journalistischen Sinne. Ein Blog im publizistischen Sinne ist vor allem gekennzeichnet durch:

- Mehr oder weniger regelmäßige Publikation neuer Inhalte
- Sortierung der Inhalte nach dem Logbuch-Schema: das Neueste oben (anders als bei einer klassischen Magazin-Agenda, wo inhaltliche Kriterien über die Reihenfolge entscheiden)

Alle Dienste, die nach diesem Timeline-Schema vorgehen, werden der Blog-Familie zugerechnet. So spricht man von Twitter als einem „Mikroblog-System" oder von Tumblr als einem „Miniblog-System", und wenn mehrmals täglich live von einem Ereignis berichtet wird, von einem „Liveblog" (siehe unten).

Weitere Kennzeichen, die oft mit Blogs verbunden werden, aber nicht zwingend zur Definition gehören:

- Subjektivität. Der Blogger tritt als Person in Erscheinung, schreibt auch in der „Ich"-Form
- Kommentarfunktion
- Technische Auslesbarkeit/Abonnierbarkeit via RSS-Feeds
- Teilungsfunktionen mit Social-Sharing-Buttons
- Trackback-Funktion, die anzeigt, welche anderen Blogger auf diesen Blogeintrag Bezug nehmen
- Verbundenheit mit anderen Bloggern mit ähnlichen Themen bzw. der Blogger-Szene, sichtbar gemacht beispielsweise durch eine „Blogroll" (Liste befreundeter Blogger auf der Blogstartseite)

Formate und Genres, die typischerweise als Blog umgesetzt werden, sind:
- Reise-, Koch-, Lese- etc.-Tagebuch
- Kolumne
- Rezension/Review mit persönlicher Note (viele Tech- und Gadget-Blogs)
- Blick hinter die Kulissen
- Berichterstattung über eigene Hobbys und Leidenschaften sowie Fachgebiete
- Persönliches literarisches Tagebuch
- Watchblog (ständige Beobachtung eines gesellschaftlichen Phänomens, zum Beispiel „Bildblog", „Topf voll Gold")
- Videoblog („Vlog"), wenn die Blogbeiträge als Video umgesetzt werden

Durch die Betonung des Ichs, des subjektiven Blicks eines Einzelnen, des Bloggers, hat das Blog den deutschen Journalismus nachhaltig verändert und bereichert. Die Blogger-Bewegung traf sich dabei – was die Ich-Erzählform angeht – mit Entwicklungen aus dem New Journalism bzw. dem Pop-Journalismus der 1980er/1990er Jahre und deren Ausläufern im Kolumnenwesen.

Insbesondere aber öffnet ein Blog Fachleuten, die keine journalistische Ausbildung und nicht Teil einer Redaktion sind, den direkten Weg zum interessierten Leser. Kritiker wenden ein, dass in solche nicht-journalistischen Blogs Verlässlichkeit bzw. die Objektivität des klassischen Journalismus fehle. Doch dem Verlust der (scheinbaren?) Objektivität steht ein Gewinn an Authentizität und (im Idealfall) Transparenz sowie Vielfalt gegenüber. Und was bloggende Experten angeht, steht der schreiberischen Kompetenz des Journalisten die fachliche Kompetenz des Bloggers gegenüber. Der Nutzer will selbst entscheiden, ob er lieber die Messer-Rezension der Küchenbeilage seiner Zeitung, die eines Messerschmieds oder die eines Hobbykochs rezipieren und ggf. bei seiner Kaufentscheidung beachten möchte.

3.2 Liveblogs

Ein Liveblog erzählt ein Ereignis in Echtzeit mittels Sachstandmeldungen, die der Reihe nach in einer Timeline einlaufen (neueste Meldung oben). Es kann zeitgleich von mehreren Autoren produziert werden, die an unterschiedlichen Orten eingesetzt sind. Außerdem kann ein Liveblog mit Leserkommentaren und Fremdinhalten aus Sozialen Netzwerken angereichert werden. Vom Aktualisierungstempo und -rhythmus her liegt das Liveblog zwischen Blog/Tagebuch und klassischem Liveticker. Während beim Ticker, wie wir ihn aus dem Sport kennen, die Meldungen im Sekunden- bis Minutentakt einlaufen, verträgt ein Liveblog auch längere Sendepausen. Zudem sind die Statusmeldungen anders als beim Ticker nicht auf den Telegrammstil beschränkt, sondern können subjektiv und reportageartig sowie multimedial sein, also Foto, Audio, Video und weitere Elemente (etwa Infografiken oder Karten) enthalten.

Ein klassisches Blog ist auf längere Dauer angelegt, während das Liveblog exakt ein Ereignis abbildet, das in der Regel nicht länger als einen, maximal drei Tage (Soll-Wert) dauert. Gelegentlich werden Liveblogs auch für länger dauernde Ereignisse (zum Beispiel ein Prozess, eine Katastrophe oder ähnliches) eingesetzt. Liveblog-Einträge haben keine Überschrift, sondern den Zeitstempel (die Gesamt-Liveblog-Überschrift gibt ja das Thema an). Das Liveblog ist schneller als das normale Blog. Statusmeldungen im Abstand von wenigen Minuten oder halben Stunden, ggf. auch mal mehreren Stunden bei einem mehrtägigen Ereignis sind die Regel.

Ein Liveblog sollte (nur) dann als Form gewählt werden, wenn es schneller und besser informieren kann als ein klassischer, immer wieder zu aktualisierender Artikel. Typisches Einsatzgebiet sind aktuelle Ereignisse von großem Live-Interesse mit einer nicht vorhersehbaren Entwicklung. Ein weiteres Argument für den Liveblog kann sein, dass man Tweets und andere Echtzeit-Äußerungen aus Social Networks bei der Geschichte mit einbeziehen möchte, sei es als Illustration (Fotos) oder weil man die Informationen, die auf Twitter (ebenfalls in Echtzeit) gemeldet werden, benötigt. Das können Katastrophen und Naturereignisse (Flut, Bombenfund) ebenso sein wie die Entwicklung am Wahlabend oder die Jahresversammlung des FC Bayern München.

Typische Sub-Formate eines Liveblogs

- Liveblog zur News: Ein Nachrichtenjournalist bloggt die Agenturlage in Echtzeit und reichert diese mit weiteren Infos aus Sekundärquellen (auf Twitter) an.
- Multi-Reporter-Liveblog: Neben dem Redakteur am Newsdesk sind vor Ort Live-Online-Reporter eingesetzt, die Bilder, Texte und Videos in den Liveblog einbringen. Beispiel: Große Events wie Kirchentage, Festivals oder auch Hochwasser-Ereignisse oder Ähnliches.
- Foto-Liveblog: Bei bildstarken Ereignissen kann ein Liveblog mit Fotos die Stimmung transportieren. Ein Beispiel wäre das Oktoberfest-Startwochenende mit Trachtenumzug und ersten Eindrücken vom Fest.
- der kuratierte Liveblog aus Fremdmaterial: Aktuelle Inhalte aus Twitter, Instagram, YouTube etc. werden live gesichtet und zu einer Echtzeit-Social-Media-Schau verwertet, ggf. noch eingeordnet und kommentiert. Beispiel: Fotos von einer aktuellen Sonnenfinsternis.
- Format-im-Format-Liveblog. Legen Sie beispielsweise fest, dass der Liveblogger von einer Messe sich auf eine Zusammenfassung pro Neuheit beschränkt. Oder auf Eine-Frage-eine-Antwort-Interviews mit Repräsentanten. Die Möglichkeiten sind sehr vielfältig. Durch die „Durchformatierung" können Sie Liveblogs auch zu Nicht-Katastrophen-Lagen interessant gestalten. Wichtig ist die formale Konsequenz innerhalb eines Formats – ein „Durcheinander" will keiner lesen, auch wenn es mit der scheinbaren Dringlichkeit eines Liveblogs daherkommt.

3.2 Liveblogs

Tipps:
- Legen Sie vor dem Erstellen des Liveblogs fest, inwieweit/wann Sie Nutzer-Kommentare zulassen wollen. Bei einer unvorhergesehenen Katastrophe, bei der sich die Ereignisse einerseits überschlagen, andererseits die Lage unsicher bleibt (Beispiel: Atomreaktorunfall in Fukushima), bietet es sich an, die Kommentare zunächst auszuschalten und sie erst dann zuzulassen, wenn sich die Nachrichtenlage stabilisiert hat. Sonst besteht die Gefahr, dass neue informationshungrige User wesentliche Informationen nicht mehr wahrnehmen – vor lauter Kommentaren (einen Rückkanal/Kommentarmöglichkeit können Sie auch an anderer Stelle Ihres Webangebots aufmachen).
- Halten Sie Ihr Format so klar wie möglich. Je mehr verschiedene Quellen, Soziale Netzwerke etc. Sie nutzen, desto unübersichtlicher wird in der Regel das Format. Im Liveeinsatz reicht es fast immer, Twitter zu den eigenen Meldungen hinzuzunehmen, für einen bilddominierten Liveblog vielleicht noch Instagram (Achtung: rechtlich problematisch).
- Da der Liveblog Echtzeit-Meldungen fordert, achten Sie auf das „Alter" der Tweets. Ein stundenalter Tweet ist schnell gefunden – und verdirbt das ganze Format, weil für den Nutzer die zeitliche Abfolge der Statusmeldungen nicht mehr ersichtlich ist.
- Ein Liveblog zu einem wichtigen Ereignis ist nicht nebenbei zu stemmen. Mindestens eine Person muss dafür sorgen, dass permanent der Stand aktuell gehalten wird, zur Not mit der Agenturlage. Wenn ein Liveblog vorübergehend nicht betreut wird, sollten Sie das kommunizieren, damit keine Enttäuschung beim Nutzer produziert wird. Posten Sie zum Beispiel vor Schichtende: „Wir verabschieden uns jetzt hier und berichten morgen ab acht Uhr wieder von dem Ereignis ..."
- Legen Sie bei einem Multiautoren/Multireporter-Liveblog, der leicht unübersichtlich wird, eine Person fest, die den „roten Faden" in der Hand behält und wie eine Bildregie beim Fernsehen die unterschiedlichen Quellen zu einem sinnvollen Ganzen zusammenfügt.
- Achten Sie bei der Vorbereitung eines Liveblogs mit vielen Autoren auf eine genaue Aufteilung der Aufgaben. Wenn Ihre Reporter neben dem Online-Liveblog noch Ausspielwege (Radio, Zeitung, TV) versorgen müssen, legen Sie fest, was zuerst und mit höherer Priorität beliefert werden muss. Da der Liveblog nur in Echtzeit wirklich funktioniert, sollte er eine hohe Priorität haben. Nichts peinlicher als ein Liveblog, der nicht live ist.

Für Redaktionen, die Liveblogs einsetzen wollen, gibt es spezielle Live-Content-Management-Systeme, die folgende Spezifikationen aufweisen:

- Sofort-Publikation im Web innerhalb weniger Sekunden
- Mobil-App zum Befüllen von vor Ort
- Eigene Player für Video (zum Teil auch Audio)
- Vielfältige Anbindung an Soziale Netzwerke (vor allem an Twitter)

Durch die Anbindung an das Echtzeitnetzwerk Twitter ist auch ein Setting machbar, bei dem die Live-Reporter nicht in den Liveblog selbst posten, sondern einfach live twittern und diese Tweets dann händisch (in der Redaktion) oder automatisch in den Liveblog als Statusmeldung übernommen werden. So kann man bei bestimmten Inhalten Doppelarbeit (Twittern und Livebloggen) vermeiden; allerdings muss man dann mit den Einschränkungen von Twitter leben (140 Zeichen, keine Audios). Das in Deutschland momentan am weitesten verbreitete Liveblog-System ist ScribbeLive (scribblelive.com). Ein Konkurrent ist Livefyre (web.livefyre.com).

3.3 Soziale Netzwerke

Es gibt einige Grundfunktionen und Eigenschaften, die die meisten Sozialen Netzwerken gemeinsam haben.

- Man muss sich anmelden und ist damit Mitglied.
- Jedes Mitglied eines Sozialen Netzwerks hat ein Profil, das heißt eine persönliche Präsenz/Webseite dort. Auf Facebook heißt dieses Profil „Chronik", auf Twitter auch „Account".
- Auf den für Medien interessanten Netzwerken kann man Inhalte veröffentlichen (posten).
- Soziale Netzwerk präsentieren dem Nutzer Inhalte – häufig nach „sozialen" Kriterien, das heißt: Sie präsentieren Inhalte, die von Leuten stammen, die man kennt oder mag.
- Auf Sozialen Netzwerken kann man mit diesen Inhalten interagieren.

3.3 Soziale Netzwerke

Die Inhalte erscheinen gleich nach dem Einloggen auf der jeweiligen persönlichen „Startseite". Die Interaktionsmöglichkeiten zu den Inhalten auf den Sozialen Netzwerken gleichen sich (siehe Abb. 3.1) – auch wenn nicht jedes Soziale Netzwerk jede der üblichen Interaktionsmöglichkeiten zulässt: Hier sind die für den Medienbereich wichtigsten standardmäßigen Interaktionsmöglichkeiten mit Inhalten und Menschen.

Interaktion/ Netzwerk	Weiterverbreiten	Zustimmung ausdrücken	Kommentieren	Inhalte anderer abonnieren
Facebook	Teilen	„Gefällt mir" („liken", Daumen-hoch-Button)	Ja	Gegenseitige „Freundschaft", „Gefällt mir" (bei „Seiten")
Twitter	Retweeten	Favorisieren	Nein; „Antworten" ersetzt die Funktion	Folgen
Google+	Teilen	„+1" geben („plussen")	Ja	Folgen
YouTube	Hinzufügen (in eigene Playliste); teilen über andere Netzwerke	„Mag ich" (Daumen-hoch-Button), „Mag ich nicht"	Ja	Channel abonnieren
Tumblr	Rebloggen	Als Favorit markieren (Herzchen-Button)	Nein, kann aber eingerichtet werden	Folgen
Instagram (Smartphone-App)	In andere Netzwerke teilen via URL	Herzchen-Button	Ja	Abonnieren

Abb. 3.1 Der gleiche Inhalt auf Facebook (links) und Twitter. Die Funktionen „Gefällt mir", „Kommentieren" und „Teilen" entsprechen auf Twitter „Antworten" (Pfeil, ähnlich Kommentieren), „Retweeten" (wie Teilen, Kreispfeile) und „Favorisieren" (wie „gefällt mir", Stern). Bild: Screenshot

Und noch ein Tipp für Neulinge: Sowohl Facebook als auch Twitter haben hervorragende Hilfebereiche für Anfänger, die immer auf dem aktuellen Stand sind. Das ist bei den vielen Änderungen, die bei den Netzwerken dauernd im Gange sind, auch wichtig. Die Bereiche heißen „Erste Schritte auf Twitter" und „Erste Schritte bei Facebook". Einfach googeln. Wenn Sie neu in Social Media sind, fangen Sie mit einem dieser Netzwerke an und folgen Sie der jeweiligen Anleitung dazu. Einzige Einschränkung: Beim Anmelden sollten Sie – anders als von beiden Diensten empfohlen – Ihre Mail-Adressbücher nicht für den Freundes-Abgleich zugänglich machen; überspringen Sie die entsprechenden Schritte jeweils bei der Anmeldung.

Grundsätzlich sollte ein Social-Media-Manager die Netzwerke, die er professionell betreut, auch persönlich nutzen. Denn die persönliche Nutzungserfahrung ist für die Bestückung von Social-Media-Accounts auf der Absenderseite wichtig – schon um ein Gefühl dafür zu bekommen, was dort wie gut funktioniert. Man würde auch niemanden für ein klassisches Medium – beispielsweise eine Zeitung – arbeiten lassen, der Zeitungen hasst und niemals lesen wollte.

3.3.1 Facebook

Facebook ist weltweit das größte und bedeutendste Soziale Netzwerk – auch für Medien. Dass der Dienst selbst sich auch als „personalisierte Tageszeitung" beschreibt, sagt etwas über seine Relevanz für Medien und Medienschaffende aus – und über den eigenen Ehrgeiz. Dass rund ein Viertel der Leser einer Webseite über Facebook dorthin gelangen, zeigt: Diese Vision ist zu einem Teil schon Realität. Auf keiner anderen Plattform werden mehr Fotos täglich veröffentlicht/verbreitet als in Facebook. Und was Videos angeht, ist Facebook dabei, YouTube echte Konkurrenz zu machen.

Hierzulande ist jeder zweite Onliner Mitglied (das sind rund 30 Mio. Deutsche), verbringt rund 20 bis 30 % seiner Online-Zeit in dem Sozialen Netzwerk, ja, ist via Smartphone praktisch ganztägig „drin"; denn Facebook liefert ihm interessante Infos von seinen Freunden, seinen bevorzugten Nachrichtenquellen und über seine Hobbys und weiteren Interessen frei Haus auf der sogenannten Timeline (oder: dem Newsfeed) der Startseite. Und Facebook gibt ihm die einfache Möglichkeit, selbst seinen Freunden und der Öffentlichkeit etwas mitzuteilen, also zu publizieren.

Grundlage für Inhalte bei Facebook sind Textmitteilungen (Statusmeldungen), hochgeladene Inhalte mit und ohne Text (zum Beispiel Fotos, Videos), embeddete Inhalte (zum Beispiel YouTube-Videos) und Links auf Webseiten/Artikel, für die Facebook eine eigene Vorschau anzeigt.

3.3 Soziale Netzwerke

Das Facebook-Profil. Wer sich bei Facebook anmeldet, hat damit bereits ein persönliches Profil von sich auf Facebook erstellt. Das äußere, für alle anderen Facebook-Nutzer sichtbare Zeichen davon ist die „Chronik", gewissermaßen die Visitenkarte jedes Nutzers auf Facebook. Wenn man eine Person auf Facebook sucht/findet, sieht man deren Chronik. Sie enthält das Profilbild und die öffentlich gemachten Grunddaten (immer Name, oft: Ort, Arbeitgeber) sowie das, was jemand auf Facebook veröffentlicht.

Der Facebook-Nutzer selbst sieht als Erstes, sobald er sich einloggt, aber nicht seine Chronik, sondern seine Facebook-Startseite. Auf dieser Startseite laufen in eine zentrale Spalte, dem „Newsfeed", neue Meldungen ein, die von Freunden (oder von „abonnierten" Facebook-Seiten) gepostet wurden.

Das Facebook-Freundschaftsmodell ist die wichtigste Grundlage für soziale Interaktionen einzelner Personen in dem Netzwerk. Es beruht auf Gegenseitigkeit. Freunde bekommt man nur, indem man anderen Facebook-Nutzern eine Freundschaftsanfrage stellt oder eine solche Anfrage bekommt. Damit eine Facebook-Freundschaft zustande kommt, muss diese Freundschaftsanfrage vom jeweils anderen bestätigt werden. Man hat auf Facebook also nur Freunde, die man selbst als solche bestätigt hat, beide Beteiligte haben ihr Einverständnis erklärt. Jeder Nutzer auf Facebook hat also eine bestimmte Menge von „Freunden" dort, die seine für Freunde bestimmten Inhalte sehen bzw. ausgeliefert bekommen.

Inhalte von Freunden auf Facebook
- werden beim Einloggen von Facebook auf der Startseite angezeigt.
- können auf deren Chronik gesehen (gelesen, gehört) werden.
- können mit einem „gefällt mir" bewertet werden („Likes").
- können kommentiert werden („Comments").
- können – wenn es öffentliche Inhalte sind – an die eigenen Freunde weitergeleitet (= geteilt) werden („Shares").

Derjenige, der eine Meldung auf Facebook erstellt oder sie teilt, kann zielgenau festlegen, wer sie sehen darf: jedermann (öffentlich), nur alle Freunde, oder nur ein Teil der Freunde, der einer vorher festgelegten Liste angehört; oder bestimmte, händisch ausgewählte einzelne Freunde, oder auch eine Diskussions-Gruppe (siehe unten). Die möglichen Einschränkungen der Sichtbarkeit reichen von öffentlich bis dahin, dass man die Inhalte nur selbst sehen darf. Für die Privatsphäre gilt: Über den Kreis, den einer, der etwas postet, selbst festlegt, geht die Verbreitung eines Inhalts nie hinaus. Wenn Sie also etwas nur für Ihre Freunde posten, dann kann auch einer, der Ihren Inhalt teilt, dies nur mit denen tun, die Ihre gemeinsamen Freunde sind. Nur diese bekommen den Inhalt dann auf ihrer Startseite angezeigt.

Auf der Startseite des Facebook-Users (nicht unserer eigenen) nach dem Einloggen „spielt die Musik" in Sachen Facebook auch für uns Medienleute. Denn hier werden Meldungen von Medien neben den privaten Infos von Freunden angezeigt/gesehen. Und ggf. kommentiert, geliked und weiterverbreitet.

Neben dem persönlichen Profil hat Facebook etliche weitere „Daseinsformen" wie Seiten, Orte, Veranstaltungen, Gruppen etc. Die wichtigsten Daseinsformen neben dem persönlichen Profil sind Facebook-Seiten (dazu später mehr) und Facebook Gruppen.

> Man kann anderen auch erlauben, seine eigenen öffentlichen Beiträge zu „abonnieren"; das kann sich für Journalisten, Blogger oder Prominente unter Umständen lohnen. So kann man öffentlich publizieren, ohne dass man eine Facebook-Freundschaft bestätigen muss. Meist wählen Prominente aber eine andere Form der Facebook-Existenz für ihre berufliche Publikationstätigkeit, nämliche eine Facebook-Seite (siehe unten).

Eine Facebook-Gruppe besteht aus Facebook-Mitgliedern, die auf Facebook eine eigene Plattform mit Timeline bespielen, dort Inhalte posten oder diskutieren. Diese Gruppe widmet sich in der Regel einem Thema, etwa einem Hobby oder einem Fachgebiet, oder ist auf andere Weise verbunden (Verein, Arbeitskollegen etc.). So kann man auf Facebook in einem nichtöffentlichen Raum geschlossen debattieren, ohne dass man dafür mit den Mitdiskutanten befreundet sein müsste. Jedes Mitglied von Facebook kann eine Gruppe gründen. Dabei legt man nicht nur Thema und Name der Gruppe fest, sondern auch, wer diese Gruppe sehen und ihre Inhalte einsehen kann.

Gruppen sind entweder
- öffentlich,
- geschlossen oder
- geheim.

Öffentliche Gruppen sind über die Suche aufzufinden und einsehbar, diskutieren können aber nur Mitglieder (Mitgliedschaft kann man beantragen). Geschlossene Gruppen sind auffindbar, man sieht aber die Inhalte nicht, muss also als Mitglied akzeptiert werden, um mitlesen zu können. Geheime Gruppen sind über die

Suche nicht auffindbar, das heißt, keiner außer den Gruppenmitgliedern weiß von ihrer Existenz. Letztere Form nutzt man, um eine Diskussionsplattform für einen namentlich festgelegten Userkreis zu schaffen – beispielsweise für eine Arbeitsgruppe. Im Gegensatz zu öffentlichen Gruppen können geheime Gruppen nicht öffentlich wirksam werden und die Debattenbeiträge können nicht öffentlich verbreitet werden. Mitglied in Gruppen können nur natürliche Personen werden, die Facebook-Mitglieder sind (nicht aber Facebook-Seiten, wie sie Medienmarken unterhalten).

Im Zentrum Ihrer professionellen Tätigkeit stehen Facebook-Seiten Seiten empfehlen sich für alle Firmen, Medienmarken und Personen des öffentlichen Lebens. Seiten unterscheiden sich von Profilen dadurch, dass Seiten keine Freunde, sondern Fans haben. Der Begriff „Fan" ist kein offizieller Facebook-Begriff mehr, sondern eine Umschreibung. Fan einer Seite wird man, indem man aktiv den „Gefällt mir"-Button einer Facebook-Seite klickt. Die Seite muss den Fan nicht bestätigen. Diese Beziehung ist also einseitig, ähnlich einem Abonnement. Man ist also auch nicht für die eigenen Fans verantwortlich. Fans ähneln in der Funktion dem Abonnentenstamm (sind aber richtig verstanden viel mehr). Das, was eine Seite veröffentlicht/postet, sollte in der Timeline/Startseite der Fans landen – wie die Posts der Freunde.

Seiten selbst können andere Seiten, das heißt Marken, Institutionen, Geschäfte oder öffentliche Personen „favorisieren", aber keine Facebook-Freundschaft mit Facebook-Nutzern schließen und nicht Mitglied von Gruppen werden.

Von der Seite selbst muss ein Impressum verlinkt sein, denn eine Seite ist ein publizistisches Produkt. Der Herr über eine Seite im Alltag ist der Administrator. Er hat vollen Zugang zum Backend, also dem Content-Management-System von Facebook. Er postet Inhalte und er kann Co-Administratoren mit unterschiedlichen Rechten ernennen, etwa Moderatoren, die nur Kommentare moderieren, oder Analysten, die nur die Statistiken lesen dürfen. Der Administrator bzw. sein Team pflegt die Community, also die Gemeinde von Fans, die diese Beiträge liken, kommentieren und teilen.

Die Beiträge der Seite sind immer öffentlich gepostet. Sie können dann von allen Facebook-Usern kommentiert werden. Achtung: Diese Kommentarfunktion kann man nicht abschalten, deshalb muss der Administrator die Kommentare im Auge behalten und moderieren. Das bedeutet: Er muss zumindest diejenigen Kommentare löschen, die Rechtsverstöße enthalten, sonst macht man sich unter Umständen selbst strafbar. Typische Rechtsverstöße können Beleidigungen und üble Nachreden, Verleumdungen, Geschäftsschädigungen, Schleichwerbung, Volksverhetzung, Jugendschutzverletzung etc. sein. Im Prinzip alles, was man mit Wörtern verbrechen kann. Auch hinter ausgebrachten Links auf illegale Angebote kann ein Rechtsverstoß stecken.

Ein Administrator, der Rechtsverstöße verhindert, leistet allerdings nicht sehr viel mehr als ein Zeitungsredakteur, der Rechtsverstöße verhindert. Seine eigentliche Aufgabe ist es, interessante Posts abzusetzen, die Fangemeinde bei Laune zu halten und zu vergrößern, sich, das heißt, die Seite zu vernetzen und Trolle und andere Störer nach Möglichkeit von der Seite fernzuhalten. Außerdem beantwortet er Fragen der Fans – wobei er dazu in der Redaktion Ansprechpartner braucht und hat. Kurz: er betreibt Community-Management. Dazu mehr weiter unten.

Was der Administrator wann wie posten soll, mit wem bzw. welchen anderen Seiten er die Seite vernetzen soll, nach welchen Kriterien er moderieren und die Community managen soll, das ist bei professionellen Seiten in einem Konzept festgelegt, das von der ganzen Medienmarke getragen wird, auch den Nicht-Onlinern. Dieses Konzept ist in der Regel Ausfluss der (festgelegten oder oft nur informellen) Online-Strategie bzw. Social-Media-Strategie eines Medien-Unternehmens. Das Konzept legt Inhalte und Frequenz der Postings fest. Mit zu den Aufgaben des Community-Managers oder auch des Administrators gehören die Analyse und Erfolgsmessung der eigenen Seite und der eigenen Marke im Internet. Er erkennt, welche Inhalte gut, welche weniger gut laufen, beantwortet Fragen der Nutzer, erkennt Kritik, bevor sie sich in einen „Shitstorm" mit größerem Rufschaden ausweitet, und weiß, wie man ihr begegnen etc. Ebenso ist es oft Aufgabe des Community-Managers, für eine Redaktion Themen auf Facebook und anderen Sozialen Netzwerken zu generieren oder zu monitoren, das heißt, Themen und Diskussionen in ihrer Entwicklung in den Sozialen Netzwerken zu beobachten und ihre Relevanz einzuschätzen. Manche Redaktionen haben für das Themenmonitoring Spezialisten.

Warum erreichen Posts auf Facebook Aufmerksamkeit, Shares, Likes, während andere Posts mit gleichen, aber anders präsentierten Inhalten wesentlich schlechter laufen? Vergegenwärtigen Sie sich zunächst nochmals die Rezeptionssituation. Es ist die Timeline seiner Startseite, die der User sieht, sei es am Desktop oder, noch häufiger, in seiner Smartphone-App. Dort, beim User, müssen Ihre Beiträge erstens erscheinen, zweitens auffallen und drittens gefallen, sodass sie wiederum geteilt oder geliked, ggf. diskutiert werden. Viele Likes, Comments und Shares lautet also das primäre Ziel. Hier ein paar Tipps, wie Sie dem näher kommen.

3.3 Soziale Netzwerke

- Posten Sie nicht nur Verweise und Links, sondern verraten Sie den Kern eines Inhalts sofort direkt in Facebook. Es ist hier eher der klassische Lead, weniger der Teaser gefragt. Einen Link auf Ihre oder eine andere Website mit allen Hintergründen können Sie hinzufügen – notfalls auch später in einem Kommentar zum Originalposting. Nur die wenigsten Nutzer lesen wirklich die Artikel hinter einem Link, um dann auf Facebook zurückzukehren und dort zu kommentieren. Die Diskussion auf Facebook muss ohne Medien-/Plattformwechsel funktionieren.
- Fügen Sie ein starkes Bild zu Ihrem Posting, damit erreichen Sie mehr Aufmerksamkeit als mit einem reinen Text- oder Link-Posting.
- Die Menge der Postings ist nach oben nicht begrenzt. Wenn Sie – beispielsweise als Nachrichtenredaktion – 30 und mehr gute Posts pro Tag haben: posten. Facebook wählt ja aus und zeigt den Leuten ohnehin nur einen Bruchteil an. Aber es sollten gute Posts sein. Und sie sollten zeitlich gut verteilt sein, auch auf die Randzeiten nach Feierabend!
- Facebook ist nicht minuten-, nicht mal stundenaktuell. Posts, die vorhersehbar obsolet werden (zum Beispiel Ankündigungen), sollten Sie mit Ablaufdatum versehen.
- Alles auf einen Blick: Eine Infografik sagt oft mehr als tausend Worte und eignet sich ideal für Facebook wie Twitter.
- Videos, die direkt auf Facebook gestellt werden, werden von dem Netzwerk besser verbreitet und technisch bevorzugt behandelt (Autoplay), sodass sie wesentlich mehr und stärker wahrgenommen werden als beispielsweise verlinkte oder eingebettete YouTube-Videos.
- Geben Sie gelegentlich einen „Call to action" ab; das heißt, stellen Sie eine Frage, rufen Sie zu Kommentaren und Likes auf.
- Geben Sie den „Call to action" nur dann ab, wenn er inhaltlich Sinn macht. Übertreiben Sie es mit den Fragen und den Aufrufen nicht und belassen Sie es ggf. nicht dabei, sondern arbeiten Sie auch mit den erhaltenen Antworten und Kommentaren. Liken Sie diese, mischen Sie sich ein in die von Ihnen selbst angezettelte Diskussion.
- Nutzen Sie auch Inhalte, die andere auf Ihrer Seite posten, indem Sie diese auf der Seite teilen. So honorieren Sie die Aktivität dieser Fans und motivieren Sie sie. Sie werden schnell merken, dass die Inhalte der Fans nicht unbedingt schlechter laufen als Ihre eigenen …
- Sorgen Sie dafür, dass Ihre Webseite ideal mit Facebook harmoniert, dass beispielsweise bei einem Link auf Facebook die richtigen Bilder von der

eigenen Seite gezogen werden. Dazu ist es nötig, dass Ihr eigenes CMS den „Facebook Open Graph" unterstützt. Aber beachten Sie: Weder das Posten von Bildern als auch möglicherweise der Zugriff, den Sie Facebook via Open Graph auf ihre Webseitenbilder gewähren, ist ggf. durch die herkömmlichen Lizenzen von Agenturen und Fotografen abgedeckt. Prüfen Sie das für Ihr Medienhaus und die Bilder, die Sie nutzen wollen. Sorgen Sie dafür, dass Ihr Medienhaus bei Verträgen mit Agenturen diese Nutzungsformen inkludiert.

- Monitoren Sie den Erfolg unterschiedlicher Inhalte und Formate und passen Sie Ihr Post-Verhalten entsprechend an. Facebook sagt Ihnen genau, wie oft welcher Inhalt geteilt und geliked wurde und welche Reichweite er erreicht hat. Reichweite ist dabei immer zu sehen als „wie vielen Leuten wurde dieser Inhalt angezeigt", das heißt, wie viele Leute könnten diesen Inhalt gesehen haben, und sei es nur beim flüchtigen Vorbeiscrollen am Handy.

▶ **Clickbaiting** „Clickbaiting" ist ein Fachausdruck für eine extreme Form des Teasertextens, die erreichen will, dass der User auf einen bestimmten Link klickt. Dabei wird auf Neugierde und persönliche Ansprache gesetzt und es werden Techniken wie der Cliffhanger ebenso eingesetzt wie das Stilmittel der Übertreibung. Typische Phrasen beim Clickbaiting lauten: „Es sieht aus als ob, aber … Ihr werdet nicht glauben, was dann geschah". Oder. „Was ich dann sah, rührte mich zu Tränen." Plattformen wie – im deutschen Sprachraum – heftig.co sind durch Clickbaiting zu Traffic-Größen geworden. Es gibt aber Indizien, dass sich diese Masche durch inflationären Gebrauch und fortgesetzte User-Enttäuschung abnutzt. Andererseits versuchen auch klassische Medienhäuser, diese Technik in abgeschwächter Form einzusetzen (Abb. 3.2, 3.3).

3.3 Soziale Netzwerke

Abb. 3.2 Beispiel für eine Clickbaiting-Überschrift von heftig.co aus den Social-Media-Charts von 10000flies.de. Wollen Sie nicht auch wissen, wohin sie (wer?) jeden Morgen geht? Bild: Screenshot

Abb. 3.3 Klassische Nachrichtenportale wie N24 verwenden ebenfalls immer heftiger Clickbaiting-Texte auf Facebook. Der Erfolg gibt ihnen Recht. Screenshot einer Auswertung von Fanpagekarma (siehe Tools)

3.3.2 Twitter

Die Grundfunktion von Twitter ist „140 Zeichen lange Textmitteilungen publizieren". Diese Mitteilungen laufen dann auf der Twitter-Startseite von Abonnenten (Followern) ein, wie Nachrichten in einen Newsticker. Diese Textmitteilungen können mit Fotos und Videos angereichert werden; oft sind Links auf Webseiten oder embeddete Inhalte (YouTube-Videos, Audios etc.) enthalten.

Von den Grundfunktionen her ähnelt Twitter also Facebook – es gibt aber gravierende Unterschiede:

1. Praktisch alle Meldungen auf Twitter sind öffentlich. Die nichtöffentliche Nutzung für einen geschlossenen Empfängerkreis von Tweets ist zwar möglich, spielt aber nur eine geringe Rolle.
2. Statt des Freundschaftsprinzips (wie bei Facebook) mit gegenseitiger Bestätigung herrscht auf Twitter das Abo-Prinzip, also das einseitige „Verfolgen" der Nachrichten anderer.
3. Twitter pflegt eine eigene Begrifflichkeit.
4. Auf Twitter hat sich eine Art eigene Syntax etabliert, die aus der Geschichte als einfaches, SMS-taugliches Textmedium und der erzwungenen Kürze der Tweets herrührt – auch wenn sich Twitter in letzter Zeit bemüht, dieses Erbe zugunsten von mehr Verständlichkeit loszuwerden.
5. Twitter ist inhaltlich weit mehr als Facebook ein echtes Echtzeit-Medium; das heißt, Tweets, die älter sind als drei Stunden, sind alte Tweets. Sie haben kaum mehr eine Chance, wahrgenommen zu werden, es sei denn, sie wurden vielfach weiterverbreitet oder – weniger effektiv – favorisiert. Auf Facebook können Postings etliche Stunden, in Ausnahmefällen auch Tage aktuell bleiben und über diesen recht langen Zeitraum eine realistische Chance haben, gesehen zu werden.

Es folgen wichtige Twitter-Funktionen, Begriffe und die Syntax mit typischen „Phrasen", die in Tweets auftauchen, und ihre Bedeutung. Wie Sie selbst diese einsetzen können, sehen Sie in der Übersicht „Tipps für Ihr Profil", die später folgt.

Wichtige Funktionen	
„Favorisieren"	Eine Funktion in Twitter, die dem Facebook-Like entspricht. Die eigenen favorisierten Tweets werden gesammelt und bilden eine öffentlich einsehbare Timeline.
Retweeten	An die eigenen Follower weiterverbreiten (unter Beibehaltung des originalen Absenders).

3.3 Soziale Netzwerke

Wichtige Funktionen	
Antworten	Wenn Sie etwas zu einem anderen Tweet schreiben wollen, klicken Sie auf „antworten" – das spart Zeit gegenüber einem neuen Tweet, weil die @twittername-Erwähnung schon im Antwortfenster steht. Antworten sind öffentlich (für alle auffindbar), werden aber nicht an die Follower verbreitet. Es sei denn, sie schreiben etwas vor @twittername – und wenn es nur ein Punkt ist, den man vor das „@" setzt.
Syntax	
@twittername	Erwähnung („Mention"): Der Twitterer „Twittername" wird erwähnt oder explizit angeschrieben und beispielsweise per Smartphone-Benachrichtigung darüber informiert.
#xyz	Hashtag: das # macht aus einer danach folgenden Zeichenfolge ein Schlagwort – eben einen Hashtag.
RT @twittername: Zitierter Tweet	Zitat: Ein anderer Tweet wird hinter dem RT mit Quellenangabe zitiert. Vor dem „RT" steht oft ein kurzer Kommentar oder eine Einschätzung. Zur Twitter-Anfangszeit war RT das Kennzeichen für einen Retweet.
MT @twittername: Modifizierter Tweet	Das Kürzel MT wird analog zu RT verwendet – wenn man den zitierten Original-Tweet verändert („modifizierter Tweet").
via @twittername	Quellenangabe, jemand, dem man eine Information oder den Hinweis auf eine Webseite verdankt. Steht oft am Schluss eines Tweets.
.@twittername	Den Punkt setzt man vor @twittername am Anfang eines Tweets, wenn man diesen auch öffentlich verbreiten möchte; zum Beispiel bei einer öffentlichen Anfrage/Rüge/Antwort (lässt man am Anfang eines Tweets den Punkt vor dem @ weg, so wird er nicht an die Follower ausgeliefert).
#ff	Der Hashtag #ff (lies: #followfriday) wird benutzt, um andere Twitterer den eigenen Followern zu empfehlen. Tweets lauten dann etwa so „#ff @meine_zeitung, @gutjahr, @spiegelonline" wenn man diese Twitteraccounts empfehlen möchte. Dass dies freitags passiert, ist ein eingebürgerter Brauch auf Twitter.

Für den Gebrauch in Medien kann man vereinfacht sagen: Twitter ist „Echtzeit" im Sinne von vielleicht fünf bis 30 min Verzug, Facebook von eins bis sechs Stunden. Das hat Folgen: Einen Hinweis auf eine Fernsehsendung würde man auf Twitter vielleicht 15 min vor Sendebeginn posten, auf Facebook drei Stunden vorher. Die Menge an sinnvollen Tweets hängt von dem ab, was man zu sagen hat. Man kann bei Twitter ruhig 30, 40 und mehr Meldungen pro Tag veröffentlichen, sofern sie interessant sind und zeitlich gut verteilt. Sogar ein Liveticker kann über

Twitter funktionieren. Inhaltlich sind bei Twitter ganz besonders die Eilmeldung, das selbst geschossene Bild, der Aphorismus und die Pointe gefragt.

Persönliches Informationsmanagement mit Twitter. Wie kommen wir als Journalisten an unsere Informationen? In der „analogen Zeit" lasen wir Zeitung, unterhielten uns mit Kollegen in Cafés und Kantinen, trafen uns mit Informanten bei einem Spaziergang, sortierten die Leserbriefe und achteten darauf, was aus dem Fernschreiber oder Fax tickerte oder als Pressemitteilung ins Postfach flatterte. Die Zeitungen, die wir lasen, bezahlten wir oder die Redaktion – es war jedenfalls nicht billig. Und die Informationen und Einschätzungen waren gut abgewogen – und gut abgehangen, denn mindestens einen bis zwei Tage alt. All das gibt's immer noch.

Dann kam das Internet und statt zu warten, bis die Zeitung kam, surfte man täglich seine Hauptseiten im Web ab; die Leserbriefe, Pressemitteilungen und Newsletter kamen per Mail und die Agenturen tickerten nun direkt auf dem Computer mit dem Redaktionssystem; bei manchen: direkt ins Redaktionssystem.

Mit Twitter kann ich meinen Informationsfluss so organisieren, dass ich meinen ganz individuellen Newsticker, die Infos, die meine (Fach-)Kollegen umtreiben, die Hinweise auf zu meinem Spezialgebiet gehörende Artikel sowie die offiziellen Verlautbarungen und Pressemitteilungen automatisch frei Haus bekomme. In Echtzeit. Oft bekomme ich schon Informationen vom Ort des Geschehens, lange bevor sich ein Journalist hinsetzen konnte, um einen Achtzeiler für dpa zu verfassen.

Dabei ist Twitter mehr als ein News-Aggregator. Ein Tweet verfügt über eine eingebaute Rückfrage-Option und die Möglichkeit, schnell eine kleine Mini-Fachdebatte zum Thema anzuzetteln. Ich erfahre nicht nur in Echtzeit, was passiert und was Sache ist, sondern auch, wie meine Kollegen von anderen Medien dazu stehen, oder auch Experten. Mit etwas Glück gelingt es sogar, twitternde Politiker in einen (öffentlichen) Schlagabtausch zu verwickeln.

Es gibt zwei Wege, diesen Informationsinput zu steuern: einmal durch die Auswahl der Twitterer, denen man folgt. Das wird allerdings schnell unübersichtlich, da bei 500, denen man folgt, minütlich mit Updates zu rechnen ist. Auch folgt man normalerweise einem Themenmix aus Quellen, für die man sich beruflich oder privat – zum Beispiel wegen eines Hobbys – interessiert.

Für die systematische Informationsflut oder auch kurzfristig im Vorfeld von Großereignissen mit zu erwartendem Twitter-Overload (zum Beispiel Papstwahl, Wahlabend) ist ein anderes Mittel probat: die Twitter-Listen-Funktion. Eine Twitter-Liste erlaubt es mir, eine eigene Timeline mit fach- oder themenspezifisch zusammengestellten Absendern zu erhalten. Diese Absender können zum Beispiel

3.3 Soziale Netzwerke

„alle Bundestagsabgeordneten" oder „alle Landtagsmedien", oder „alle, die mich in Zusammenhang mit Landespolitik interessieren" sein etc. Es ist möglich, öffentliche Listen zusammenzustellen, die dann auch andere abonnieren können. So kann ein Redaktionsmitglied eine fach-/redaktionsspezifische Twitter-Liste aufmachen und für die gesamte Redaktion pflegen. Offizielle Twitter-Listen von Institutionen und Firmen sind auch eine Möglichkeit für Firmen, die Echtheit von Twitter-Profilen zu „beglaubigen" und die eigenen Autoren zu pushen – wenn beispielsweise der Bayerische Landtag eine Twitterliste mit seinen twitternden Mitgliedern publiziert, kann man davon ausgehen, dass diese auch „echt" sind.

Hilfsmittel wie Hashtags erleichtern es wiederum, ein Thema in Echtzeit zu verfolgen und auch die themenbezogenen Tweets von Leuten zu finden, denen man nicht folgt oder die in keiner Liste auftauchen. Hashtags strukturieren die „Sternstunden" von Twitter bei großen Ereignissen, echten und scheinbaren Revolutionen oder auch nur bei Champions-League-Spielen. Hashtags werden entweder von Veranstaltern oder Medien etc. vorgegeben oder sie bilden sich chaotisch in unausgesprochener Absprache zwischen den Twitterern. Auch als Medium kann man Hashtags ausgeben, zum Beispiel für eine Radio-/Fernsehsendung oder für einen Event wie eine Konferenz oder ein Fest.

Hashtags sind also ein wichtiges Mittel, um Soziale Netzwerke für die inhaltliche Recherche und den eigenen Informationsflow zu nutzen (außer bei Twitter gibt es Hashtags auch in anderen Sozialen Netzwerken, werden dort aber nicht so eifrig genutzt). Ergänzt wird dies durch die hervorragenden Suchmöglichkeiten über Twitter. Dabei kann nicht nur nach Tags oder anderen Suchworten, sondern auch nach Bildern, Links, verifizierten Accounts etc. gesucht und sortiert werden. Das macht es möglich, beispielsweise in Echtzeit alle Fotos zu einem Ereignis, die getwittert wurden, zu sichten. Diese kann man (im Rahmen der rechtlichen Möglichkeiten) nutzen, beispielsweise embedden oder zur Gegenrecherche, etwa um ein YouTube-Video auf Echtheit der Aussage hin zu überprüfen.

Das bessere Twitter heißt Tweetdeck. Haben Sie einmal Twitter für sich eingerichtet, folgen Sie den richtigen Leuten, haben Sie sich wichtige Quellen thematisch in Listen sortiert, interessant Hashtags identifiziert? Dann wird es Zeit, von twitter.com auf tweetdeck.com zu wechseln (siehe auch das Kap. 7.3). Denn in Tweetdeck können Sie auf einer Bildschirmoberfläche all die Twitter-Timelines (Abonnierte, Listen, alle Inhalte zu bestimmten Hashtags etc.) auf einen Blick sehen. Tweetdeck empfiehlt sich insbesondere für diejenigen, die in Ihrem Newsroom die Nachrichtenlage beobachten – als Ergänzung zu den üblichen Agenturen. In die dort beobachteten thematischen Timelines/Listen gehören natürlich nur Absender, deren Echtzeit gewährleistet ist (siehe Kap. 10.5 Verifizierung von Inhalten (und Profilen) aus dem Netz).

- **Hashtags.** Hashtags dienen der Verschlagwortung von öffentlichen Postings in Sozialen Netzwerken und entstammen der Twitter-Welt, sind mittlerweile aber auch auf Google+, Facebook oder Instagram gebräuchlich. Äußerlich handelt es sich um ein Wort oder eine Buchstabenfolge/Abkürzung, der eine Raute (für Musiker: Kreuz) vorangestellt wird. Technisch machen die Sozialen Netzwerke daraus einen Link auf eine Suchanfrage über alle Inhalte, die denselben Hashtag aufweisen. Hashtags sind oft auf der Hand liegende Begriffe, Abkürzungen oder sie werden – bei Events – von Veranstaltern vorgegeben. Oft verwendete Hashtags tauchen in den Twitter-Trends auf – ein Indiz für die Relevanz eines Themas auf Twitter.

Twitter ist für Journalisten, die als Reporter oder Korrespondenten tätig sind, eigentlich unverzichtbar. Trotzdem ist der Dienst bei vielen Kollegen unbeliebt und erzeugt oft eher Frust. Das hat einige Gründe. Erstens erschließt sich der Nutzen für einen selbst von Twitter nicht sofort. Der Nutzen wächst mit der Zeit, der Community und der Twitter-Kompetenz, die man damit erwirbt. 14 Tage „testen" reichen da nicht. Zweitens ist es nicht so einfach, eine größere Community, das heißt eine möglichst aktive Followerschaft auf Twitter, zu erreichen. Richtig Spaß macht Twitter aber nur, wenn man in der Community etabliert ist und mit ihr interagieren, sich ggf. mit ihr beraten kann. So hören viele Kollegen nach zwei Monaten Twitter bei vielleicht 250 Followern (das sind dann die Leute, die man auch so persönlich kennt, die Kollegen im eigenen Haus etc.) wieder auf bzw. lassen ihren Twitter-Account einschlafen. Damit dies nicht passiert und man viele und die richtigen Follower bekommt, hier ein paar Tipps:

> **Tipps für Ihr Profil**
> - Erklären Sie in der Twitter-Selbstbeschreibung („Biographie"), wer Sie sind, dass Sie Journalist sind, welche Schwerpunkte Sie auf Twitter setzen wollen. Nur dann wissen andere, warum sie Ihnen folgen sollten.
> - Nutzen Sie Ihren echten Namen oder eine sprechende Bezeichnung. Anonyme Nicknames auf Twitter gibt es zwar aus dessen Frühzeit (die early Adopters), sind aber für neue, professionelle Accounts von Journalisten nicht mehr zeitgemäß.

3.3 Soziale Netzwerke

Interessant twittern
- Wer pointiert schreibt, wird eher wahrgenommen. Zeigen Sie Haltung.
- Twitter ist ein Echtzeitmedium. Seien Sie schnell (aber sorgfältig). Wenn Sie der Zehnte sind, der dieselbe Meldung twittern will, zitieren Sie lieber einen der Schnelleren und geben Sie ein wenig eigene Bewertung dazu.
- Sagen Sie auch mal „ich" – es ist Ihr Twitter Account, Ihre Geschichte, die Sie verlinken etc.
- Twittern Sie keine Teaser auf Webseiten, sondern Inhalte/Informationen! Ihr Tweet muss beim Überfliegen verfangen. Kein Mensch retweetet Teaser, die keinen Eigenwert haben! Clickbaiting funktioniert auf Twitter meist nicht.

Sich einbringen
- Nutzen Sie die Hashtags, die sich eingebürgert haben. Nur so tauchen Sie in den Twitter-Themenübersichten der Medien und in der Twitter-Suche auf.
- Falls Sie selbst einen Hashtag setzen (wenn es Ihre Veranstaltung etc. ist), achten Sie darauf, dass er pointiert, anschaulich, sprechend und kurz ist.
- Erwähnen Sie andere Twitterer, schreiben Sie andere Twitterer an (@ Twittername); der Twittername ist oft sinnvoller als der Klarname auf Twitter. Schreiben Sie also „@regsprecher hat gesagt …" Statt „Stefan Seibert hat gesagt …". So bekommt der Twitterer außerdem mit, dass Sie ihn erwähnt haben, auch wenn er Ihnen nicht folgt. Und er bringt sich vielleicht auch ein, wird jedenfalls auf Sie aufmerksam.
- Wenn Sie eine Meinung/Einschätzung zu einem Tweet/Sachverhalt haben, geben Sie diese kund, indem Sie den Tweet mit „RT" zitieren. Das sieht dann so aus: „Interessant. RT @regsprecher: zitierter Tweet".
- Arbeiten Sie mit (eigenen, aktuellen) Bildern. Tweets mit Bildern fallen mehr auf und werden öfter retweetet.
- Besonders wichtige Tweets können Sie auch wiederholt aussenden (nicht zu penetrant).

Achten Sie natürlich bei aller Haltung und bei allem Ich darauf, dass Sie Journalist sind und als professioneller, unparteiischer Berichterstatter wahrgenommen werden wollen.

Twitter goes Video und Audio. Wie Facebook (samt Instagram) will auch Twitter einen guten Teil vom Geschäft mit Videos erobern – wie überhaupt Bewegtbild im Netz immer wichtiger wird. So kann man als Medium seit Anfang 2015 den

„Twitter Video Player" für seinen Twitter-Account beantragen und nutzen. Die direkt auf Twitter hochgeladenen Videos werden prominenter in Twitter dargestellt als Videos, die beispielsweise nativ auf YouTube liegen. So werden Medien mit Reichweite belohnt, die das Netzwerk Twitter mit ihrem Material aufwerten.

Außerdem gehört zu Twitter schon länger die Mini-Video-Netzwerk-App „Vine", mit der sich Sechs-Sekunden-Videos erstellen und teilen lassen. „Vines" sind mittlerweile ein etabliertes Format für oft lustige, oft künstlerisch gestaltete Mini-Videos. Klassisches Vine-Format sind nahtlose Endlosschleifen. Ebenso etablierte Twitter die App Periscope. Mit ihr kann man live Videos aufnehmen und ins Web übertragen. Für Audios wurde die Zusammenarbeit mit dem Dienst „Soundcloud" forciert.

Die Öffnung der Plattform Twitter, die zunächst ausschließlich textbasiert war, für diverse Medientypen – zunächst Fotos/Grafiken, dann die Twitter-Cards (Link-Vorschauen, Vines/Videos, nun Audios – ist im Zusammenhang mit weiteren Veränderungen des Dienstes zu sehen: So weicht Twitter die Sortierung der Startseite rein nach der Zeit (Neuestes oben) auf und beginnt, „wichtige Posts" prominenter anzuzeigen. Es ist offenkundig, dass sich Twitter so immer mehr Facebook annähert. Hintergrund dafür ist, dass das Soziale Netz durch immer bessere Mobilfunkverbindungen und Geräte/Displays an sich video- und bildfreudiger wird, aber auch, dass Twitter immer noch nach einem einträglichen Geschäftsmodell sucht. Dass man mit Werbung in Videos Geld verdienen kann, hat YouTube bewiesen, und dass eine weniger klar geordnete Timeline für Werbung besser geeignet ist, ebenso. Auch die Chatfunktion wurde ausgebaut (Gruppenchat) – damit versucht Twitter, an den Erfolg von WhatsApp anzudocken.

▶ Wenn Sie wissen wollen, wie viele Menschen Ihre Tweets gelesen, Ihre Links geklickt oder wie oft Ihre Tweets retweetet wurden: Die Twitter-Statistik gibt es auf http://analytics.twitter.com (dort mit den Twitter-Zugangsdaten einloggen!).

3.3.3 Facebook versus Twitter

Facebook und Twitter zeichnet bei allen Gemeinsamkeiten auch eine Reihe von Unterschieden aus. Hier eine kleine Übersicht:

Facebook	Twitter
Was machst du gerade	Was passiert gerade
Ich an meine Freunde	Ich an die Welt

3.3 Soziale Netzwerke

Facebook	Twitter
Emotion und Meinung	News und Pointen
Echtzeit im 3-Stunden-Takt (Annäherung)	Echtzeit im Minutentakt
Videos, Fotos, längere Texte	Kurztext, Links, Fotos
Alle Menschen	Medien, Blogger, Journalisten, Politiker
Die Masse, der Endkunde	Medien, Multiplikatoren, Netzgemeinde
Klarnamen-Pflicht	Viele Pseudonyme
Eingeschränkte Öffentlichkeit	Alles ist öffentlich

3.3.4 YouTube

Es wird oft die Frage aufgeworfen, ob YouTube selbst ein Soziales Netzwerk ist, oder doch „nur" die erfolgreichste Videoplattform/Mediathek der Welt. YouTube ist beides (und noch mehr). Der Charakter als Soziales Netzwerk zeigt sich darin, dass die meisten Videos auf YouTube auch kommentiert und bewertet werden. Außerdem gibt es soziale Vernetzung auf YouTube durch Kanal-Abo und nicht zuletzt durch das verbindende Element Google+, denn schließlich ist YouTube Teil des Google-Imperiums. Auch der Erfolg, den YouTube-Stars durch die Interaktion mit ihrem Publikum erreichen, indem sie diese zu Aktionen/zum Mitmachen aufrufen, ist hier anzuführen. Im Grunde ist die Frage, ob YouTube in erster Linie ein Soziale Netzwerk oder eine Videoplattform ist, aber rein akademisch.

In der Praxis gibt es eine Reihe von Faktoren, die stark für YouTube als Ausspielweg für die Videos von Medien und Journalisten sprechen.

- Die beachtliche eigene „YouTube-Community".
- YouTube ist mittlerweile die zweitgrößte Suchmaschine, vor Bing etc. Das heißt, ein Video hat auf YouTube bessere Chancen, sich zu verbreiten und sein Publikum zu finden als auf jeder anderen Video-Plattform.
- YouTube verfügt als Video-Plattform über eine beispiellose Infrastruktur und Anbindung zum Beispiel an Ausspielgeräte wie Smartphones, Fernseher etc.
- YouTube ist ein Standardtool, um Videos auf anderen Social-Media-Plattformen wie Facebook und Twitter, aber auch Blogs zu teilen und zu embedden. Andere Anbieter nehmen auf YouTube Rücksicht. Die Shareability ist also auch zukunftssicher für die meisten relevanten Plattformen.

> Dazu kommt, dass Player und Plattform vielfältigste technische Möglichkeiten bieten, die die meisten „hauseigenen" Player nicht aufweisen. Neben der schon erwähnten Kompatibilität mit vielen Systemen und Plattformen sind das:
> - Verlinkungen direkt in den Time Code, also Links, die an eine bestimmte Stelle des Videos führen.
> - In-Video-Links aus dem Film bzw. Player heraus (auch als YouTube Cards).
> - Die Bedienbarkeit mit allen Geräten. Für Journalisten und Blogger ist YouTube oft die einfachste Möglichkeit, von unterwegs mittels Mobilgerät oder Laptop ein Video zu publizieren.

Sogar als Baustein für ein Geschäftsmodell kann YouTube taugen. Zwar werden nur die wenigsten Videomacher allein mit YouTube ein auskömmliches Einkommen erzielen können, denn dafür benötig man monatlich ein Millionenpublikum – die möglichen Werbeeinnahmen schwanken laut Insidern (offizielle Aussagen dazu gibt es nicht) zwischen einem und zehn Euro pro tausend Views. Dass es einigen – auch in Deutschland – gelingt, davon zu leben, ist aber ebenso wahr, wie YouTube-Stars vom Kaliber Y-Titty, Daarum oder LeFloid zeigen. LeFloids Form der Nachrichtenpräsentation für Jugendliche beeinflusst bereits massiv die „alten Medien".

Hinter vielen YouTube-Stars stecken dabei spezielle Netzwerke wie Mediakraft Networks, die sie unterstützen. Solche Netzwerke treiben die Professionalisierung auf YouTube ebenso voran wie alte Medienhäuser und Filmproduzenten/Verleiher. Profis ist es auf YouTube sogar möglich, die zunächst illegal/unbefugt von Privatpersonen hochgeladenen Inhalte für sich selbst zu reklamieren und an den „illegalen" Werbeeinnahmen teilzuhaben – also einen zunächst nicht erwünschten Upload für sich nutzbar zu machen.

YouTube ist also die Plattform für Videos in Social Media, auch wenn Facebook und Twitter hier nachziehen. Dabei spielen Format und Länge des Videos praktisch keine Rolle, von einer Sekunde bis zu einer Stunde und darüber hinaus ist alles möglich. Alternativen wie Vimeo spielen eine Rolle in speziellen Fällen oder für spezielle Gruppen, im Fall von Vimeo vor allem für Produzenten mit besonders hohem handwerklichem und künstlerischem Anspruch.

Wer Videos auf YouTube veröffentlicht,
sollte folgende Tipps beachten:
- Geben Sie dem Video eine Überschrift, die findbar/suchbar ist und über die sich das Video klar einordnen lässt. Das Wer-Was-Wo muss in die SEO-optimierte Überschrift!
- Verzichten Sie auf eine Einleitung. Kommen Sie sofort zum Punkt. Der Youtube-Nutzer weiß genau, was er sucht, und er will die konkrete Information, sofort.
- Scheuen Sie sich nicht, Ihre Videos mit einem „Call to action" zu versehen, also mit einer Aufforderung wie „abonnieren Sie meinen Channel!", „kommentiert das Video!", „stellt Fragen"", „liked es!" etc.. Dieser Call to Action erhöht die Interaktionsrate messbar. Halten Sie dabei allerdings Maß.
- Nutzen Sie die In-Video-Funktionen von YouTube wie Verlinkungen aus einem Video zu einem anderen oder Text-Kommentare in Videos. So können Sie Nutzer auf interessante Inhalte hinweisen, Zusatzinfos geben, Links auf Artikel zum Video ausbringen etc. YouTube bietet hier sehr viel mehr als die meisten Player, die auf normalen Webseiten eingesetzt sind. Sogar interaktive Erzählformen können mit diesen Features umgesetzt werden.
- Optimieren Sie Ihr Video auch mit einem starken Vorschaubild. Das von YouTube automatisch generierte taugt oft nichts. Sie können das Vorschaubild unabhängig vom Videoinhalt separat hochladen. Gute Bilder sind plakativ: große Gesichter, Grafiken, auch Schriften.

Was Sie über YouTube-Channel wissen sollten:
- Die wenigsten Views bei Videos kommen über die Channelstartseite (einstelliger Prozentbereich). Die meisten – Faustregel: mehr als die Hälfte – Nutzer kommen über die Suche und über „ähnliche Videos".
- Die „ähnlichen Videos" sind Videos aus dem gleichen Channel, mit denselben Begriffen in der Überschrift, denselben Tags etc. Insofern unterstützt gutes Tagging die Suche und die Auffindbarkeit über „ähnliche Videos".
- Die meisten Videos werden nur angespielt. Wenn Sie den Zuschauer nicht in den ersten Sekunden packen, ist er für ihr Video verloren. Sparen Sie sich also alle Einleitungen, Ansagereien, Hinführungen und kommen Sie gleich mit einem Höhepunkt oder der Hauptaussage oder einer Pointe.

- Abonnenten sind das Kapital, das ihren Erfolg auf YouTube verstetigt. Sie werden auch für klassische Medien umso wichtiger, je mehr YouTube auf Fernsehgeräten genutzt wird. Denn der „faule" Sofa-Schauer in seiner „Lean-Back-Haltung" nutzt verstärkt abonnierte Channels, sucht tendenziell weniger aktiv nach Videos.
- Abonnenten zu bekommen muss also eines der Ziele sein, die Sie in Ihrer Strategie anstreben. Das Gute: Es ist ein messbares Ziel.
- Widmen Sie sich einem Thema oder einem Format, sodass Ihr Channel als „Special Interest" von einer bestehenden Community bzw. Zielgruppe akzeptiert und abonniert wird.
- Wenn Sie zwei erkennbare und klar definierbare Zielgruppen (im Sinne von „Special Interest") mit unterschiedlichen Interessen ansprechen, werden Sie nicht beide, also gewissermaßen die Vereinigungsmenge bekommen, sondern nur diejenige, die beide Interessen aufweisen, also die Schnittmenge! Erwägen Sie in diesem Fall, zwei Channels aufzumachen.
- Mehr als die Hälfte aller Videos auf YouTube werden kommentiert. Jeder Kommentar macht das Video wertvoller, erfolgreicher und gibt Google das Signal: Dieses Video ist relevant. Seien Sie bereit für diesen Dialog, planen Sie ihn in Ihre Konzepte etc. mit ein. Antworten Sie wie immer zeitnah und kompetent.
- Seien Sie persönlich als Gastgeber präsent. Oder etablieren Sie ein Gesicht, einen Gastgeber („Host") für Ihren Channel. Der sollte allerdings authentisch sein, persönlich antworten etc.
- Videos, die viral sehr erfolgreich sind, machen Ihren Channel bekannt und führen zu neuen Abos. Wenn sich Ihre Videos nicht viral in Sozialen Netzwerken verbreiten, wird Ihr Channel nur sehr langsam wachsen und Abonnenten gewinnen.
- Wenn Sie einen Special-Interest-Channel aufbauen, machen Sie Ihren Channel und Ihre Videos in der entsprechenden „Gemeinde" bekannt, werben Sie in den entsprechenden Foren und Webseiten oder auch zielgenau in Sozialen Netzwerken. Sei es bezahlt oder indem Sie sich konstruktiv an den Diskussionen, beispielsweise in Foren, beteiligen. Machen Sie dabei transparent, wer Sie sind und dass sie ggf. auch wirtschaftliche Interessen haben.
- Ein YouTube-Channel lebt zu einem großen Teil vom „Long Tail". Das heißt von vielen alten Videos, die über die Suche immer wieder abgerufen – auch wenn die Zuschauerspitzen meist kurz nach dem Einstellen stattfinden. Lassen Sie ihr Archiv für sich arbeiten! Es bringt Views – und jeder Viewer ist ein potenzieller Abonnent.

3.3.5 Google+

Google+ – eine Geisterstadt? Das Soziale Netzwerk von Google war angetreten, das Beste aus beiden Welten, Facebook und Twitter, zu vereinen. Außerdem sollte mit der ausgeklügelten „Kreise"-Struktur den Nutzern die Angst genommen werden, aus Versehen den falschen Leuten die falschen Inhalte über ein Soziales Netzwerk zukommen zu lassen. Technisch gesehen ist das gelungen: Google+ gleicht in Optik und Funktionen einem modernen Facebook mit Twitter-Elementen (zum Beispiel Abo- statt Freundschaftsprinzip).

Doch obwohl Google+ die Privatsphäre-Bedenken der Nutzer ernster nahm als Facebook und hier zunächst eine feinere Abstimmung erlaubte; obwohl das Design aufgeräumter und moderner als Facebook erschien; obwohl Google auch die Nutzer von Diensten, die Google anbietet oder aufkaufte wie Picasa oder YouTube zwang, einen Google+-Account aufzumachen: Es gelang Google+ bis dato (2015) nicht, auch nur annähernd an die Popularität von Facebook heranzukommen. Auch weil Facebook nachbesserte. Stand 2015 rangiert Google+ hinter Twitter, und zwar sowohl was die Nutzungsstatistiken als auch was die Interaktionsraten oder die Bedeutung als Vertriebskanal für Artikel auf Webseiten angeht. Es hat also nicht die numerische und schon gar nicht die publizistische Wucht von Twitter, das (immer noch) das Soziale Netzwerk einer digitalen Avantgarde darstellt.

▶ Google, Google+ und alles was dazugehört sollte man nicht unterschätzen. Noch ist nicht ausgemacht, ob es sich auf Dauer um eine Geisterstadt oder vielleicht doch um einen „schlafenden Riesen" handelt, der nur langsam erwacht. Außerdem spielt Google+ für die Suche bei Google wohl eine Rolle. Und Google als Suchmaschine ist nach wie vor der wichtigste Schlüssel zum (neuen) Leser! Zudem bietet Google+ ganz nette Features für Autoren. Im Bereich der Social Logins (siehe Glossar) ist Google sogar mit Facebook auf Augenhöhe. Eine Präsenz bei Google+ sollte also mit erwogen werden.

Google-Hangouts gehören ebenfalls zum Umfeld von Google+. Es handelt sich dabei um eine Messenger-Anwendung für alle Geräte, die Chats und vor allem Video beherrscht, ähnlich Skype. Die Besonderheit: Man kann mit Hangouts öffentliche Videokonferenzen durchführen, in die sich Nutzer einschalten können; die Mitschnitte liegen anschließend als Videos auf YouTube.

Der Video-Hangout ist ein mächtiges Tool für Social Media. So nutzen Blogger regelmäßig Google-Hangouts, um im Web öffentliche Podiumsdiskussionen zu veranstalten; Fernsehsendungen setzen es als Tool ein, um Gruppeninterviews oder Gespräche mit Experten zu führen. In jedem Fall kann man die „Podiumsdiskussion" durch mehr oder weniger zufällig ausgewählte Zuschauer ergänzen, die dann ebenfalls an der Videokonferenz teilnehmen.

Eine andere Möglichkeit der Beteiligung und der Transparenz besteht darin, Zuschauer an der Redaktionskonferenz teilhaben zu lassen, sodass sie Themen einbringen und mitdiskutieren können; auch dafür werden gelegentlich Hangouts genutzt (zum Beispiel für die BR-Sendung „Rundshow"). Praktisch hat sich gezeigt, dass nur die wenigsten Fans/Zuschauer tatsächlich spontan im öffentlichen Video mitdiskutieren wollen. Da ist die Hemmschwelle sehr groß. Schließlich ist man eitel, Webcams machen nicht unbedingt schöner; öffentlich zu sprechen ist auch nicht jeder gewohnt. Außerdem machen die Teilnehmer dann in der Regel auch ihr Wohnzimmer im Hintergrund etc. öffentlich. Zudem sollte man die technische Ausrüstung und Übung der Nutzer nicht überschätzen. Viele Hangouts kranken an schlechtem Ton oder Rückkopplungen etc. (das gilt übrigens auch für Skype-Schalten). Es empfiehlt sich also, für einen geplanten Hangout mit Publikum einige Teilnehmer vorab zu „casten" und entsprechend in die Technik einzuweisen.

3.3.6 Instagram

Instagram ist eine Smartphone-App und ein damit verbundenes Soziales Netzwerk, das sich dafür eignet, Handyfotos und kurze Videos (bis zu 15 s) zu publizieren. Täglich werden von 300 Mio. Menschen rund 70 Mio. Fotos und Videos auf dieser Plattform veröffentlicht, wie Instagram in einer Pressemitteilung Ende Dezember 2014 bekannt gab. Laut Schätzungen sind vier bis fünf Millionen deutsche Nutzer auf Instagram aktiv. Wegen seiner verhältnismäßig weiten Verbreitung und Beliebtheit auch unter Jugendlichen ist Instagram sowohl zur Bildrecherche als auch für Nutzeraktionen/Fotoaktionen eine interessante Wahl. Videos mit einem attraktiven, teilweise verblüffenden Zeitraffereffekt bietet die Video-Funktion Hyperlapse in Instagram.

Die Instagramme zeichnet eine Ästhetik aus, die irgendwo zwischen Lomografie und Polaroid ihre analoge Entsprechung findet. Der Grad und die Art der Verfremdung wählt der Instagrammer, indem er einen entsprechenden Filter in der App anwendet. Das Format ist wie beim Polaroid quadratisch.

Die Bilder können über Instagram einem Abonnentenkreis gegenüber oder öffentlich publiziert/geteilt werden und zum Embedden angeboten werden. Die Bilder erscheinen dann im Profil des Nutzers (bzw. in der Startseite der Abonnenten). Diese können die Bilder liken und kommentieren oder sie ggf. auf anderen Plattformen teilen (je nach den Einstellungen des Anbieters).

Themenspezifische Bildübersichten jenseits der eigenen Freundes- und Abo-Kreise lassen sich auf Instagram über Hashtags herstellen. Diese durch Hashtags wie bei Twitter strukturierten Themen können auch zu Bilderübersichten zusammengestellt werden; insofern ist Instagram eine sehr gute Möglichkeit, Foto-Übersichten zu einem Ereignis – etwa einem Festival oder für News-Zwecke zu Themen, Naturkatastrophen etc. – zu bekommen.

Auch die Embeddbarkeit von Instagram-Bildern macht sie technisch geeignet, auf anderen Seiten, zum Beispiel in Artikeln einer Medienseite, präsentiert zu werden. Allerdings ist rechtlich fraglich, ob man das darf. Instagram selbst betont in den AGBs (anders als Twitter oder Facebook), dass jeder im Besitz und in der Kontrolle seiner Fotos bleibt. Auch die Beschreibung des Embedding-Angebots hebt darauf ab, dass man selbst die eigenen Fotos beispielsweise in seinem Blog embedden kann – aber nicht darauf, dass jeder dies dürfe (anders als bei Twitter).

Viele Fotoreporter nutzen Instagram, um ihre Arbeit zu zeigen, beispielsweise in einer Live-Reportage. Im klassischen Live-Einsatz empfiehlt sich aber, auf diejenigen Instagram-Filter zu verzichten, die stark in das Bildmotiv eingreifen. Denn zu sehr verfremdete Fotos wirken nicht mehr authentisch. Für reine Wohlfühl-Events (zum Beispiel Feste und Feiern, Sommer, Sonne) kann Instagram ein nettes Werkzeug sein, das sich wegen der breiten Nutzer-Basis auch für Foto-Aktionen eignet. In der Blogger-Szene ist Instagram eine wichtige Plattform vor allem für den bildstarken Bereich Mode und Beauty.

Erwähnt werden sollte, dass Instagram eine wichtige Quelle für das Leben und die Selbstdarstellung von Prominenten und Sportstars ist. Viele von ihnen – beispielsweise Boris Becker – posten ihre Fotos lieber auf Instagram als auf Twitter. Auch weil sich die Reaktionen auf Instagram besser kontrollieren lassen und auf einer Plattform, die weitgehend visuell kommuniziert, eine geringere Shitstorm-Gefahr besteht. Instagram gehört wie der Chat-Dienst WhatsApp zum Facebook-Imperium.

Die Video-Optionen von Instagram, die mit ihren 15 s etwas mehr Raum lässt als Vine mit 6 s, inspirieren mittlerweile auch zahlreichen Nachrichtenmarken. So entstanden unter dem Label „WDR #3sechzich" Anfang 2015 News-Formate für

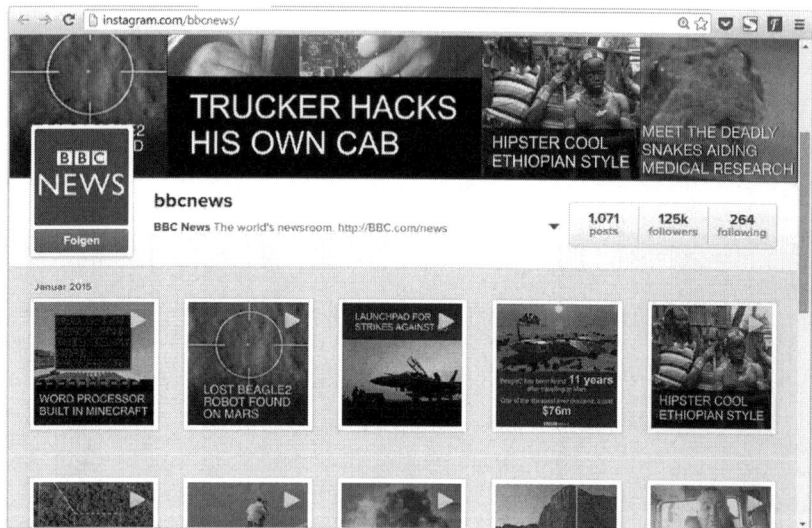

Abb. 3.4 Nachrichten-Beiträge in 15 s. Die BBC arbeitet daran und verteilt die 15-s-Videos mit eigener Ästhetik auch über Tumblr und Twitter. Screenshot: instagram.com/bbcnews/

YouTube und Instagram. Auch zdfheute, die BBC und andere experimentieren mit bzw. entwickeln Formate für dieses Soziale Netzwerk (Abb. 3.4).

▶ Empfehlenswerte Instagram-Auftritte aus unterschiedlichen Bereichen des Journalismus und dem Blogger-Bereich:
- zdfheute
- bbcnews
- CNN
- szmagazin
- wdr_3sechzich

Mode:
- voguegermany
- lamiyaslimani
- fashionhippieloves

Technik:
- t3n_magazin

Reiseblog
- Murat Osmann: Follow me around the World

Fotografie/Reise:
- muradosman
- marcusbleasdale

3.3.7 Tumblr

Tumblr ist eine Miniblog-Plattform und gleichzeitig ein eigenes Soziales Netzwerk, geeignet vor allem auch für die Verbreitung von Fotos und Videos zum Beispiel aus YouTube. Auf Tumblr waren Ende 2014 rund 200 Mio. Miniblogs gehostet, auf denen täglich rund 100 Mio. Blogposts veröffentlicht wurden. Tumblr nutzt wie Twitter das Abomodell; man abonniert andere Tumblr-Miniblogs; die abonnierten Inhalte werden auf einer Startseite wie bei Facebook angezeigt, wenn man sich einloggt.

> **Wichtigste Eigenschaften von Tumblr**
> - Tumblr bringt keine Kommentarfunktion zu einzelnen Elementen mit (das heißt, es müssen keine Kommentare moderiert werden).
> - Man kann Inhalte an die eigenen Follower teilen; der Fachbegriff dafür lautet auf Tumblr „Rebloggen".
> - Außerdem können Tumblr-Inhalte leicht auf Facebook, Google+ etc. geteilt werden.

Der große Vorteil von Tumblr liegt in der Einfachheit bei gleichzeitig moderner und anpassbarer Optik. Ein Tumblr-Blog ist in 15 min aufgesetzt. Tumblr eignet sich deshalb nicht nur für langfristige Blogs, sondern ist auch ideal, um auf simpelste Weise, geradezu spontan einen digitalen Trend ästhetisch darzustellen und beispielsweise ein „Mem", das heißt ein Internet-Phänomen, zu illustrieren oder anderweitig Inhalte zu kuratieren (siehe Glossar). Tumblr gehört seit 2013 zum Imperium eines Social-Web-Veteranen: Yahoo (neben Yahoo Mail, Yahoo Groups, Flickr, Yahoo Digest).

3.3.8 WhatsApp

WhatsApp ist eine der am weitesten verbreiteten Chat- und Kurznachrichten-Apps auf deutschen Smartphones. Die Beliebtheit ist ungebrochen trotz massiver Datensicherheitsprobleme und trotz der Übernahme durch den „Datenkraken" Facebook. In Deutschland gibt es inoffiziellen Informationen der Firma zufolge mehr als 30 Mio. WhatsApp-Nutzer, weltweit sind es rund 700 Mio.. Die App wird auch benutzt, um Links und andere Informationen aus dem Web an andere Nutzer zu schicken. Damit gehört WhatsApp zu den wichtigsten Verbreitungskanälen für

Informationen über interessante Internetseiten, allerdings findet diese Verbreitung nichtöffentlich statt und ist damit schwer nachvollziehbar bzw. schwer messbar.

Diverse Nachrichtenmarken wie NZZ, BR, joiz, infranken.de, haben seit 2014 im deutschsprachigen Raum mit WhatsApp als Vertriebs- und Rückkanal für Informationen experimentiert, ebenso die BBC. Grundsätzlich eignet sich WhatsApp für die Auslieferung von Nachrichten an einen vorher festgelegten Empfängerkreis (Broadcast-Funktion). Allerdings wurde diese Funktion von WhatsApp bis dahin nicht für Medienzwecke angepasst.

Technisch ist WhatsApp nicht auf die Massenaussendung von Nachrichten im professionellen Redaktionsumfeld eingerichtet (Stand Anfang 2015). Der Versand in Empfängergruppen ist auf 256 Adressaten beschränkt, sodass man mehrere Broadcast-Listen aufmachen und vielfach parallel posten muss, wenn man mehr Leute erreichen will. Nur für die BBC hat WhatsApp bis Ende 2014 eine Ausnahme gemacht, was diese Beschränkung angeht.

Tendenziell wird WhatsApp in Redaktionen also eher für Dienstleistungen wie „Eilmeldungen zu einem bestimmten Thema" und lokale Meldungen in Frage kommen; technisch denkbar sind aber auch schnellere Formate wie „Liveticker". Oder man nutzt nur den Rückkanal à la „Schicken Sie uns Ihre Fragen, Bilder etc. an unsere WhatsApp-Telefonnummer".

Um einen Empfängerkreis bei WhatsApp aufzubauen, braucht man die Handy-Telefonnummer aller Empfänger. Man ruft am besten dazu auf, eine WhatsApp-Nachricht an die Handynummer des Redaktions-WhatsApp-Smartphones zu schicken. Die so gesammelten Telefonnummern liegen dann auf dem Handy und werden in die Empfängergruppen sortiert.

Rechtlich bringt dies weitere Schwierigkeiten mit sich: Wie befolgt man mit WhatsApp die Sicherheit der Datenhaltung, die in der eigenen Datenschutzerklärung hinterlegt ist? Wichtig ist, dass man den Beziehern von redaktionellen WhatsApp-Nachrichten bei der Anmeldung bzw. bei der Bewerbung dieses Dienstes deutlich macht, dass ihre Daten ggf. in einem Google-Adressbuch gesichert werden (zum Beispiel über ein Android-Gerät). Auch urheberrechtlich ist WhatsApp etwas anders zu bewerten als Facebook und Twitter, deshalb sollte man nicht ohne weitergehende Prüfung Agenturfotos etc. über WhatsApp versenden. Denn Bilder liegen nach dem Versand als Dateien auf den Handys der Empfänger und können beispielsweise nicht mehr vom Versender gelöscht werden (anders als beispielsweise ein Facebook-Posting).

3.3 Soziale Netzwerke

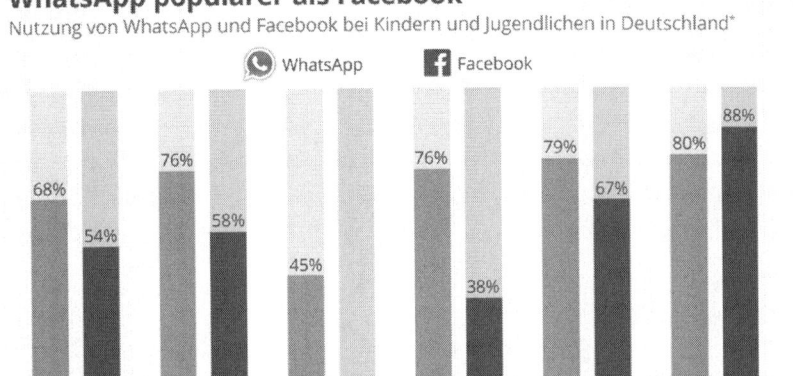

Abb. 3.5 Die Beliebtheit von WhatsApp (nicht nur bei Jugendlichen) erklärt, warum dieser Kommunikationsweg auch für Medien interessant ist. Zur großen Lücke bei den Unter-13-Jährigen: Facebook hatte bisher eine Alters-Untergrenze von 13 Jahren. WhatsApp: jeweils linker Balken. Stand: Anfang 2015. Grafik: statista.de

Wer also WhatsApp im redaktionellen Umfeld für die Verbreitung von Nachrichten oder die Userkommunikation einsetzen möchte, sollte dies gut planen und die vielen Workarounds einrechnen, die die Benutzung mit sich bringt. Kurz gesagt: Es ist (Stand Anfang 2015) ein rechtes „Gefrickel". Unbedingt allerdings gehört WhatsApp zu den Diensten für Social Sharing auf Ihrer Webseite, auch wenn nur die Smartphones dann diesen Button nutzen können. Tools für das redaktionelle Management sind noch in der Entwicklungsphase (Abb. 3.5).

3.3.9 Weitere Soziale Netzwerke

Auch die ebenfalls immer beliebter werdende App Snapchat wird von Medien bedient. Inwieweit Angebote für Ephemeral-Messaging-Dienste wie Snapchat („ephemeral" bedeutet: Nachrichten/Fotos/Chats, die sich selbst nach kurzer Zeit wieder löschen) sich für klassische Medienhäuser lohnen, wird man sehen. Daneben gibt es nahezu für jedes digitalisierbare Produkt und jeden Zweck spezialisierte Soziale Netzwerke. Nur einige seien hier genannt: auf Xing und/oder LinkedIn (international) präsentiert man seine Geschäftsdaten und seine digitale Visitenkarte; Medienunternehmen können diese Dienste für das Anwerben von Personal verwenden. Auf Slideshare.com recherchiert und publiziert man Präsentationen á la Powerpoint, auf Scribd.com längere Textdateien und Broschüren sowie E-Books, auf Soundcloud Audios. Couchfunk widmet sich Social-TV. Außerdem enthalten viele Medien-Apps eine Social-Media- bzw. Social-Sharing-Komponente, etwa die Musikapp Spotify. Eine andere Kategorie der Social-Media-Tools sind Apps, die den Nutzer via Smartphone „verorten" wie Foursquare – und die oft Bewertungs-Möglichkeiten der jeweiligen Örtlichkeit (Lokale, Geschäfte etc.) bieten. Mit Apps wie Foursquare trifft Social Media auf einen anderen Bereich der Medien-Zukunft: lokale Dienste und Augmented Reality – ein Feld, das für den redaktionellen Alltag erst noch erschlossen werden muss.

3.4 Das Social-Media-Prisma

Einen Überblick über die Vielfalt von Social Media und die „Sparten" gibt das Social-Media-Prisma, das die Firma Ethority erstellt hat. Es führt auch viele Dienste auf, die man als Journalist für die Recherche benutzt: von der Wikipedia (als eine Quelle) für das schnelle Nachschlagen bis hin zu den Bewertungen bei Amazon (Abb. 3.6).

3.5 Die digitale Visitenkarte

Was machen Sie, wenn Sie jemanden kennenlernen und mehr über ihn wissen wollen? Sie googeln ihn und schauen, was die Suchmaschine ausspuckt. Genau das werden andere auch mit Ihrem Namen machen. Dieses Bild von Ihnen, diese Ihre digitale Existenz ist zum Teil gegeben: Artikel über Sie, Uralt-Inhalte mit Ihrem Namen. Dank Sozialer Netzwerke können Sie die Trefferliste allerdings aktiv und effektiv beeinflussen. Denn Google rankt persönliche Profile in Sozialen Netzwerken hoch und was auf Ihren Profilen steht, bestimmen Sie. Darüber hinaus bieten Soziale Netzwerke ausgefeilte Möglichkeiten der Selbstdarstellung und der Darstellung der eigenen Kompetenz. Wenn Sie sich also einen Namen machen wollen oder wenn Ihre Medienmarke reüssieren will: Nutzen Sie die großen Portale da, wo diese ihre Stärken haben.

3.5 Die digitale Visitenkarte

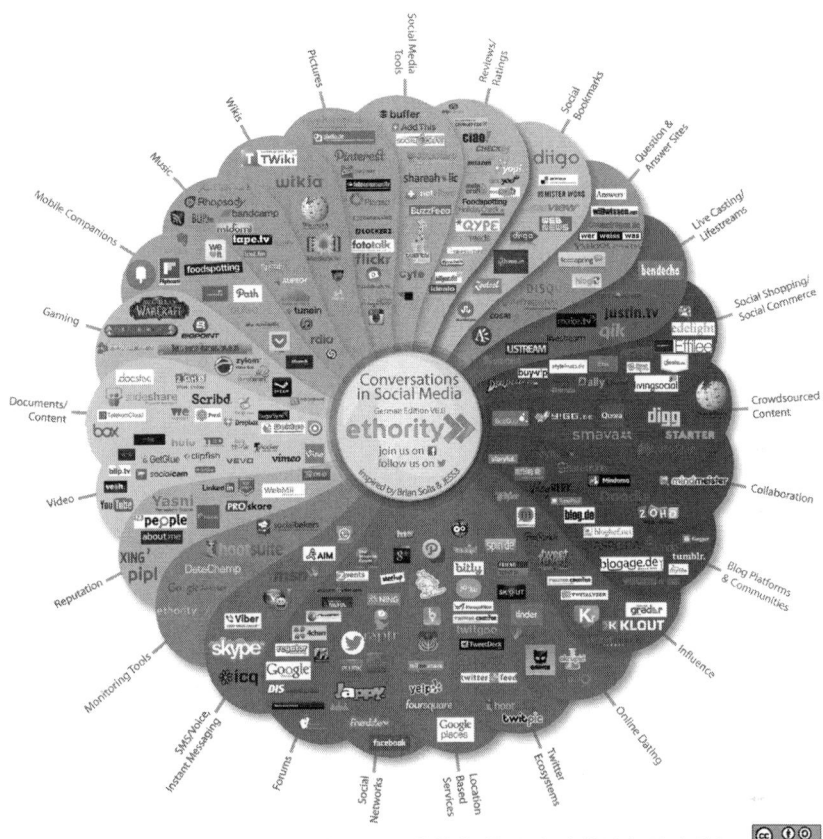

Abb. 3.6 Das aktuelle Social-Media-Prisma zeigt die Vielfalt der Social-Media-Dienste, Plattformen und Funktionen; erstellt von den Social-Media-Marketing-Experten von ethority.de. (Global Social Media Prism by ethority, inspired by Brian Solis & JESS 3; http:facebook.com/socialmediaprism). Lizenz: CC-BY-SA

- Wenn Sie Präsentationen-gestützte Vorträge halten, stellen Sie Ihre Folien (oder einen Teil davon) in Slideshare ein (sofern sie zur Veröffentlichung geeignet sind).
- Themenbezogene Linksammlungen publizieren Sie auf Google Docs bzw. in Storify oder auf Listly. Wer auf diese Weise von ihrer Arbeit profitiert, wird sich vielleicht an Sie erinnern, wenn er mal einen Experten sucht.

- Als Radiosender, aber auch als Musikjournalist und Musikredakteur lohnt sich ein Blick auf die Streaming-Plattformen wie Spotify, die ebenfalls Social-Media-Elemente enthalten; dort kann man die Musikauswahl der Redaktion oder – persönlich – seine eigene Fähigkeit als Playlisten-Ersteller unter Beweis stellen und einen besonderen Musikgeschmack bedienen – Gleichgesinnte werden es einem danken.
- Ihren eigenen Lebenslauf und Ihre Adressdaten sollten Sie zudem im der „Business-Community" Xing hinterlegen, und sofern Sie international tätig sind, beispielsweise als Korrespondent, auch im vor allem in englischsprachigen Ländern beliebten Gegenstück LinkedIn.

Achten Sie darauf, dass Sie nicht unbedacht von Social-Networks in einem Sinne dargestellt werden, den Sie nicht wollen. Löschen Sie Profile von sich, wenn Sie Netzwerke nicht mehr benutzen. Und verbieten Sie beispielsweise Facebook durch eine entsprechende Wahl in den Einstellungen, Ihren Namen mit „Sozialer Werbung" zu verbinden. Sonst wird es passieren, dass Marken oder Politiker oder Institutionen mit Ihrem Konterfei und Namen Werbung für sich bei Ihren Facebook-Freunden machen.

Social Media verstehen 4

Zusammenfassung

Die große Chance von Social Media für Journalisten bzw. ein Medienhaus liegt darin, die User zu Unterstützern und Verbündeten zu machen. Doch das kann nur gelingen, wenn sich das Selbstverständnis der Medienschaffenden ändert. Denn Social Media ist im Kern ausgelegt auf einen Dialog auf Augenhöhe. Die Rolle des Lesers/Zuschauers/Zuhörers/Users wird zu der des Beteiligten. Und die Journalisten werden greifbar, angreifbar – und gewinnen gerade dadurch Vertrauen.

Schlüsselwörter

Social Media · Ansprechhaltung · Web 2.0 · Social Networks · Blog · Augenhöhe · Glaubwürdigkeit · Userbeteiligung · Community · User · Blogger

Im Grunde haben Journalisten immer von einer Situation geträumt, wie wir sie seit dem Web 2.0 haben: Man ist nicht mehr auf einen Verleger angewiesen, um etwas zu veröffentlichen. Druck- und Vertriebskosten, die es früher dem Einzelnen praktisch nicht erlaubten, von sich aus publizistisch tätig zu sein, sind weggefallen. Mit Blogs und Podcasts in Verbindung mit Social-Media-Accounts können sich einzelne Journalisten einen Namen machen. Auch Blogger, die zunächst nebenberuflich publizieren, können in diesem Sinne zu Medienmarken werden (wobei in diesem Zusammenhang die Unterscheidung Blogger versus Journalist keinen Sinn mehr macht).

Beispiele dafür gab es in den letzten Jahren zuhauf – so kennen beispielsweise Richard Gutjahr in der Medienbranche wohl mehr Menschen als Blogger denn als Fernsehmoderator. Auch „Netzökonom" Holger Schmidt, der ehemalige Wirtschaftsredakteur und nunmehrige Unternehmensberater Thomas Knüwer oder auch Medienjournalist Stefan Niggemeier erlangten als Blogger eine Bekanntheit und vor allem eine Bedeutung in Medienkreisen, die darüber hinausgeht, was sie als Autoren für ein Blatt und dessen Leserschaft erreicht hatten.

Für viele Netz-Vordenker aus der sogenannten Netzgemeinde gilt der eigene Blog auch weit mehr als Nachweis von Qualifikation als eine Festanstellung in einer Redaktion. Es gilt das Motto: Ich blogge, also bin ich!

4.1 Social-Media fürs Selbst-Marketing

Wer genug Ausdauer mitbringt, kann mit seinem Blog also das eigene Profil als Autor schärfen, ähnlich wie eine Buch-Autorenschaft es schon in analoger Zeit tat. Das Gleiche gilt für den Twitter-Account. Der dient zudem zur Vernetzung mit Kollegen und Multiplikatoren aus dem eigenen Fachgebiet oder Ressort und als Verbreitungskanal für die eigenen Inhalte. Darüber hinaus spiegelt ein aktiver Twitter-Account eine gewisse Affinität zu digitalen Medien wieder, die sich bei Bewerbungen positiv auswirken kann.

Der Twitter-Account ermöglicht nicht nur die Verbreitung eigener Inhalte, sondern der kluge Twitterer wird auch immer Interessantes aus seinem Fachgebiet aus anderen Quellen, anderen Medien, von anderen Kollegen twittern oder retweeten, ggf. seine Bewertung dazu abgeben. Das ist ein Service für seine Follower, dient aber auch dazu, sich in der eigenen Fachgemeinde zu profilieren (und nebenbei werden andere diese Inhalte ebenfalls weiterverbreiten). So entsteht und funktioniert am Ende ein Netzwerk, das vielleicht am ehesten mit wissenschaftlichen Zirkeln vergleichbar ist, wo der eine den anderen stützt, unterstützt, berät, wohlwollend kritisiert. Und gelegentlich kann man auch eine (inhaltliche) Solidarität der Fachjournalisten untereinander jenseits der Medienmarken erreichen und ggf. nutzen. Daneben sind die eigenen Follower für Journalisten Kapital: Wer viele Follower oder Blogleser hat, ist als vielleicht nur für ein Projekt angeheuerter Mitarbeiter auch für Medienmarken attraktiver, da der Twitterer – beispielsweise für Online-Aktionen – in der Lage ist, über seinen eigenen Twitter-Account zusätzliche Teilnehmer zu aktivieren.

4.2 „Ich" sagen: die Personalisierung des Journalismus

Die Blogger brachten aber auch eine neue Erzählhaltung in den Journalismus selbst ein: das Ich. Noch in den 1980er Jahren war das „Ich" allenfalls in amerikanischen Reportagen, zum Beispiel in der National Geographic, üblich und im gewöhnlichen Journalismus eigentlich nicht erlaubt. Selbst der Reporter versuchte zu beschreiben und auf das „Ich" zu verzichten. Beanspruchte er doch eine gewisse Allgemeingültigkeit für seine Reportagen und wollte er doch das Beobachtete und nicht sich selbst in den Mittelpunkt stellen.

Das Blog, zu Beginn oft als „Webtagebuch" übersetzt, veränderte die Lage. Viele Blogger, die keine gelernten Journalisten waren, scherten sich wenig um die althergebrachten Konventionen und verwendeten ganz selbstverständlich das „Ich". Sie äußerten ihre eigene Meinung, steuerten ihre eigene Expertise bei, berichteten von ihren eigenen Erlebnissen. Und sie wollten auch nicht immer unparteiisch und ausgewogen sein. Nein: Sie wollten Haltung zeigen, Debatten beeinflussen, ihre eigene Sicht schildern. Mit Erfolg. Viele Leser goutierten das. Der Blogger erschien mit seinem klaren „Ich" vielen Lesern sogar glaubwürdiger als der Journalist in den klassischen Medien, der – die Subjektivität, die auch seine Kommentare auszeichnet, scheinbar nur verbirgt und dessen Ausgewogenheit letztlich doch nur eine Illusion bleibt. Spannender als wohlabgewogene „Einerseits-andererseits-Leitartikel" sind pointierte Meinungsstücke von Leuten, die sich auskennen, sowieso.

Das ist übrigens auch der Grund, warum die Kommentarspalten von Webportalen so attraktiv sind (trotz aller Auswüchse auf Stammtischniveau, die es selbstredend auch gibt): Schon früher gehörten Leserbriefspalten zu den meistgelesenen Teilen einer Zeitung, während die Kommentare der Redakteure oft wenig Beachtung fanden. Anders formuliert: Die Leser interessiert die Meinung x-beliebiger Leser mehr als die von ausgebildeten Journalisten, eben weil sie diese Meinung für authentischer und ggf. lebensnaher halten.

▶ Die Blogger gaben den Journalisten das „Ich" zurück. Nutzen Sie es zumindest auf Ihren eigenen Kanälen in Blogs, auf Twitter, Facebook und Co. Es befreit Sie von den Zwängen, Ihre Meinung – oder vielleicht besser: Ihre Haltung – mit (vorgeschobener?) Neutralität zu tarnen.

4.3 Einmal Journalist, immer Journalist

Vergessen Sie nicht, dass Sie immer Journalist sind und jede Äußerung im Web gegen Sie verwendet werden kann! Nicht nur wer schreibt, bleibt, sondern auch, was man schreibt oder geschrieben hat. Nicht nur die eigenen Artikel, sofern im Web veröffentlicht, sind jederzeit auffindbar und – sogar maschinell – auf Vereingenommenheit und Grundtendenzen auswertbar. Auch was in Sozialen Netzwerken gepostet wurde – vielleicht spontan, in einem bestimmten Kontext, nach einer späten Partynacht. Posten Sie also nichts, was Ihrer Reputation nachhaltig schaden kann, was dazu führt, dass Sie als voreingenommen wahrgenommen werden. Zumindest dann nicht, wenn Sie parallel für Medien arbeiten, für die dies wichtig ist.

Der Gang in die Sozialen Netzwerke kann einen gewissen Verlust an Anonymität bedeuten. Die Meldung, der Kommentar, die Theaterkritik bekommt ein Gesicht, einen klar identifizierbaren und – das ist neu – auch ansprechbaren Absender. Aber das ist nicht viel anders als bei einem Lokalredakteur in einer kleinen Stadt. Auch der wird auf der Straße erkannt, viele Leute wissen, mit wem er verheiratet, verwandt ist, wo er wohnt, und im Worst Case: wo sein Auto steht. Dafür ist er authentisch, greifbar. Die Leute können ihn einschätzen.

Social Media macht die Welt also ein wenig zu einem Dorf. Wir können mehr über den Leser/User erfahren. Aber der auch über uns. Und am Ende ist ein Journalist für die Leute ein guter, zuverlässiger Kerl, dem sie auch mal eine Macke oder abweichende Meinung zugestehen. Die Leser wissen, woran sie mit ihm sind. Sorgen Sie also ggf. dafür, dass Ihre Follower und Fans wissen, woran sie mit Ihnen sind – und bleiben Sie dabei professionell. Und wenn Sie Glück haben, lesen Ihre Follower und Fans Ihre Artikel genauso intensiv wie die Leserbriefe ihrer Nachbarn…

4.4 Vom Bloggen leben?

Die zu Beginn dieses Kapitels erwähnte Emanzipation des Autors vom Verleger ist allerdings nur halb gelungen. Zwar kann jeder ohne Verlag und Vertrieb veröffentlichen. Mit etwas Glück findet er auch seine Leser. Es gibt aber auch einen Nachteil: Die monatliche Überweisung vom Verlag bleibt aus. Und die bittere Bilanz nach rund 15 Jahren Blogs: Es ist kaum möglich, als Einzelperson vom Publizieren als Blogger zu leben. Zumindest nicht mit dem klassischen Modell der Anzeigenwerbung. Stand 2014 kann man grob von einem TKP, also vom Preis für tausend Sichtungen pro Anzeige, von einem bis zehn Euro ausgehen – wenn man Anzeigen verkaufen kann. Ähnlich sieht es bei YouTube-Videos aus. Weitere typische Einnahmequellen sind die Provisionen von Online-Shops für besprochene Produkte (Amazon Affiliate) und die teilweise Sublizensierung an klassische Medien. Darüber hinaus gibt es das Phänomen gekaufter bzw. gesponserter Blogeinträge oder Advertorials, das heißt, es fließt Geld für die Veröffentlichung von PR-Texten. Viele Videos von YouTubern sind durch Product Placement unterstützt – und die

4.4 Vom Bloggen leben?

seriösen geben dies auch an. Ein Lesetipp: Immer wieder gibt der Blogger und Journalist Richard Gutjahr auf gutjahr.biz Auskunft über die Einnahmen aus seinem Blog.

Die meisten Blogger haben aber ein zweites Standbein – sofern sie nicht ohnehin das Blog als Hobby neben ihrem Beruf betreiben. Viele von ihnen sind Berater oder Coaches (auch für Journalistenseminare), halten Vorträge und schreiben Bücher, betreiben Webshops oder machen PR. Das Blog ist dann in erster Linie eben ein Marketing-Tool in eigener Sache. Nicht vergessen sollte man, dass ab einem gewissen Professionalisierungsgrad auch Ausgaben beim Bloggen entstehen: Programmierungskosten, Hostingkosten, Produktionsmittel (Rechner, Server, Kamera, Objektive etc.).

Relativ neu in Deutschland sind Modelle, sich Blogger-Journalismus von den „Fans", den Lesern bezahlen zu lassen. Bekanntestes Projekt sind die Krautreporter. Dieses Projekt scheint mir allerdings von seiner Struktur und Größenordnung her eher eine Verlagsneugründung mit gewiefter Online-Abo-Werbung zu sein: arbeitsteilig, mit Geschäftsführung und Buchhaltung. Nichts für den Einzelkämpfer. Der lässt sich eher projekt- oder artikelweise von der Crowd bezahlen, und zwar mit Diensten wie dem Paypal-Donate-Button, Flattr oder Laterpay, die fast ausschließlich auf Freiwilligkeit basieren und im Grunde mit Spenden verglichen werden können. Andere Journalisten versuchen, sich einzelne Projekte und Rechercheaufgaben von der Crowd vorfinanzieren zu lassen und sie davon zu überzeugen, dass sie ihm Reisekosten und Kosten für den Lebensunterhalt bezahlt (in diese Richtung geht crowdspondent.de).

Lokalblogs die auf die lokale Berichterstattung setzen, sind eine weitere Möglichkeit, sich als Journalist selbständig zu machen. Sie bilden entweder eine Gegenöffentlichkeit zur herrschenden, (oft monopolisierten) Lokalpresse oder beleuchten Strukturen publizistisch, die von der Lokalpresse nicht (mehr) abgebildet werden. Auch Hyperlokalblogs mit Berichterstattung auf Stadtteilebene gibt es einige. Die erfolgreichsten Angebote dieser Art entwickeln sich weg von klassischen Blogs hin zu einem alternativen Online-Lokalmagazin, das sich wie die Zeitung aus örtlichen Anzeigen und ähnlichen Quellen finanziert. Vergleichbare Entwicklungen gibt es für das Spezialgebiet regionaler Sport. Finanziell tragfähig sind allerdings bis dato nur wenige Vorzeigeprojekte.

> **Linkliste zu Lokal- und Hyperlokalblogs**
> - Ein Beispiel für ein Lokalblog, das eine Gegenöffentlichkeit schafft: Hubert Denk und sein Bürgerblick, http://www.buergerblick.de/
> - Ein typischer Hyperlokalblog (neuerdings auf Abo-Basis) ist Prenzlauer Berg Nachrichten http://www.prenzlauerberg-nachrichten.de/
> - Ein typisches Online-Lokalmagazin ist Tegernseer Stimme http://www.tegernseerstimme.de/

▶ Blogs, das heißt Online-Tagebücher, gibt es seit Beginn des Internets, aber Ende der 1990er Jahre, als die ersten Gratis-Plattformen in dem Bereich aufkamen, wurde Bloggen zu einem Phänomen, das von vielen angenommen wurde – gleichzeitig wurde auch das Internet vom Elite- zum Massenmedium. Die Veränderungen beschrieb 1999 erstmals das Cluetrain-Manifest.

4.5 Journalismus auf Augenhöhe

Die Möglichkeit für jeden, zu publizieren, hat die Rolle des Journalisten in zweierlei Richtung verändert, und Social Media wirkt als Beschleuniger und Verstärker dieser Entwicklung. Neben dem Journalisten kann nun auch der Gegenstand seiner Berichterstattung – der Fußballverein, das Museum, die Firma, der Bürgermeister etc. – selbst aktuell veröffentlichen und sein Publikum erreichen. Die Facebook-Seiten von Sportvereinen, Stars aus dem Musikbereich oder großen Firmen haben oft mehr Fans als die der Medien, die über sie berichten. Beim FC Bayern sind es mittlerweile (Stand 2015) mehr als 30 Mio. Fans. Das heißt, die öffentlichen Akteure bestimmen ihr Image mit, können selbst berichtigen, sind für die Publikation einer Gegenposition nicht unbedingt auf ein Medium angewiesen.

Ein Reporter muss heute ohnehin damit rechnen, dass er während seiner Recherchen und Interviews nicht nur seinerseits gefilmt und der Ton mitgeschnitten wird. Fühlt sich beispielsweise ein Unternehmen ungerecht behandelt, in einem Interview unangemessen dargestellt, hat das Unternehmen die Möglichkeit, selbst Mitschriften, Tondokumente zu veröffentlichen. So versuchte das Unternehmen Wiesenhof 2011 die angebliche Voreingenommenheit eines kritischen Journalisten und Dokumentarfilmers zu belegen. Dazu interviewte Firmensprecher Frank Schroedter den Dokumentarfilmer zu seinen Absichten und stellte das Video, in dem der Journalist nicht gut wegkam, ins Netz (mittlerweile ist es nicht mehr im Netz auffindbar). Die Tatsache, dass jeder, über den berichtet wird, selbst an die Öffentlichkeit gehen kann, verändert die Szene, erzeugt Druck, zwingt aber auch zu Sorgfalt in der Recherche und kann ggf. zu mehr Fairness führen.

4.6 Vom Leser/Hörer/Seher (User) zum Partner

Jeder kennt das: Man liest einen Artikel zu einem Thema, in dem man (ausnahmsweise) richtig firm ist. Sei es, dass man während des Studiums darüber gearbeitet oder dass man selbst schon darüber geschrieben hat oder auch nur: dass man in dem Ort wohnt, über den berichtet wird. Fast jedes Mal wird man in dem Presseartikel oder dem Bericht kleine und größere Fehler entdecken, der Wissenschaftler in uns schreit auf: „Sooo kann man das doch nicht sagen, das ist doch viel differenzierter", Namen werden falsch geschrieben, Titel falsch wiedergegeben. Fehler passieren eben.

Ein Journalist, der sich maximal einige Tage in ein Thema, in einen Ort vertiefen kann, wird immer dem Wissenschaftler oder dem Einheimischen in Detailkenntnissen unterlegen sein. Meist ärgert man sich über den Kollegen, dachte früher daran, einen Leserbrief zu schreiben, dann schickte man ihn nicht ab. Okay. Oberlehrer schickten ihn ab. Und bekamen oft keine Antwort.

Die Zeiten sind vorbei. Denn die zehn „Experten" unter vielleicht 10.000 Lesern sind wie wir selbst im Internet unterwegs; sie schreiben ihre Korrekturen und klugen Fragen, die der Artikel nicht behandelt, nicht mehr mit Sütterlin auf Büttenpapier, sondern in die Kommentarspalten unserer Portale und Facebook-Seiten. Andere lesen das, klinken sich ein. Da gibt es kein Davonlaufen mehr und kein Schimpfen auf die „Klugscheißer". Nein, runter von Thron, weg vom Megaphon! Da gilt es zu lesen, zuzuhören, Fehler zuzugeben, Informationen nachzuliefern und sich für Korrekturen der Leser zu bedanken – oder die eigene Position zu verteidigen. Denn auch Leser irren sich. Im Idealfall sind am Ende alle klüger, auch man selbst. Selbst wenn man diese Entwicklung nicht gutheißen würde und sich zurücksehnte in die Zeiten des Rednerpults und des (metaphorischen) Megaphons: Diese Zeiten kommen nicht wieder.

Da ist es zweifellos am besten, wir begeben uns auf Augenhöhe mit dem Leser/Zuschauer/Kritiker. Wir sind nicht allwissend. Wir erzählen meist nicht kompetenter als der Fachautor. Aber wir sind Profis in der Kommunikation und haben das Zeug, die Geschichte besser zu erzählen, ihr Aspekte abzugewinnen, die der Experte in seinem Labor nicht wahrnimmt, sie in einen gesellschaftlichen Kontext einzuordnen, was dem Experten nicht erlaubt ist, weil genau dies seine Fachkompetenz überschreitet. Wenn wir das tun und wenn wir dabei sorgfältig und fair sind, dann ergibt sich von selbst eine neue, leicht veränderte Rolle des Journalisten. Und das Schreiben „auf Augenhöhe" wird zur Selbstverständlichkeit.

Journalismus auf Augenhöhe bedeutet: zuhören, mitmachen lassen, nicht von oben herab, nicht aus der Institution reden. Persönlich werden, vielleicht auch angreifbar werden. Daran muss man sich gewöhnen, fangen Sie langsam an …

Am Ende wird der User Ihr Verbündeter sein – im Kampf um Aufmerksamkeit, im Kampf um Reputation, vielleicht sogar im Kampf um die redaktionelle Bedeutung Ihres Themas gegenüber den anderen Kollegen in einer Redaktionskonferenz, am Ende gar ein Beleg für Relevanz Ihres Ressorts gegenüber dem Verleger. Und wenn Sie es klug anstellen, wird der User Ihr bester Mitarbeiter.

> Folgende Rollen kann der User zum Teil übernehmen:
> - **Der User als Feedback-Geber**:
>   Er wird Sie mit seiner Blattkritik besser machen, verlassen Sie sich drauf.
> - **Der User als Quelle und Betroffener**:
>   Sie suchen Ausübende eines Trendsports, über den Sie schreiben wollen? Betroffene eines Lebensmittelskandals? Sie können Ihre User fragen. Und wenn diese Vertrauen zu Ihnen haben, werden sie antworten.
> - **Der User als Rechercheur**:
>   Manchmal braucht mal einfach schnell ein Foto von einem Ort, wo man selbst nicht ist, der User aber schon. Lass es ihn machen! Das ist kein grundsätzliches Plädoyer für den „Leserreporter", aber doch eines für „den Leser mitmachen lassen". Und für Crowdsourcing – mehr dazu im Kap. 11.
> - **Der User als Gate-Keeper für seine Freunde**:
>   „Ich schaue keine Nachrichten, ich lese keine Zeitung, wenn eine Information für mich wichtig ist, wird sie mich schon erreichen". Ob dieses Zitat eines unbekannten Jugendlichen je so gefallen ist – egal. Es stimmt und beschreibt das Informationsmanagement von immer mehr Menschen. Und wie erreicht die Nachricht diesen Mediennutzungstyp? Indem sie Gesprächsthema wird, und zwar in seinem Umfeld. Im Web heißt das: In seinem Social-Media-Umfeld, seinem Soziogramm („Social Graph" ist der Facebook-Begriff für die sozialen Beziehungen eines Nutzers im Netzwerk).

4.6 Vom Leser/Hörer/Seher (User) zum Partner

Unsere Aufgabe ist es also, mit den von uns als Journalisten erstellten Nachrichten in den Freundeskreis der Leute zu kommen, eben tatsächlich Gesprächsthema zu werden. Nachrichten, die keine Gesprächsthemen werden, werden nicht (von dieser Nutzergruppe) rezipiert. Nicht mehr wir, sondern die User selbst werden zu Gatekeepern, oder jedenfalls zum Gate, durch das unsere Nachricht kommen muss.

- **Der User als Vertriebs-Partner**
  Die User selbst bestimmen, über was sie sprechen. Und wenn dieses Gespräch maßgeblich für die Verbreitung von Themen/Inhalten im Web ist, werden die User automatisch zu Vertriebspartnern. Zumindest aus unserer Mediensicht. Dieser kombinierte Gesprächs-/Vertriebsvorgang ist in den Sozialen Netzwerken mit drei Hauptmechanismen verbunden, die alle unter dem Stichwort „Interaktion" summiert werden können.
  - Positive Bewertung: Liken, Faven, Mag-ich-klicken
  - Kommentierung der Inhalte, sodass andere darauf aufmerksam (gemacht) werden
  - Gezielte Weiterverbreitung an den eigenen Freundeskreis: Teilen, Sharen, Retweeten

  Der Letzte der drei, das Teilen, ist aus Sicht der Verbreitung der effektivste Weg. Es muss also unser Ziel sein, dass User unsere Inhalte durch Teilen weiterverbreiten. Wie wir dazu kommen? Darauf muss die publizistische Strategie abzielen.

- **Der User als Werbepartner/Marketinginstrument**
  Wenn der User unsere Inhalte weiterverbreitet, wird er automatisch zum Testimonial. Er verbürgt sich sozusagen mit seinem Konterfei für den Inhalt. Und weil seine Freunde ihn kennen, ist das viel glaubwürdiger als irgendein Prominenter, der sein Gesicht für Geld verkauft. Im Grunde ist es eine marketingmäßige Win-Win-Situation, vor der wir hier stehen. Der User verbreitet unsere Nachricht nämlich wahrscheinlich, um sich selbst interessant zu machen, sein Image zu steigern bei seinen Freunden. Das heißt, unsere Nachricht, unser Inhalt muss ihm das ermöglichen, damit er das tut. Umgekehrt gewinnen wir dadurch eben ihn als unbezahltes Testimonial, das unsere Glaubwürdigkeit erhöht und für uns wirbt.

Publizistische Phänomene in Sozialen Netzwerken nutzen

5

Zusammenfassung

Die höchsten Reichweiten in Sozialen Netzwerken werden durch „virale Verbreitung" erzielt – das heißt, dadurch, dass Inhalte von vielen Nutzern geteilt und damit weiterverbreitet werden. Wer sich die Mechanismen hinter solchen viralen Erfolgen anschaut, wird erkennen: Den schnellen viralen Hit kann man nicht mit Sicherheit vorausplanen. Aber man kann durch die Wahl des geeigneten Formats und Inhalts, durch gute zeitliche Planung sowie eine ideale Kommunikation optimale Bedingungen dafür schaffen.

Schlüsselwörter

Social Media · Mem · Viralität · Internetphänomen · Hype · Formatentwicklung · Formate

5.1 Virale Verbreitung als Schlüssel zum Erfolg

Virale Verbreitung ist der Schlüssel für den Vertrieb und Erfolg in Sozialen Netzwerken. Um zu erkennen, welches Potenzial in diesem Mechanismus, in der viralen Reichweite steckt, zunächst ein Blick auf das Gegenteil dazu, nämlich lineare Reichweite. Über lineare Reichweite erreiche ich diejenigen, die meine Posts bestellt haben unmittelbar: Abonnenten, Follower, Fans in Sozialen Netzwerken. Wenn ich gut bin, habe ich viele solche Abonnenten, also eine hohe lineare Reichweite. Aber: Ich erreiche linear nie mehr Leute und nie andere Leute, als ich ohnehin schon habe, sondern immer weniger, eine Teilmenge davon.

Abb. 5.1 Die Grafik zeigt das Reichweiten-Potenzial durch Teilen. Im konkreten Fall ist es das Netzwerk des Autors auf Xing. (Bild: Screenshot)

Posts, die nur auf lineare Reichweite zielen, sind also allenfalls dazu geeignet, bereits gewonnene Fans zu informieren oder zu unterhalten, nicht aber, neue Fans zu gewinnen, neue Zielgruppen zu erreichen. Außerdem werden Posts, die sich nicht viral verbreiten, von allen Sozialen Netzwerken durch diverse Algorithmen benachteiligt. So erreicht ein rein lineares Posting in Facebook vielleicht weniger als zehn Prozent der Fans. Also muss das Ziel sein: virale Verbreitung.

Viral, das heißt: Wie eine Epidemie muss sich ein Posting verbreiten, ansteckend sein. Das passiert durch das schon erwähnte Teilen. Ein (vereinfachtes) Rechenbeispiel zum Potenzial viraler Verbreitung: Wenn Sie 1000 Abonnenten haben, und Sie erreichen alle (was nie gelingt), bleibt es bei den 1000. Wenn nun diese 1000 Abonnenten jeweils 100 Freunde haben, und Ihren Inhalt teilen/retweeten, erreichen Sie im Idealfall 100.000 Leute, und wenn diese dann wieder teilen...

In der realen Welt – sagt man – verbreiten sich Gerüchte wie ein Lauffeuer. In Sozialen Netzwerken kann das viel, viel schneller gehen, mit oder ohne Ihr Zutun. Wichtig ist: die anfängliche lineare Verbreitung eines Inhalts spielt dabei durchaus eine große Rolle. Ähnlich wie es bei einer Epidemie bedeutsam ist, wie viele Menschen sich in einer ersten Phase „anstecken". Übrigens: Der durchschnittliche Facebook-User kommt auf ca. 160 Freunde (Abb. 5.1).

5.2 Meme und Internet-Hypes

Geht die virale Verbreitung über die erste und zweite oder gar dritte Teilungsgeneration hinaus, sodass am Ende ein relevanter Teil der Social-Network-Nutzer insgesamt erreicht wird, spricht man von Memen oder Internet-Hypes/Internet-Phänomenen. Meme oder Internet-Hypes sind die Königsdisziplin im Umgang mit Social Media.

5.2 Meme und Internet-Hypes

Meme können Hits kreieren (Beispiel: Gangnam Style) und Stars erschaffen (Harlem Shake); Internet-Hypes können Ausgangspunkt und Geschäftsmodell für neue Medienmarken sein (siehe heftig.co) oder das Image alter Marken aufpolieren („Supergeil"-Video der Edeka).

Doch was sind Internet-Meme überhaupt? Die deutsche Wikipedia leitet bei der Suche nach dem Begriff gleich in das offenere Lemma „Internet-Phänomen" um und definiert: „Als Internet-Phänomen (auch Internet-Hype) wird ein Konzept in Form eines Links oder einer Bild-, Ton- oder Videodatei bezeichnet, das sich schnell über das Internet verbreitet. Die am weitesten verbreitete Unterform ist die eines über das Internet verbreiteten Mem(e)s." Wobei ein Mem sich im Besonderen dadurch auszeichnet, dass nicht nur eine Datei/Inhalt oder ein Link massenhaft geteilt wird, sondern auch ein kreatives Arbeiten mit einem Inhalt stattfindet (Nachahmung, satirische Verballhornung) und diese Überarbeitungen dann ebenfalls eine große Verbreitung erfahren.

Wer als Medienschaffender ein positives Mem einen Internet-Hype erschafft, kann sich feiern. Dazu muss er entweder einen Inhalt veröffentlichen, der sich massenhaft verbreitet, oder mittels eines Inhalts einen Hype/Kurzzeittrend initiieren, dem sich andere anschließen, wie beim berühmten Harlem Shake, einem chaotischen Tanzvideo, das viele nachmachten. Oder 2014 bei der Icebucket-Challenge, bei der sich weltweit Tausende von Prominenten Eiswasser über den Kopf schütteten, um Aufmerksamkeit für eine Krankheit (ALS) zu erzeugen und Spenden für den Kampf gegen diese Krankheit einzuwerben.

Ein anderes bekanntes Mem initiierte 2014 der Fußball-Profi Dani Alves in Barcelona. Er wurde wie viele dunkelhäutige Fußballer im Stadion mit Bananen beworfen. Er bückte sich auf dem Spielfeld nach einer Banane und aß sie demonstrativ auf. Sportler weltweit posteten als Zeichen der Solidarität danach ein Selbstporträt mit Banane. Später wurde bekannt, dass die Aktion nicht spontan erfolgte, sondern vorher geplant war, um ein Zeichen zu setzen gegen Rassismus im Fußball.

Doch wie schaffen es Medien, auf diese Weise „viral" erfolgreich zu sein?

Virale Erfolge kann man nur bedingt planen. Man kann Inhalte mit Potenzial erzeugen und man kann die Bedingungen optimieren. Und am Ende braucht man auch ein Quäntchen Glück, den richtigen Stoff zur richtigen Zeit geliefert zu haben.

> ▶ **#Bahnfilme** Das kleine Twitter-Mem zur Übung.
> Wer ein Gefühl für Meme entwickeln möchte, kann sich ohne viel Aufwand in Twitter in das Thema einfühlen. Dort hat sich nämlich eine sehr kleine Mem-Form etabliert, die mit Filmtiteln arbeitet, die kreativ auf aktuelle Nachrichtenlagen abgewandelt werden. Suchen Sie dort mal

nach „Bahnfilme" oder „Textilfilme"... Und wenn Sie das nächste Mal auf Twitter unter den Trending-Topics ein #...filme sehen: klicken Sie darauf, sehen Sie, was andere an witzigen Filmtitelwortspielen liefern, klinken Sie sich mit eigenen originellen Abwandlungen ein.

5.3 Virale Hypes – die Bedingungen

Es gibt eine Metapher für virale Erfolge (oder auch Shitstorms, wenn es negativ wird), die lautet: Virale Verbreitung ist wie ein Waldbrand. Es kommt nicht nur darauf an, dass ein Feuer gelegt wird, dass das Feuer heiß ist, sondern auch darauf, wie die Bäume stehen und wie der Wind weht. Das heißt: Sie müssen erstens für ein heißes Feuer sorgen – also perfekt auf virale Verbreitung optimierte Inhalte posten; und Sie müssen zweitens auf ein Umfeld treffen, das bereit ist, diese Inhalte viral zu machen.

Faktoren, die ein solches positives Umfeld stützen
- Eine große und treue Community, das heißt, viele aktive Fans/Abonnenten etc.
- „Verbündete", die ebenso eine große und treue Community haben (zum Beispiel ein Promi, mit dem zusammen Sie einen viralen Content teilen, ein Festival, über das sie berichten)
- Eine Relevanz des Inhalts zum Zeitpunkt des Postings. Es kommt also nicht nur auf den Inhalt, sondern auch auf den richtigen Zeitpunkt an
- Marketing-Geld zur Unterstützung der initialen Verbreitung

Technische Faktoren für virale Inhalte
- Auf den ersten Blick erfassbar
- Schnell konsumierbar (Bilder eignen sich deshalb hervorragend)
- Shareable: Inhalte müssen technisch und vom Inhalt her leicht über Netzwerke teilbar sein

Inhaltliche Faktoren
- Witzig/gewitzt
- Einfach intellektuell erfassbar
- Im sozialen Umfeld der Fans auf Zustimmung stoßend (keiner teilt etwas, das seine Freunde abstoßend finden)
- Schnell auf den Punkt (bei Videos: Einleitung weglassen)
- „Sexy", attraktiv
- Überraschend

5.4 Texten, Filmen und Gestalten fürs Social Web

- Positiv und hoch emotional/rührend/betroffen machend (Babys, Tiere, Schicksale)
- Guter Begleittext

Wenn Sie diese Eigenschaften mit den im Kapitel „Texten, Filmen und Gestalten fürs Social Web" genannten Formaten zusammenbringen, haben Sie eine Chance, dass sich Ihr Inhalt auch viral verbreitet. Ob dann gleich ein Mem draus wird, lässt sich allerdings nicht vorhersagen.

▶ Erkennen Sie Meme, das heißt Nachmach-Phänomene im Netz, und klinken Sie sich ein, springen Sie auf. Wer sich früh am Harlem Shake beteiligte, konnte auf dieser Welle surfend selbst virale Erfolge einheimsen, denn die frühen Videos wurden Teil des Phänomens und selbst massenhaft geteilt und dokumentiert. Davon abgesehen zeigt man sich so auch als Teil der Community. Aber Achtung: Die eigene Abwandlung muss zu einem selbst, der eigenen Marke passen – sonst droht Peinlichkeit.

5.4 Texten, Filmen und Gestalten fürs Social Web

Es ist beileibe nicht so, dass sich guter Journalismus automatisch im Social Web verbreitet und dort die Anerkennung bekommt, die er verdient. Im Gegenteil: Qualitätskriterien, die bisher galten, werden zum Teil entwertet, zum Beispiel Exklusivität. Bisher war es so, dass der Rechercheur einer Geschichte, der investigative Reporter für sich und seine Medienmarke einen echten Mehrwert schaffte. Unter Fachkollegen ist das heute noch so und der Respekt für eine Rechercheleistung sicher.

Im Internet hält Exklusivität maximal drei Minuten, schon hat die Konkurrenz den Inhalt in eigenen Worten wiedergegeben. Klar: Es wird meist irgendwo noch zitiert, wer die Quelle ist. Zumindest solange man keine eigene Bestätigung des Sachverhalts hat; doch Google, dem Leser – und dem Werbekunden – ist das egal; davon kann man sich nichts kaufen. In den Teilungszyklen der Sozialen Netzwerke, vor allem in Facebook, wird der knappe zeitliche Vorsprung ebenfalls nicht unbedingt belohnt, ebenso wenig übrigens von den Suchmaschinen. Oft bekommen Zweitverwerter und Zitatoren, die die Geschichte binnen Minuten umschreiben und vielleicht angepasster texten, mehr Fans, die bessere Suchmaschinenoptimierung haben, mehr Klicks, mehr Likes, mehr Diskussionen. Für Verlage, die Teile ihres Angebots hinter einer Bezahlschranke (Paywall) gelegt haben, ist das umso fataler: Die Konkurrenz schreibt ab – besser: schreibt um – und publiziert selbst, ohne Bezahlschranke.

Deshalb ist es nicht nur wichtig, die besten exklusiven Inhalte zu haben, sondern diese am besten auf die jeweiligen Netzwerke angepasst zu präsentieren. Und bei exklusiven Inhalten: auch die Geschichte hinter der Geschichte zu präsentieren. Man kann die Nachricht umschreiben, dass Politiker X sich von Steuerhinterzieher Y einladen hat lassen. Was man nicht kann, ist, die Geschichte zu klonen, wie der Journalist dahinterkam, wie er vielleicht bei der Recherche behindert wurde. Diese Geschichte kann nur der erzählen, der auch die Arbeit gemacht hat.

5.5 Die journalistischen Formate

Grundsätzlich befördern Social Networks Inhalte und Formate, die

- auf einen Blick erfassbar sind,
- eine subjektive und individuelle Note aufweisen,
- für eine Special-Interest-Gruppe geeignet sind,
- einen hohen Nutzwert aufweisen,
- man leicht teilen kann und
- über die sich gut diskutieren lässt.

Dies hat zu neuen journalistischen Formaten geführt, die diesen Anforderungen Rechnung tragen. Soweit sie netzwerkspezifisch sind, wurden sie bereits im entsprechenden Kapitel aufgeführt. Hier ein paar Formattrends:

Das Tutorial ist in der Regel ein Video, seltener eine Bildergalerie, Präsentation oder eine Grafik, die einem eine Tätigkeit erklärt. Etwa, wie ich ein Weißbier einschenke. Kennzeichen des Tutorials im Gegensatz zu einem klassischen Ratgeberstück, wie man es aus dem TV kennt: Es richtet sich an den, der wirklich genau in diesem Moment ein Weißbier einschenken möchte, und muss beispielsweise nicht parallel alle anderen Zuschauer unterhalten und erfreuen. Deshalb ist es wichtig, dass man jeden Schritt genau sieht und jeder Schritt im Detail erklärt wird. Störendes und Verzögerndes wird weggelassen (Abb. 5.2).

Abb. 5.2 Internet-Star Daarum punktet unter anderem mit Tutorials zum Thema Mode und Kosmetik – das hat sie zum YouTube-Star gemacht

Listen (neudeutsch: „Listicles") gehören zum Standardrepertoire des Journalismus. Sie sind im Web und insbesondere durch Social Media aber besonders beliebt geworden. Überschriften lauten etwa „Zehn Tipps für bessere Urlaubsfotos", oder „Fünf Apps, die jeder Journalist braucht". Der Clou bei Listen ist ein psychologischer: Die Liste verspricht Informationen ohne die Mühe, sich durch Texte quälen zu müssen, die Zahl verspricht Überschaubarkeit und Relevanz. Listen lassen sich übrigens oft auch als Bildgrafiken darstellen.

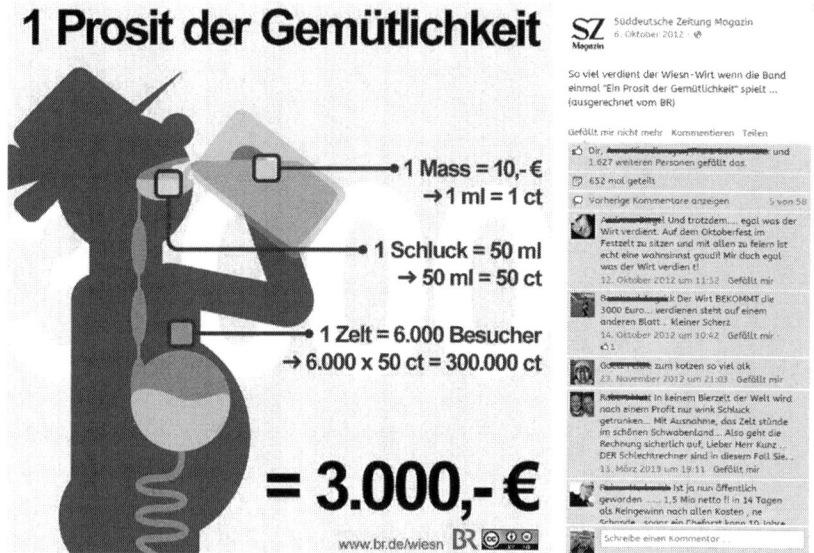

Abb. 5.3 Gewitzte Infografiken sind prädestiniert für eine virale Verbreitung. Die wurde hier noch durch den Einsatz von Creative Commons unterstützt – was anderen Medienhäusern das Posten erlaubte. Bild: Screenshot/BR

Die Infografik vereint zwei Vorzüge: Sie ist so leicht teilbar wie ein Foto und kann dabei – wie ein Bild – „mehr als tausend Worte sagen", das heißt, einen komplexen Zusammenhang auf den Punkt bringen. Infografiken sind also ideal für Soziale Netzwerke. Allerdings sollte man hier noch mehr als beispielsweise bei einer Infografik in einer Zeitung darauf achten, dass das Schaubild schnell erfassbar und nicht zu komplex ist. Sie muss auch beim flüchtigen Blick auf das Smartphone noch ansprechen. Eine erfolgreiche Sonderform ist die ironische Brechung der Infografik: die nicht-ernstgemeinte. Beispiel: „gefühlte Wahrheit" von sueddeutsche.de (Abb. 5.3).

Die Besprechung. Rezensionen eignen sich beispielsweise als Kernformat von Blogs. Ob es sich dabei um neue Bücher, Gadgets oder Spezialausrüstung für ein Hobby handelt: der subjektivere Zugriff des Web-Journalismus erlaubt eine individuelle Note. Allerdings empfiehlt es sich, subjektive Bewertungen auch als solche zu kennzeichnen. Als Blogger haben Sie übrigens die Möglichkeit, Ihre Rezension zu „ergänzen", wenn später am Gerät Fehler auftauchen etc. Beachten Sie dazu auch das Kapitel zur Recherche in Verbraucherkritiken (siehe Kap. 9.5).

5.5 Die journalistischen Formate

Als Kleinform der Besprechung sei außerdem das **Unboxing-Video** genannt: Es zeigt das Auspacken eines neuen Gadgets. So kann sich der Zuschauer einen ersten Eindruck vom Gerät machen, sieht den Lieferumfang und nicht zuletzt ist er am spannenden Moment des Auspackens beteiligt – ein Phänomen das an Weihnachtsabende erinnert ... Es versteht sich von selbst, dass Unboxing-Videos nur Sinn machen, solange ein Gegenstand noch nicht überall zu haben oder jedenfalls noch nicht allzu lange auf dem Markt ist.

Verwandt mit dem Unboxing-Video ist das **Haul-Video** (von Englisch „Haul" für Fischzug, Ausbeute); im Haul zeigt der (meist) YouTuber seine jüngsten Einkäufe und begründet sie. Klassischerweise gibt es den Haul im Bereich Beauty (Kosmetik, Kleidung) – er ist allerdings auch für andere Bereiche anwendbar. Im Grunde sind Blogeinträge, bei denen man die eigene Video- oder Reporterausrüstung vorstellt, verwandt mit Hauls. Produktbesprechungen dieser Art sind übrigens auch deshalb so beliebt, weil die entsprechenden Links zu den besprochenen Geräten in Online-Shops Einnahmen für den Blogger generieren – nämlich als Provision von Online-Händlern wie Amazon.

Der Rant, ein modernes Wort für eine Polemik, ist ein Kommentar mit klarer Richtung, oft maßloser Kritik, Subjektivität und Betroffenheit bis hin zur Wut. Rants wirken wegen ihrer „Bauchbezogenheit" authentischer, ehrlicher als wohlabgewogene Kommentare und sind in der Regel auch nicht langweilig. Wer einen Rant verfasst, schreibt sich ein Thema von der Seele, gewinnt möglicherweise Leser. Macht sich aber meist auch Feinde...

Die Parodie wird im Social Web auf zweierlei Weise populär: zum einen als Nachspielen oder auch nur das Nachsynchronisieren von bekannten Inhalten (bekanntes Beispiel: Star-Wars-Ausschnitt auf Schwäbisch synchronisiert). Zum anderen als Verballhornung von Realität – dann meist im Rahmen eines Mems. Häufig entstehen solche Meme im politischen Umfeld, etwa um das Verhalten eines Politikers zu überzeichnen und sich darüber lustig zu machen; im Worst Case als Teil eines Shitstorms. Ein eher harmloses, aber sehr bekanntes Beispiel ist das Mem #merkelraute (Abb. 5.4).

Gerade auf Twitter sind oft zugespitzte Sätze erfolgreich, die man als sarkastische Aphorismen bezeichnen könnte. Oft mit Ironie versehen und mit entsprechender Missverständnis-Quote ... Vielfach reicht als Kommentar ein Wort, das man vor das Zitat mit dem zu bewertenden Inhalt setzt: „schade", „super", „Anschauen!", „typisch", „I like" etc. Diese Ein-Wort-Kommentare zeigen schon: Der Weg geht Richtung Subjektivität, man muss eine Meinung im Social Web auch nicht immer wortreich begründen.

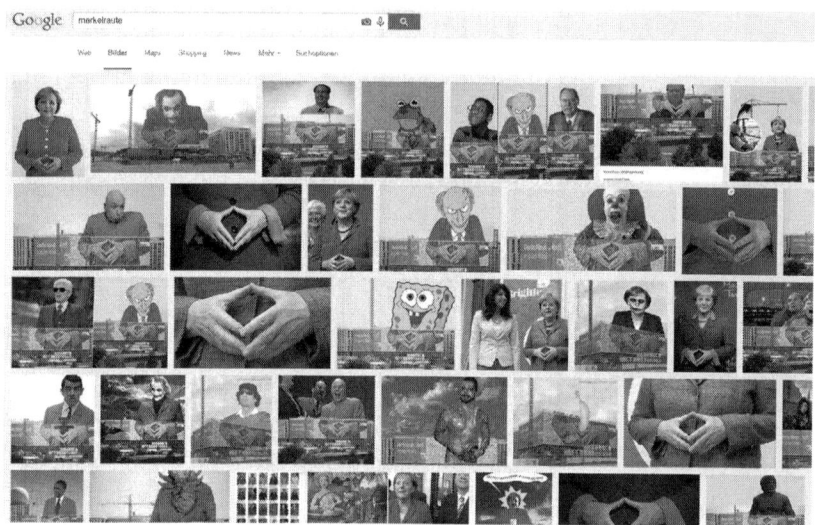

Abb. 5.4 Die #merkelraute als Beispiel für ein Mem. Ein Gebäude-Plakat inspirierte die Internet-Gemeinde, sich mit der typischen Handhaltung der Kanzlerin kreativ auseinanderzusetzen

Das Selfie steht – neben anderen Ego-Dokumenten von Journalisten – am Höhepunkt dieser Entwicklung. So hatte Moderatorin Ellen DeGeneres bei der Oscar-Verleihung 2014 einen enormen Erfolg mit einem Handy-Foto von sich selbst und vielen Hollywood-Stars. Das Foto entstand während der Gala und zeigt unter anderen Brad Pitt, Angelina Jolie, Meryl Streep, Jennifer Lawrence und Julia Roberts. Gemacht hat das Foto Bradley Cooper. Hier verschwimmen die Grenzen von Journalismus, Medienmarketing und Werbung (das Foto wurde mit einem Handy des Sponsors gemacht). Andererseits können Ego-Dokumente wie dieses dazu beitragen, Authentizität zu suggerieren, jedenfalls zu beweisen, dass man „vor Ort" ist, wenn man berichtet. Insofern hat auch das Journalisten-Selfie seinen Platz in der Online-Berichterstattung. Inzwischen ist zwar eine gewisse Selfie-Müdigkeit eingetreten – tot ist es aber noch nicht. Und wer jetzt über Selfies als Eitelkeitsdokumente lästert, möge kurz an die Kollegen denken, die seit jeher Fotos von sich selbst mit prominenten Interviewpartnern etc. in ihren Redaktionsbüros hängen haben…

„**Making ofs" können für Authentizität und Medienkompetenz** nützlich sein, ebenso Outtakes. Diese Formen lassen einen Blick auf die Produktionsbedingungen zu, unter denen Medieninhalte entstehen. Gemeint sind damit nicht nur

5.5 Die journalistischen Formate

Filme, sondern auch Texte und Fotos zur Entstehungsgeschichte einer Recherche oder Reportage. Leider sind Making-ofs nicht wirklich geeignet, die Fan-Basis beispielsweise einer Facebook-Seite oder eines Twitter-Accounts zu erhöhen. Denn für Making-ofs interessieren sich in der Regel nur Hardcore-Fans; und niemand teilt ein Making-of zu einer Marke, einem Film, einer Geschichte, die er nicht schon kennt und schätzt. Allerdings sind diese Formate geeignet, die bereits bestehende Fangemeinde zu unterhalten oder zu informieren.

Formate aus User-Kommentaren sind ebenfalls immer mehr im Kommen. Mögen Sie in der analogen Welt eine Wurzel im Leserbrief haben, so gehen Redaktionen heute doch viel weiter. Früher wurden missliebige Leserbriefe einfach nicht abgedruckt. Heute haben es sich beispielsweise prominente YouTuber zum Spaß gemacht, die gehässigsten Kommentare gegen sich vorzulesen und humorvoll zu kommentieren. Dieses Format erfüllt gleich mehrere Funktionen:

- Es bezieht die User ein und
- dokumentiert, dass Kommentare gelesen und wahrgenommen werden;
- es antwortet auf die Kritik und
- „erzieht" die User, indem es allzu unflätige Kommentare der Lächerlichkeit preisgibt.

Siehe dazu auch Kap. 8 über Community-Management mit Beispielen wie „Post von gestern" von standard.at.

Social Media im redaktionellen Umfeld

Zusammenfassung

Wer heute einen Auftritt für Social Media startet, sollte sich zuvor überlegen, warum er das tut – und wie das zu seinen anderen Auftritten passt. Definieren Sie also Ziele und Erwartungen ebenso wie Ihre Taktik in einer Strategie und beantworten Sie in einem Konzept die wichtige Frage: Was soll wer wann wie posten – und wie gehen wir mit unseren Fans um? Und dann messen Sie Ihren Erfolg, bessern nach. Die Checklisten in diesem Kapitel helfen bei der Formulierung von Zielen und beim Erstellen von Social-Media-Konzepten.

Schlüsselwörter

Social Media · Strategie · Konzept · Facebook · Twitter · Nutzerbeteiligung · Erfolgsfaktoren · KPI · Kennzahlen · Insights · Analytic · Messwerte

6.1 Die Strategie

Eine Social-Media-Strategie für eine Zeitung, eine Fernsehsendung oder Radiosendung oder auch Medienmarke, aber auch für Journalisten, die sich als Blogger einen Namen machen wollen, enthält im Wesentlichen folgende Elemente:

- Die Vision, in der Sie grundsätzlich darlegen, was Sie sich von Ihren Sozial-Media-Auftritten erwarten/erhoffen, wie Sie dort wahrgenommen werden wollen. Oft werden Visionen als Ziele bezeichnet. Das ist im allgemeinen Sprachgebrauch okay. Hier soll der Begriff „Ziele" aber für Messbares angewandt werden.
- Konkrete messbare Ziele, die mit Social-Media-Aktivitäten (oft innerhalb eines vorher festgelegten Zeitraums) erreicht werden sollen. Messbare Ziele können Reichweiten, Fanzahlen, Teilungsraten, Interaktionsraten, Verkäufe, Page-Impressions etc. sein.
- Die prinzipiellen strategischen Überlegungen, die damit verbunden werden – zum Beispiel Soziale Netzwerke, die man bespielen will oder welche grundsätzlichen Mittel man einsetzen möchte (Umsetzungsformen der Inhalte, Formate, Medientypen). Sofern es Inhalte angeht: Denken Sie daran, dass Soziale Netzwerke jeweils spezifische Anforderungen an die Inhalte stellen (zum Beispiel Shareability).
- Die Haltung, mit der man sich dem Dialog mit dem User öffnet bzw. sich in diesen Dialog der User einbringt. Wie ernst ist man, wie selbstironisch, wie lustig? Dazu gehört auch die Frage der User-Ansprache: Duzen oder Siezen (oder sich drumherum mogeln).
- Inhaltliche und formale Fragen zum Nutzerdialog in Sozialen Netzwerken und auch auf den eigenen Seiten. Will man eine offene Kommentarkultur und/oder Debatten gezielt führen?
- Je lockerer man sich gibt, desto wichtiger wird die Frage nach der Führung der Seite: Wie weit darf sich ein Redakteur mit einer eigenen Meinung „aus dem Fenster lehnen" oder sind die eigenen Mitarbeiter als Personen oder als Redaktion auf Twitter unterwegs? Erlaubt man dem Social-Media-Team, sich vorzustellen, was im Medienbereich meist besser ist? Oder soll hier die Marke als solche auftreten?

Social-Media-Strategien betreffen unausweichlich auch Bereiche, die bisher nicht von der Redaktion betreut wurden: Vertrieb, Marketing, Leser-/Hörer-Zuschauerservice und PR des Verlagshauses. Beziehen Sie dieses Faktum (und diese Abteilungen) in Ihre Strategie mit ein.

Denken Sie außerdem bei Ihrer Social-Media-Strategie daran, den User mit einzubeziehen. Wenn Sie im Social Web – und das Web ist social – eine Rolle spielen wollen, gibt es etwas, das noch wichtiger ist, als selbst die Inhalte beispielsweise auf Facebook zu posten/teilen: Viel wichtiger ist, dass die Leser/User Ihre Inhalte teilen, posten, weiterverbreiten. Sie können beispielsweise ein Video oder einen

Link auf einen Artikel nur einmal auf Facebook posten. Genauso kann das aber auch jeder Leser eines jeden Artikels und jeder Videozuschauer. Und das muss das Ziel sein, dass der Leser freiwillig Ihre Inhalte verteilt, weil er sie interessant und gut findet, und weil er glaubt, dass auch seine Freunde, Kollegen, Kumpels daran Interesse haben.

Sie können das befördern, indem Sie dies ihren Usern so leicht wie möglich machen, Inhalte leicht teilbar, fragmentierbar anbieten und den Leser stets unaufdringlich (oder auch aufdringlich, wenn es zu Ihrem Image passt) darauf hinweisen, dass er ja den Inhalt teilen könnte.

6.2 Realistische Ziele und Visionen für den eigenen Social-Media-Auftritt

„Wir wollen die Jugend erreichen" oder „wir wollen ein jüngeres Image aufbauen" sind Visionen, die man oft hört, wenn man Redaktionen berät, die Social-Media-Auftritte planen. Einzeljournalisten, die anfangen zu bloggen oder zu twittern, stellen sich oft vor, wie sie es den vielen Amateur-Bloggern zeigen und binnen kurzer Zeit auf Twitter Tausende Follower anziehen, wie sie deutschlandweit als Experten wahrgenommen werden etc. Nichts von alledem wird im Normalfall passieren.

Denn weder Facebook noch Twitter warten auf Journalisten aus den „alten Medien". Das sind Ökosysteme, die so, wie sie sind, funktionieren. Wer in Sozialen Netzwerken reüssieren will, muss sich dort beweisen. Und langfristig beweisen, dass es sich lohnt, ihn zu abonnieren; dass er witzig, schlagfertig, schnell ist. Und einzigartig in dem, was er twittert. Und das dauert …

„Alte" Medienmarken haben bei „den jungen Leuten" auf Facebook – die gar nicht mehr so jung sind – zunächst dasselbe Image wie in der analogen Welt: alt, verstaubt, langweilig, austauschbar, dafür freilich glaubwürdig. Wenn Sie also ein jüngeres Image haben wollen, machen Sie jüngere Inhalte, aber gekonnt jung, nicht auf jung gemacht. Sind Sie dafür bereit? Haben Sie die Ressourcen und die Fähigkeiten in Ihrem Haus, den dafür nötigen Content zu produzieren und die Plattformen damit zu bespielen, ggf. Marketing zu betreiben, um Ihre Marke jünger zu machen?

Vielleicht ist es aber auch einfach besser, zunächst die Fans aus der analogen Welt, die auch auf Facebook sind, dort zu Fans zu machen. Also die Zielgruppe, die Sie auch in der realen Welt schon erreichen. Damit ist schon viel gewonnen und vielleicht eine Basis gesetzt für einen nächsten Schritt. Dafür müssen Sie die Inhalte, die Sie haben, nicht unbedingt jünger, aber unbedingt plattformgerecht und Social-Media-gerecht aufbereiten. Wie, das regelt das „Konzept".

▶ **Fokussieren Sie ihre Zielvorgaben, denn:** „Viele Ziele verderben den Brei." (Sepita Ansari, Content-Marketing-Experte)

6.3 Das Konzept

Einem Social-Media-Konzept liegt idealerweise eine Strategie zugrunde, die die meisten der vorangestellten Fragen beantwortet. Man kann das Konzept auch als Teil der Strategie begreifen. Daneben enthält es konkrete Handlungsanweisungen, Dienstplanstrukturen und Arbeits- sowie Kommunikationsabläufe.

Organisatorisch
- Die konkreten Netzwerke, die man bespielen will.
- Die Personalplanung inkl. Abdeckung fürs Wochenende (Not-Bereitschaft?).
- Festlegungen für die Servicequalität. Wie lange muss ein Nutzer längstens warten, bis sein Kommentar geprüft und freigeschaltet, eine Frage beantwortet ist? Wie viel/welchen Service kann man bieten? etc.
- Schulungsplan für die Redaktion, also auch für die Nicht-Community-Manager.
- Kennwort-Policy. Wer hat Zugang zu den Accounts?
- Technische Tools, die eingesetzt werden sollen.
- Kommunikationswege für inhaltliche Fragen. Jedes Posting braucht einen inhaltlichen Ansprechpartner.
- Eine Netiquette, siehe Kap. 8.6.
- Alarmkette für Notfälle (Krisenkommunikation).
- Ritualisiertes, regelmäßiges Reporting in die Redaktion.

Inhaltlich
- Konkrete Inhalte, mit denen man starten will. Tipp: Darunter am besten eine niedrigschwellige unterhaltsame wiederkehrende Rubrik jede Woche wie Comedy, Wettertalk, Wochenendtipp …
- Zeittafel für die geplanten Postings: Was soll wann gepostet werden.
- Legen Sie ein, zwei Formate für Inhalte fest, von denen Sie glauben, dass diese sich viral verbreiten könnten (zur Erinnerung: „Linkschleudern" auf eine Webseite werden kaum viral). Legen Sie auch fest, wie diese produziert werden.

> **PR und Content-Marketing**
> - Nutzen Sie PR zur Gewinnung von Multiplikatoren. Denken Sie daran, Platzhirsche in den jeweiligen Sozialen Netzwerken als Verbreiter für Ihre tollen Inhalte zu gewinnen. Können Sie diese vielleicht schon bei der Konzeption einbinden?
> - Inwieweit nutzen Sie klassisches Marketing/Werbung zur Verbreitung Ihrer Inhalte?

Ein Konzept sollte nicht statisch bleiben, sondern laufend angepasst werden. Lassen Sie sich von Ihrem Fan, Ihrem User zeigen, was er will, was er teilen will, was er diskutieren will, und geben Sie ihm mehr davon – und weniger von dem, was weniger interessiert. Als Mittel, um dies festzustellen, dient ein regelmäßiges Reporting, das auf die gesetzten Ziele abhebt. Es dient der Kontrolle und der stetigen Nachbesserung des Konzepts.

6.4 Phasen der Seitenentwicklung

Bevor Sie sich daran machen, beispielsweise für Ihre Facebook-Seite messbare Ziele festzulegen, noch ein Hinweis: Facebook-Seiten und die wichtigsten Kennzahlen (Fanzahl, Reichweite) entwickeln sich in drei Phasen.

Phase 1 – der explosive Start eine steile Anfangsphase, in der die Seite schnell auf einen Grundstock von Fans kommen sollte. Das sind die Leute, die die Marke lieben und die Sie auch so erreicht hätte, Mitarbeiter und deren Freunde, direkte Stammkunden etc.

Die prozentuale Reichweite einzelner Posts unter den ersten Fans ist außerdem sehr groß, weil Facebook eine Art „Anfängerbonus" gibt. Setzen Sie sich also hier ein absolutes Zahlenziel und orientieren Sie sich dabei an vergleichbaren Mitbewerbern, die schon bei Facebook sind. Ziel könnte also sein: Wir wollen innerhalb eines Vierteljahres 5000/10.000 Fans gewonnen haben. In dieser Phase kann es hilfreich sein, mit klugen Marketingmaßnahmen und Crosspromotion schnell die Kernzielgruppe zu erreichen. Auf gutes Targeting achten, um etwa die „gekaufte Reichweite" auf die Menschen zu konzentrieren, die eine Affinität zur Marke haben oder auf anderen Netzwerken bereits Fan der Marke sind.

Phase 2 – der Standardfall eine Phase flacheren, stetigeren Wachstums: Hier gilt es, neue Freunde zu gewinnen, Nicht-Stammkunden zu Fans zu machen. Im Idealfall gelingt es Ihnen, mit einem veränderten Konzept und – immer mal wieder – durch virale Inhalte die Wachstumskurve wieder steiler werden zu lassen.

Phase 3 – am Rand der Sättigung Das prozentuale Wachstum nimmt weiter ab, die Kurve wird immer flacher. Langsam schöpft man die natürliche, mit der bisherigen Taktik erreichbare Zielgruppe aus. Falls Ihre Seite sich in dieser Phase befindet, Sie aber denken, dass das Potenzial der Marke nicht ausgeschöpft ist, sollten Sie unbedingt an eine Änderung Ihrer Facebook-Taktik, vielleicht sogar der Strategie gehen.

Ziel muss also sein: Zuerst viele Fans gewinnen (Phase 1), diese dann zu einer aktiven und starken Community formen, um zusammen mit dieser Community so attraktiv zu werden (Phase 2), dass sie den Bereich bis zur Sättigung und darüber hinaus ausdehnen und auch Menschen für Ihre Facebook-Seite gewinnen, die nicht zu den natürlichen Hardcore-Fans gehören (Phase 3).

6.5 Messbare Ziele: Community, Reichweite, Interaktion

Anhand einer exemplarischen Facebook-Seite soll hier einmal durchgespielt werden, in welchen Größenordnungen sich realistische Ziele bewegen. Dabei sei vorausgeschickt: Welche Kennzahlen im Einzelnen für eine bestimmte Facebook-Seite am wichtigsten sind, kann differieren. Manche Redaktionen wollen eher Interaktion und Debatte; andere Redaktionen wünschen sich vor allem Reichweite, wieder andere wollen User zur Teilnahme an Aktionen wie Einschicken von Fotos etc. animieren.

Jede Seite entwickelt sich anders Es gibt starke Ausschläge nach oben und unten, je nach Marke sowie deren Bekannt- und Beliebtheitsgrad, nach dem was, wie und wie viel der Aktivität auf der Seite stattfindet, und nach der potenziellen, maximal erreichbaren Zielgruppe einer Seite/Marke. Meist lohnt es sich für die Zielsetzung, auf einige wenige, aber aussagekräftige Kennzahlen zu schauen, die ein Indiz für Reichweitengewinnung und Community-Qualität darstellen. Geliefert bekommen Sie diese Werte in den Insights (Facebook) oder mit Analytics (Twitter; die Begriffe differieren von Netzwerk zu Netzwerk).

6.5 Messbare Ziele: Community, Reichweite, Interaktion

> - **Reichweite**: Wievielte Menschen erreichen wir mit unseren Inhalten/ Marken?
> - **Interaktivität** (Likes/Faves, Shares, Kommentare): Sind wir mit unseren Inhalten relevant für die Menschen? Sind wir im Gespräch mit Ihnen?
> - **Fanzahl/Wachstum der Fanzahl**: Die längerfristige Fan-Community im Web, mit der wir arbeiten können, weil sie bereits ein Commitment für die Seite abgegeben hat.

Schon nach wenigen Wochen wird Ihnen klar werden: Diese Zahlen hängenzusammen: Wer mehr Reichweite und mehr Interaktivität hat, wird auch mehr Fans gewinnen.

▶ Das Ziel „Klicks für die Webseite generieren" (Referrer) aus Facebook auf das eigene Portal wäre ebenfalls denkbar und möglicherweise auch messbar, konkurriert aber mit den anderen Zielen. Ich rate deshalb davon ab, dieses Ziel zum Start einer Facebook-Seite zu setzen. Zuerst müssen Sie Ihre Community bei Facebook gebildet haben, erst dann können Sie mit der Community arbeiten. Denken Sie auf Facebook zuerst in Facebook. Wenn Sie dann dort wirklich erfolgreich sind, kann man vielleicht mit Cliffhanger-Texten und Clickbaiting experimentieren – und wird dann daraus lernen, ob die User dies annehmen.

Basis für die unten angegebenen Größenordnungen sind diverse im Internet publizierte Erhebungen über durchschnittliche Reichweiten bzw. durchschnittliches Fanwachstum. Dabei wird davon ausgegangen, dass sich Medienseiten jeweils unter den zehn Prozent besten Facebook-Seiten befinden sollten, denn der Durchschnitt generiert sich ja aus vielen Facebook-Seiten von Firmen die keine interessanten Stoffe liefern (oder diese erst aufwändig generieren müssen).

Ein weiterer Hinweis: Facebook drosselt immer mal wieder für bestimmte Inhaltstypen die Reichweite oder verstärkt sie durch Veränderung des Edgerank (automatisches Auswahlverfahren für die angezeigten Inhalte). Die Zahlen sind also wirklich nur als Anhaltspunkt, nicht als fix gegeben zu betrachten. Sie sollten von den Zahlen ausgehen, die Sie und Ihre Konkurrenten erreichen und daran Ihre Ziele ausrichten.

Reichweite bei Facebook-Posts bedeutet: Zahl der Personen, die einen Post/Beitrag gesehen haben können, weil er ihnen angezeigt wurde, während sie in Facebook bzw. in der App waren. Facebook gibt außerdem noch die **Reichweite für eine Seite** innerhalb eines Zeitraums (zum Beispiel Woche) an. Das ist die Zahl der Personen, denen irgendein Beitrag oder die Marke (der Facebook-Seiten-Name in anderen Zusammenhängen, zum Beispiel Werbung) angezeigt wurde.

> Reichweite hat mit folgenden Faktoren zu tun
> - Fanzahl
> - Teilungsvorgänge
> - weitere Interaktionen (zum Beispiel „Markierungen")
> - aktiver, marketingmäßiger Bewerbung
> - grundsätzlicher Einschätzung der Seite und ihrer Inhalte durch Facebook im Verhältnis zu anderen und in Bezug auf die Fans („Edgerank")

Medienseiten mit über 25.000 Fans sollten auf rund 15 % der Fanzahl an durchschnittlicher Reichweite pro Post kommen. Kleinere Seiten (unter 25.000 Fans) sollten eine höhere prozentuale Reichweite erreichen.

Virale Inhalte sind erstrebenswert – also Inhalte, die über viele Teilungsvorgänge bei einem großen Publikum ankommen. Damit ein Facebook-Inhalt als viral erfolgreich gilt, sollte er (ohne bezahlte Reichweite) eine Reichweite von mindestens einem Vielfachen der Fanzahl erreichen.

Zunächst zur Erhöhung der Fanbasis Die besten zehn Prozent Seiten in Facebook wachsen mit mehr als 2,2 % pro Woche, der Schnitt bei liegt einem Prozent. Kleinere, neue Seiten sollten wesentlich schneller wachsen. Fanwachstum erreicht man durch hohe Interaktionsraten (Shares), durch Werbung/Teasing (zum Beispiel in der Sendung, Zeitung, im Newsletter), durch Verlinkungen (zum Beispiel von der Medienseite). Effektiv ist auch eine Integration von Facebook-Features in die eigene Webseite, etwa durch das Widget „Like-Box" bzw. das Facebook „Page Plugin". Freilich können Sie die Fanbasis auch steigern, indem Sie Ihre Facebook-Seite durch Ads (Anzeigen) in Facebook bewerben (siehe unten).

Dann ein Blick auf die Interaktivität: Shares, Likes und Comments von vielen und vielen verschiedenen Menschen sind wichtig für die Erhöhung der Reichweite. Facebook liefert Inhalte mit viel Interaktion an mehr Menschen aus, da dies als Zeichen für die Relevanz eines Inhalts fürs Publikum gilt. Die härteste Währung unter den Interaktionen sind die Shares, das „Teilen"; nur wenn Fans Inhalte teilen, erreicht man Menschen außerhalb der bestehenden Fanbasis und kann diese erweitern.

Die durchschnittliche Interaktionsrate (pro Post) liegt bei 0,25 %, orientieren sollte man sich als Medienhaus wieder an den zehn Prozent besten Facebook-Seiten. Zu denen gehört man mit einer Interaktionsrate von 1,2 %. Auch hier gilt: Kleinere Seiten unter 25.000 Fans sollten besser abschneiden. Ab einer Fanbasis von circa 100.000 wird es dagegen immer schwieriger, diesen Wert zu erreichen.

Diese Zahlen sind wie gesagt nur Anhaltspunkte. Die Werte stammen von entsprechenden Zusammenstellungen aus dem Blog futurebiz.de und anderen Darstellungen, und ihr Zustandekommen ist nicht exakt nachvollziehbar. Die Werte decken sich aber auch ungefähr mit selbst erhobenen Vergleichswerten über die deutschen Medien und Auskünften von Experten. Idealerweise orientieren Sie sich an (den besten) Konkurrenten. Mit den Facebook Insights und/oder Analytic-Tools können Sie sich die Wachstums- und Interaktionsraten konkurrierender Seiten anzeigen lassen und mit Ihren eigenen vergleichen.

6.6 Daten für die Erfolgsmessung

Wenn Sie von einem Dienstleister, einer Produktionsfirma oder einer Agentur Ihre Facebook-Seiten betreuen lassen, oder als Community-Manager Ihrem Chef ein Reporting machen, bieten sich folgende regelmäßige Kennzahlen an.

Reichweite der Seite
- Organische Reichweite
- Ggf. bezahlte Reichweite (durch Werbeanzeigen erzeugt)

Top drei der Posts
- Beiträge mit der größten Gesamtreichweite
- Beiträge mit den höchsten Interaktionsraten

Flop drei der Posts
- Beiträge mit der niedrigsten Gesamtreichweite
- Beiträge mit den niedrigsten Interaktionsraten

Fan-Entwicklung
- Gesamtzahl der Fans
- Gesamtzahl neuer „Gefällt mir"-Angaben
- Prozentuales Wachstum der Seite

Erheben Sie Reports am besten wöchentlich für Ihr Community-Management und monatlich für den Markenverantwortlichen bzw. für die Chefredaktion. Beim Erstellen helfen neben der Auswertung der Facebook-Insights Monitoring-Tools wie Socialbakers, Quintly oder Fanpagekarma.

6.7 Facebook-Marketing ist nicht „Fans kaufen"

Marketing in Sozialen Netzwerken für journalistische Angebote war unter Social-Media-Redakteuren lange Zeit umstritten. Es galt als ehrlich und sportlich, allein durch eigene Inhalte und die daraus erzeugten Teilungsraten ein Wachstum in Sozialen Netzwerken zu erreichen. Die Zeiten haben sich geändert. Wenn wir davon ausgehen, dass ein durchschnittlicher Facebook-User heute rund 160 Freunde (Quelle: statista.de) hat und circa 100 Seiten geliked hat, kann man sich ausrechnen, wie wenige von deren geposteten Inhalten der User tatsächlich wahrnimmt; oder auch: wie wenige der geschätzt 1000 in Frage kommenden Inhalte pro Tag ihm Facebook auch nur anzeigt.

Viele (vor allem neue) Facebook-Seiten tun sich schwer, noch aufzufallen und ihre Fans zu erreichen. Deshalb kann es durchaus sinnvoll sein, eine neue Facebook-Seite und ihre Inhalte zu bewerben, innerhalb Facebooks und außerhalb (zum Beispiel auf der Webseite über die Social Plugins, über die herkömmlichen Kanäle etc.). Auch um relativ schnell auf die ersten paar Tausend Fans zu kommen und überhaupt erst eine Ausgangsbasis für virale Verbreitung guter Inhalte zu schaffen. Und um die Startreichweite von potenziell viralen Inhalten zu erhöhen. Damit „kauft" man keine Fans – ein Fan klickt nämlich gegebenenfalls freiwillig auf „gefällt mir", wenn er Ihre Werbung sieht. Ebenso lohnt es sich, bei Aktionen, für die Sie sich User-Beteiligung erhoffen, eine Marketingmaßnahme zu erwägen. Dann können Sie beispielsweise die Aufforderung, Fotos oder Filme einzusenden, gezielt der entsprechenden Zielgruppe (Hobbyfotografen aus Ihrer Gegend) anzeigen lassen. Setzen Sie sich dabei mit der Marketingabteilung Ihres Medienhauses in Verbindung, denn Marketing in Sozialen Netzwerken sollte gekonnt sein.

Für das Pushen von redaktionell betreuten Seiten und speziellen Inhalten sollten aber einige Dinge auch von der Redaktion beachtet und eingefordert werden:

- Legen Sie ein Ziel für die Marketingmaßnahme fest. Wollen Sie einzelne Inhalten verbreiten und geht es Ihnen um Reichweite, oder wollen Sie Fans, also eine nachhaltige Community generieren?

- Falls Sie eine Agentur beauftragen, lassen Sie sich ein (ggf. regelmäßiges) Monitoring zusichern mit den wichtigsten Kenndaten.
- Stellen Sie für alle Marketingmaßnahmen (vor allem, wenn Agenturen diese ausführen) eine sorgfältige redaktionelle Abnahme sicher. Für Ihre Strategie/Medienhaus ungeeignetes Marketing kann imageschädigend sein.
- Zum Start einer Facebook-Seite lohnt es sich, diese Fanpage selbst zu bewerben, um eine erste Fanbasis zu generieren.
- In einer späteren Phase ist es sinnvoller, die Verbreitung von einzelnen Inhalten zu befördern. Aber: Wählen Sie die Inhalte aus, die sowieso gut laufen, die viral halbwegs funktionieren. Stellen Sie nicht die Ladenhüter ins Schaufenster, sondern die Bestseller!
- Achten Sie auf redaktionelle Belange: Verbreiten Sie keine „harten Nachrichten" wie Todesfälle/Nachrufe oder politische Nachrichten mit Marketing-Geld. Dergleichen wirkt als „sponsored Post" peinlich oder parteiisch.
- Optimieren Sie Ihre Text-Bild-Anzeigen, indem Sie diese testen. Setzen Sie nacheinander verschiedene Versionen der Anzeigen ein und wählen Sie die am besten funktionierende aus. Für aussagekräftige Testläufe reichen schon niedrige dreistellige Beträge.
- Betreiben Sie „Marketing" auch dadurch, dass Sie Interviewpartnern (Künstler, Sportler etc.) vorschlagen, das Interview etc. später auf den eigenen Facebook-Kanälen zu teilen. Wenn ein Fußballstar mit Millionen Facebook-Fans eine Nachricht Ihrer Webseite (zum Beispiel den Link auf ein Interview) teilt, erreichen Sie mehr Menschen als Sie per Facebook-Werbung kaufen können.
- Auch ein aktives Community-Management, das sich in die Debatten auf den jeweiligen Sozialen Netzwerken einmischt, macht dadurch die Marke bekannt und interessant.

Bezahlte Reichweite ist aber nicht der Schlüssel zum Erfolg. Sie ersetzt nicht die langfristige, mühevolle Arbeit des Social-Media-Managers und auch nicht die Kreativität. Im Gegenteil: Es empfiehlt sich, nur gut laufende Posts zusätzlich mit Marketing-Geld zu befördern, und ansonsten sehr gezielt aus den Facebook-Advertising-Möglichkeiten auszuwählen. Was „organisch" – so der Facebook-Begriff für die natürliche Reichweite – niemanden interessiert, tut es als aufgezwungene

Werbung noch weniger. Entsprechend ist die Effektivität von Facebook-Marketingmaßnahmen recht unterschiedlich (Richtwerte circa 0,30 bis 3 € pro neuer Fan). Außerdem ist anzunehmen, dass eine Fanbasis, die in erster Linie auf Marketingmaßnahmen beruht, weniger aktiv ist als eine organisch gewachsene. Achten Sie also darauf, nicht Karteileichen anzusammeln – denn viele inaktive Fans drücken vermutlich Ihren Edgerank (siehe Glossar).

- **Fans kaufen ist tabu!** *Ein No-Go: Es gibt Agenturen, die Fans kaufen. Das heißt, es werden Fanwachstumsraten erzielt, indem man – beispielsweise – Menschen in Entwicklungsländern Geld dafür bezahlt, dass sie Fans einer Seite werden, deren Inhalte sie gar nicht interessieren. Davon ist unbedingt abzuraten, denn diese Karteileichen nützen Ihnen erstens nichts, und zweitens schaden sie wohl auch noch dem Edgerank. Deshalb sollten Sie, wenn Sie Agenturen mit der Betreuung von Facebook-Marketingaktionen beauftragen und mit diesen Ziele vereinbaren, Fankauf unbedingt ausschließen.*

6.8 Organigramme und Workflows für Redaktionen

Social Media stellt für die Organisation und die Workflows in Redaktionen eine gewaltige Herausforderung dar, die über diejenige eines Online-Auftritts weit hinausgeht. Denn die typische Online-Seite einer Redaktion oder einer Medienmarke ist meist nur eine Verlängerung (viele Tageszeitungsauftritte) oder im besseren Fall eine Übersetzung der Marke (Spiegel Online) ins Netz. Beides basiert im Wesentlichen auf dem klassischen Kommunikationsmodell: Die Medienmarke dominiert und publiziert. Statt in eine Zeitung werden Artikel oder Videos in einem von der Medienmarke definierten und dominierten Umfeld ins Web gestellt. Ob das webgerecht ist, sei dahingestellt, Social Media ist es nicht.

In Social Media können wir nicht das Umfeld definieren. Und es gilt auch nicht das klassische Sender-Empfänger-Modell, das wir als Journalisten gewohnt sind (jedenfalls ist es in Frage gestellt). Und neben der Kommunikation über die Medienmarke treten ganz stark die Personen. Reporter und Korrespondenten sind beispielsweise auf Twitter als Personen oft erfolgreicher als die Ressorts der Zeitungen, für die sie arbeiten. Was ganz einfach daran liegt, dass man mit Menschen reden kann, mit Ressorts nicht. Für wen aber spricht der Reporter? Für sich? Für die Medienmarke? Muss abgenommen werden, was er im Dienst twittert?

Während das Fragen sind, die in der Social-Media-Strategie beantwortet werden, soll hier einmal an einem Beispiel durchexerziert werden, welche Social-Me-

6.8 Organigramme und Workflows für Redaktionen

dia-Auftritte sinnvollerweise im Umfeld einer Nachrichtenredaktion existieren und wie sie bespielt werden können. Ausgangsbasis ist das recht komplexe Setting einer Nachrichten-/Politikredaktion eines TV-Senders. Dasselbe gilt etwas vereinfacht für eine Zeitungsredaktion. In so einem Setting haben Sie mehrere mögliche Absender in Social Media: die Medienmarke, die Nachrichtenredaktion, einzelne Redakteure und Sendungen/Formate – zum Beispiel ein Nachrichtenmagazin oder ein Ressort. Außerdem müssen Sie noch die Kommentar- und weiteren Interaktionsmöglichkeiten der eigenen Webseite und gegebenenfalls einer App bedenken.

Auf der anderen Seite haben Sie auch unterschiedliche Inhalte, die unterschiedliche Bedürfnisse befriedigen: Eilmeldungen, klassische Nachrichten, Analysen und Kommentare sowie Ihre Sendung, ihr Ressort oder Online-Formate, die mit Nutzern arbeiten (Social TV, Aufruf zu Kommentaren, Online-Debatten). Klassischerweise haben Sie in einem solchen Umfeld und heruntergebrochen auf die wichtigsten Sozialen Netzwerke folgendes einfache Setting (Abb. 6.1):

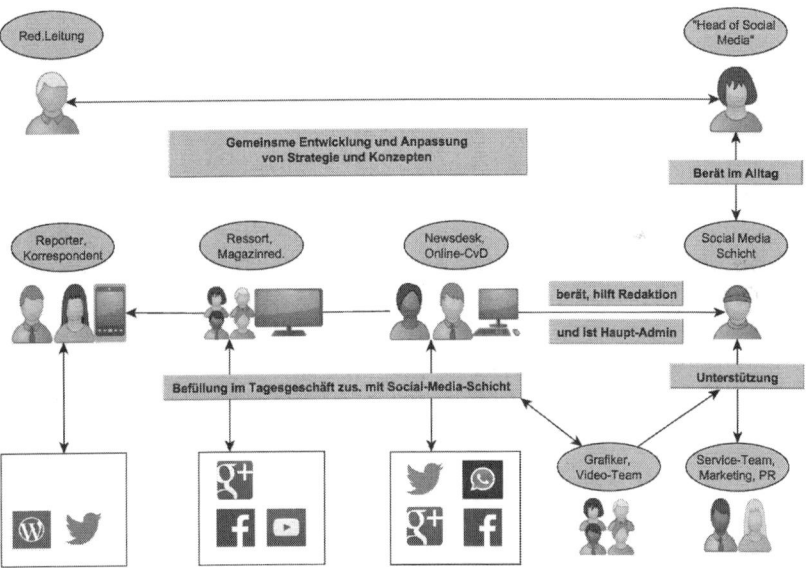

Abb. 6.1 Schematische Darstellung eines prototypischen Social-Media-Workflows in einer bimediale News-/Politik-Redaktion. In der Praxis werden oft mehrere Rollen von einer Person übernommen. Kommunikation findet natürlich auch quer zu den Pfeilen statt. Wichtig ist, dass das Social-Media-Team Zugang und Gehör in der Redaktionsleitung findet und bei der Erstellung von Konzepten und Strategien eingebunden ist.

> **Twitter, Grundsetting**
> - Persönliche Accounts von Redakteuren und Reportern, die über ihre Beiträge, ihre Recherchen berichten. Die Accounts werden im Rahmen des Social-Media-Konzepts als persönliche Accounts geführt. In der Beschreibung auf Twitter wird auf die Doppelfunktion persönlich/beruflich hingewiesen: persönlicher Account mit beruflichem Background. Es wird angegeben, wo man arbeitet. Für diese Accounts sind die Redakteure selbst verantwortlich.
> - Ein klassischer Nachrichtenaccount, der sowohl Eilmeldungen als auch Nachrichten vertwittert. Für diesen Account ist der aktuelle Tischdienst bzw. Redakteur vom Dienst inhaltlich verantwortlich (der nicht selbst twittern muss, aber die Entscheidungen zum Beispiel über Eilmeldungen fällt).

Wenn diese beiden Ebenen, Person und Nachrichtenmarke, auf Twitter funktionieren, und sich weiterer Bedarf ergibt, sind zusätzlich zu diesem Grundsetting denkbar: spezifische Eilmeldungs-Accounts; Accounts für bestimmte Redaktionen (zum Beispiel Innenpolitik, Landespolitik, regionale Gliederung); automatischer RSS-Account mit allen Inhalten (bitte in der Beschreibung die automatische Befüllung angeben). Diese Accounts können Nutzer bei ihrem Informationsmanagement unterstützen.

Grundsätzlich gibt es keine sinnvolle Höchstmenge an Tweets, allerdings sollten alle Tweets relevant sein. Und falls Sie sich für automatisches Twittern entscheiden: Beobachten Sie dennoch die Erwähnungen des RSS-Accounts auf Twitter für Rückfragen etc.

> **Facebook, Grundsetting**
> - Eine Seite für die Nachrichten, in der aktuelle Berichte und Nachrichten verkündet werden. Inhaltlich unterscheidet sich der Facebook-Account vom Twitter Account.
> - Posten Sie auf Facebook zunächst nicht mehr als vielleicht 30mal pro Tag (zeitlich gut verteilt); es darf auch weniger sein (Minimum für Nachrichtenmarken 5 Posts/Tag, ansonsten: 1 Post/Tag).
> - Bedenken Sie, dass Facebook-News mehrere Stunden bis zu einigen Tagen „aktuell" sind und den Nutzern angezeigt werden. Es lohnt sich also nicht, jedes kleine Update der Nachrichtenentwicklung auf Facebook neu zu posten.

6.8 Organigramme und Workflows für Redaktionen

- Legen Sie Ihre Postings außerdem dialogisch an: Ihre Nachrichten sollen Gesprächsstoff sein.
- Falls es Ihnen rechtlich möglich ist: Posten Sie auf Facebook auch Videos und Fotos bzw. Grafiken direkt.

Nur selten sinnvoll: Eine zusätzliche eigene Facebookseite für eine Nachrichtenmagazin-Sendung, politische Ressorts oder besondere Sendungsformate in Radio und TV. Eine eigene Seite kann aber beispielsweise bei TV-Sendern sinnvoll sein, wenn häufig mit Social-TV und Publikumsreaktionen gearbeitet wird. Meist kann die dazu nötige Debattenfunktion allerdings auch der allgemeine Nachrichten-Account der Medienmarke übernehmen.

Google plus (Google+)
Die Zukunft und auch die inhaltliche Ausrichtung von Google+ sind unsicher. Überhaupt ist das Netzwerk nicht so klar profiliert wie Facebook oder Twitter. Verzichten sollte man dennoch nicht darauf, schon aus Suchmaschinenoptimierungsgründen. Und wenn Sie parallel einen YouTube-Channel betreuen, ist eine Google+-Seite ohnehin unumgänglich, denn der Google-Konzern knüpft an jeden Channel verpflichtend eine Google+-Seite.

YouTube
Als TV-Sender sorgen Sie dafür, dass inhaltlich brisante und interessante Themen schnell auf YouTube landen (sofern es Ihre Rechtesituation erlaubt). Geschwindigkeit und Suchmaschinenoptimierung in der Überschrift zählt bei Nachrichtenthemen besonders. Denken Sie daran: YouTube ist nicht nur Mediathek und Social Network, sondern auch Suchmaschine.

Die eigene Webseite/App
Je nach Funktion und Social-Media-Konzept.

Die Rolle des Social-Media-Redakteurs: Wichtig ist neben den Rollen derjenigen, die posten und moderieren vor allem die des Social-Media-Redakteurs, das heißt desjenigen, der innerhalb der Redaktion in Sachen Social-Media „den Hut aufhat". Er sorgt dafür, dass die Anforderungen von Socia Media in allen redaktionellen Konzepten – zum Beispiel bei der Begleitung von Events – berücksichtigt werden. Der Social-Media-Redakteur bringt das User-Feedback (das ggf. sein Social-Media-Team sammelt) in die Redaktionskonferenzen ein, beobachtet die Themenlage und Thementrends in den Sozialen Netzwerken und beeinflusst damit auch das redaktionelle Themensetting und warnt ggf. bei kritischer Kommentierung durch User. So tritt in einer modernen Nachrichtenredaktion neben die Agenda der Agenturen und die klassische Nachrichten-Agenda anderer Medien der Aspekt: Was ist denn gerade auf Twitter Thema oder wird es werden? Worüber diskutieren die Fans?

Social-Media-Redakteur in die ggf. erweiterte Redaktionsleitung. Die Bedeutung von Social Media bedingt, dass der Social-Media-Redakteur direkt in die Entscheidungsprozesse einer Redaktion (nicht nur der Online-Redaktion!) mit einbezogen wird; denn Social Media sollte bei allen redaktionellen Themenplanungen und Konzeptentwürfen von Anfang an mit geplant werden – inklusive der Ressourcen, die man braucht, um Inhalte für Soziale Netzwerke aufzubereiten, Nutzer-Reaktionen zu bearbeiten, Nachfragen der Nutzer befriedigen zu können oder einfach nur, um unter Umständen auch einzubringen, wie man mit Followern, Nutzern und Fans gemeinsam ein Thema vorantreiben kann, mittels Debatten, mittels Abstimmungen, mittels User-generated-Content etc. Redaktionen, bei denen der Social-Media-Redakteur immer nur am Ende der Nachrichtenkette steht à la „vertwitter das mal!", verpassen also nicht nur Reichweitenchancen, sondern auch Gelegenheiten zur inhaltlichen Verbesserung und Entwicklung ihres journalistischen Produkts.

6.9 Planung eines Events

Wenn Sie ein Event/eine Veranstaltung planen, oder auch nur die journalistische Begleitung eines Events, dann ist es mittlerweile unabdingbar, nicht nur die klassischen Medienkanäle, sondern auch Social Media mitzudenken. Ein Konzept dazu beschreibt die klassischen Fragen: Wer was wann wo und zu welchem Zweck macht sowie die personelle Besetzung für Social Media und ein Worst-Case-Szenario. Hier die wichtigsten Fragen an Ihr Konzept:

- Welche Ziele sollen mit Social Media erreicht werden (Reichweite, Rücklauf, Bewerbung der Veranstaltung, Berichterstattung über die Veranstaltung, Generierung von Inhalten etc.)?
- Welche Sozialen Netzwerke bedienen wir mit diesem Event?
- Was findet auf welchem Netzwerk statt?

6.9 Planung eines Events

- Wer bedient die Sozialen Netzwerke?
- Wie funktioniert die Zulieferung/Produktion von Inhalten dafür?
- Welcher Hashtag wird eingesetzt; ist dieser vielleicht schon „belegt" (Suche auf Twitter)? Wie wird er bekannt gemacht? Gibt es einen eigenen, vom allgemeinen Hashtag abweichenden „exklusiven" Hashtag für die eigene Berichterstattung (für TV-Sender wichtig)?
- Sind die Social-Media-Inhalte vor Ort präsent (beispielsweise über eine Twitterwall)?
- Wird Echtzeitberichterstattung über einen Liveblog oder Twitter bedient? Wie spielt dies ins Konzept?
- Wo kommen Fotos her? O-Töne?
- Wie kommunizieren die Redaktion und das Backoffice mit dem/n Social-Media-Berichterstatter?
- Wie ist eine ausreichende, sichere Internetverbindung vor Ort sicherzustellen?
- Welche Software ist nötig?
- Wer twittert noch von vor Ort? Sind Absprachen möglich? Ist gegenseitige Promotion vereinbar?
- Gibt es ein Worst-Case-Szenario mit Lösungsansätzen?

Besprechen Sie organisatorische Punkte mit dem Veranstalter Insbesondere kommunikationsbedingte Angelegenheiten wie #Hashtags (auf die Plakate vor Ort?) aber auch die technischen Voraussetzungen wie die drahtlose Internet-Verbindung. Bedenken Sie: Wenn Sie in einem leeren Saal ein WLAN für die Allgemeinheit testen, heißt das noch lange nicht, dass es auch gut funktioniert, wenn Hunderte Menschen mit ihren Smartphones vor Ort sind. Außerdem brauchen Sie – anders als der Otto-Normal-Besucher – vor allem Upload-Kapazitäten. Consumer-Internetverbindungen haben meist eine gute Download-, aber eine schlechte Upload-Kapazität. Notfalls bauen Sie eine eigene Infrastruktur auf.

Sorgen Sie dafür, dass auch die Social-Media-Leute vollen Zugang haben und akkreditiert sind. Wenn möglich vereinbaren Sie frühzeitig ggf. exklusive Inhalte wie Fotos oder kleine Videos/Interviews mit auftretenden Künstlern vom roten Teppich oder vorbereitete Gags. Oft ist es auch nützlich, die Pressemappe und ggf. Redetexte vorher schon zu kennen. Arbeiten Sie Inhalte dazu vorab aus, die man dann twittern oder auf Facebook verbreiten kann. Nützlich sind auch vorbereitete Vorlagen für Bilder, Infografiken, die dann mit aktuellen Zahlen, Zitaten etc. gefüllt werden.

6.10 Webseite Social-Media-tauglich machen

Die meisten Journalisten arbeiten nicht direkt für Social Media, sondern für Medienhäuser, die Online-Produkte erstellen. Social Media wird als Vertriebskanal für diese Produkte gesehen; Facebook und Twitter sind demnach Wege, die Publicity herstellen und entsprechende Links verteilen sollen. Viele geteilte Inhalte/Links gelten als Erfolgskriterium und sorgen im Idealfall auch für mehr Traffic und Reichweite auf den Webportalen. Oft wird dabei irrtümlich der eigenen Facebook-Seite eine zentrale Rolle bei der Verteilung der Inhalte eine große Rolle zugesprochen. Doch diese Rolle wird überbewertet. Wenn Sie zum Beispiel Social-Media-Manager einer Magazinmarke sind, müssen Sie sich – wie schon erwähnt – vor Augen halten: Viel wichtiger als das, was Sie selbst auf Facebook oder Twitter teilen, ist oft der Effekt dessen, was die Menschen von sich aus auf Facebook oder Twitter etc. teilen (nachdem sie es beispielsweise auf Ihrer Webseite gelesen oder zumindest teilgelesen haben). Und was sie kommentieren.

6.11 Social-Sharing-Buttons

Wer einen Artikel wirklich liest, wird eher geneigt sein, diesen seinen Freunden auf Facebook oder Twitter, per Mail oder wie auch immer zukommen zu lassen. Deshalb ist es wichtig, dass Sie Ihre Webseite, Ihr Blog, Ihre App, Ihre Mediathek so gestalten, dass jeder, der etwas interessant findet, den betreffenden Inhalt leicht an seine Freunde schicken/teilen kann. Das Mittel der Wahl sind die Social-Sharing-Buttons. Folgende Dienste gehören nach momentanen Stand der Dinge zu einer professionellen Webseite:

- Facebook
- Twitter
- Google+
- WhatsApp (nur bei erkanntem Smartphone sinnvoll)
- per Mail versenden

6.11 Social-Sharing-Buttons

Weitere mögliche Buttons sind Reddit oder Pinterest. Bauen Sie die Buttons auffällig und nutzerfreundlich ein. Nicht umsonst „wandern" die „Sharing-Buttons" für Facebook, Twitter und Co bei vielen großen Webseiten während des Lese- und damit Scroll-Vorgangs auf dem Bildschirm mit. Jederzeit muss das Teilen möglich sein, und es muss so auffällig sein, dass der Leser/User nicht erst von sich aus dran zu denken braucht, es zu tun.

Wichtig: Vergessen Sie bei allen Social-Media-Buttons von Facebook, Twitter, Google+, Reddit und WhatsApp nicht den Button „per Mail versenden". Die gute alte E-Mail wird als Sharing-Weg oft unterschätzt. Sie gehört nach wie vor zu den klick-effektivsten Sharing-Wegen, denn der privaten E-Mail schenken viele Menschen noch eine höhere Aufmerksamkeit als einem Link in Facebook.

Zeitgemäße Sharing-Buttons schlagen dem Nutzer beim Teilungsvorgang schon eine Inhaltsangabe und einen Hashtag zum Link sowie eine Quelle (Ihren Redaktions-Twitter-Account) vor und sie unterstützen die Darstellung in den Zielnetzwerken Facebook, Twitter und Google+ mit der entsprechenden Überschrift-Bild-Teaser-Information. Diese werden im CMS angelegt (siehe Kap. 6.12).

Etliche Webseiten bieten außerdem nicht nur an, dass man den Link in Sozialen Netzwerken teilt. Sie ermöglichen es, auch einzelne Inhalte der Seite auf Twitter zu teilen, zum Beispiel eine in einem Artikel eingebaute Grafik oder ein einzelnes knackiges Zitat aus einem Interview mit Namen des Zitierten, oder einen beliebigen markierten Textausschnitt. Für das Blogsystem Wordpress gibt es dafür bereits programmierte Plugins, zum Beispiel „Click to Tweet".

▶ **Sharing-Buttons versus Datenschutz:** Sharing oder Like-Buttons werden von den Diensteanbietern wie Facebook, Twitter oder Google als sogenannte Widgets angeboten. Das heißt als ein Stück Code, den Sie in Ihre Webseite einbauen können. Widgets erzeugen aber ein Datenschutzproblem. Vereinfacht formuliert: Sie übermitteln das Surfverhalten der Besucher auf Ihren (!) Seiten an die Konzernzentralen in Amerika. Und das auch dann, wenn diese Besucher nicht einmal bei Facebook etc. sind. Als Medienunternehmen, das die Privatsphäre der Nutzer ernst nimmt, sollten Sie erwägen, eine technisch komplexere Lösung anzubieten, wie sie etwa der Heise-Verlag entwickelt hat. Die von Heise Ende 2014 entwickelte Lösung heißt „Shariff" und ist Open Source, das heißt, sie kann von anderen Seitenbetreibern verwendet werden. Shariff bietet die Sharingfunktion, ohne gleich alle Seitennutzer an Facebook/Twitter zu melden.

6.12 Teaser, Tags und Description für Soziale Netzwerke

Wenn User Inhalte/URLs teilen, spielen Soziale Netzwerke für Facebook, Twitter oder Google+ automatisch Überschriften und kurze Anreißtexte aus. Es ist in Ihrem Interesse, dass dort Texte und Bilder stehen, die attraktiv wirken und Ihren Intentionen entsprechen. Überprüfen Sie also, wie die Inhalte Ihrer Seite in Sozialen Netzwerken dargestellt werden. In der Regel ziehen sich diese Titel und Description (im technischen Sinn) als Teaser. Und eine beliebige Bilddatei von der Seite. Das kann im schlimmsten Fall auch das Logo für den Wetterbericht sein, der vielleicht auf jeder Ihrer Portalseiten verlinkt ist.

Zum Glück können Sie den Sozialen Netzwerken auch vorschreiben/sagen, wie diese Ihre Inhalte darstellen sollen. Allerdings nur in einer Sprache, die diese verstehen. Facebook hat für diesen Zweck entsprechende „Open-Graph-Tags" entwickelt. Die gewollten Überschriften, Teaser und Bilder auf Ihrer Webseite sollten also mit den entsprechenden Open-Graph-Informationen ausgezeichnet sein. Sprechen Sie darüber mit Ihrem Webentwickler/ITler. Für Twitter heißt die entsprechende Funktion Twitter-Cards. Sorgen Sie also dafür, dass Ihre Artikel bestmöglich in Facebook, Twitter und Co dargestellt werden. Diese Vorschauen sind die Visitenkarten Ihrer Inhalte.

Probleme treten allerdings auf, wenn Sie den Artikel umschreiben/fortschreiben. Denn Twitter und Facebook speichern Überschrift/Vorschautext für jede URL ab, sodass, nachdem diese einmal gepostet wurde, immer dieselbe Überschriften/Vorschautext-Kombination erscheint. So kann es passieren, dass Sie beispielsweise einen Text zum Start des Oktoberfests am Vormittag betiteln mit „Vor dem Start des Oktobertests" und am Mittag weiterdrehen. Nach dem Anzapfen lautet der Text auf Ihrer Webseite „Ozapft is – Oktoberfest ist gestartet". Sie posten das auch eilig auf Facebook – dummerweise zieht sich Facebook nach wie vor den alten, veralteten Vorschautext vom Vormittag. Dagegen gibt es Abhilfe: Sie brauchen für den neuen Dreh eine neue URL. Und zwar nicht nur mit einem (oft verwendeten) internen Workaround („wir hängen einfach eine Zahl an die URL an" oder dergleichen). Denn auch der User teilt – hoffentlich – Ihre URL. Und der kennt Ihren internen Workaround mit Alias-URLs nicht.

Besonders bei attraktiven Web-Specials sollten Sie darauf achten. Denn dafür wird oft ein Neben-CMS verwendet oder eine Software, die von der üblichen abweicht. Und während mit immensem Aufwand multimedial Geschichten recherchiert und gebaut werden, ja sogar eigene Pressemitteilungen dafür geschrieben werden, wird die Frage, wie eine Verlinkung in Sozialen Netzwerken aussieht, oft vergessen. Die Folge: Wer das Web-Special dann auf Facebook teilt, sieht als Teaser einen technischen Text und als Bild ein nichtssagendes Navigationselement oder das Logo eines technischen Dienstleisters. Dabei gehört die Social-Network-Shareability zu jedem Testlauf, den eine Webseite durchlaufen muss.

> **Nothelfer Facebook debug** *Wie Facebook Ihre Seite sieht, können sie unter* https://developers.facebook.com/tools/debug *abfragen. Einfach ins Eingabefeld die URL einsetzen. Falls Ihnen auffällt, dass Facebook zu Ihren URLs veraltete Teaser anzeigt, können Sie durch händische Eingabe dieser URL in das Facebook Debug-Feld auch erreichen, dass künftig die aktualisierte Version erscheint.*

6.13 Transparenz und Fortschreibung von Artikeln/neue Nachrichtenstände

Artikel im Web kann man fortschreiben – das ist ein großer Vorteil gegenüber Printredaktionen, die zum Redaktionsschluss eine finale Version abliefern, die nicht mehr an eine veränderte Nachrichtenlage angepasst werden kann. Allerdings hat die „finale Version" auch einen Vorteil: Sie ist zitierfähig, man kann sich fix auf sie beziehen.

Warum ist das für Social Media von Bedeutung? Weil Online-Artikel kommentiert werden, und zwar auf den eigenen Webseiten, sofern Kommentare zugelassen sind, und auch in den Sozialen Netzwerken, wo Artikel geteilt werden (von den Medienhäusern, aber noch mehr von privat). Wenn nun ein Artikel fortgeschrieben wird, machen die Kommentare unter Umständen keinen Sinn mehr. Das fängt von Hinweisen auf Rechtschreib- und sachliche Fehler an, die später korrigiert werden, und hört bei inhaltlichen Fortschreibungen wie, dass eine Meldung bestätigt wird etc,. auf. Es ist also wichtig, inhaltliche Scheren zwischen Kommentaren und einem Artikel/Inhalt, auf den sie sich beziehen, zu vermeiden. Hier einige Tipps:

- Bei wirklich neuen Drehs schreiben Sie einen neuen Artikel (ist auch gut für Google News etc.).
- Updates kennzeichnen Sie idealerweise mit dem Hinweis auf das Update zu Beginn des Artikels, auf jeden Fall aber als Endnote/Postskriptum am Ende des Artikels (Text: „in einer früheren Version des Artikels ...")

- Korrekturen kennzeichnen Sie wie Updates, wenn es sich um inhaltliche Berichtigungen handelt. Wenn Sie von Kommentatoren auf Tippfehler oder kleinere Ungenauigkeiten aufmerksam gemacht wurden, bedanken Sie sich in den Kommentaren dafür.
- Wenn Sie ein Blog schreiben, können Sie Korrekturen auch mit einer Schrifttype „Durchgestrichen" kennzeichnen. Dann bleiben die korrigierten Infos durchgestrichen stehen.

Tools für Publikation und Monitoring

Zusammenfassung

Wenn eine Redaktion eine ganze Reihe von Social-Media-Plattformen nutzt, wird deren Betreuung schnell unübersichtlich und komplex. Spezielle Tools helfen bei der Planung und Publikation der Inhalte ebenso wie bei der Organisation des Teams, der Bearbeitung von Nutzerkommentaren sowie bei der inhaltlichen Auswertung von Sozialen Netzwerken. Doch der Markt an solchen Tools ist groß und vielfältig. Dieses Kapitel schafft einen Überblick über die wichtigsten Funktionen und Typen von Tools.

Schlüsselwörter

Social media · Tools · Analytic · Messwerte · Monitoring · Backend-organisation Community management · Social hub · Distribution · Content management

7.1 Publikation und Teamarbeit organisieren

Facebook, Twitter, Google+, YouTube – wer als journalistischer Profi oder im Auftrag einer oder mehrerer Medienmarken in Sozialen Netzwerken unterwegs ist, hat oft mehrere Netzwerke gleichzeitig zu bedienen. Es kann extrem lästig – und fehleranfällig – sein, auch nur zwei Twitter-Accounts zu betreuen. Schnell ist man da mal mit der falschen Identität unterwegs. So muss man sich bei einem Account ausloggen, um zum anderen Account zu gelangen, oder um mal persönlich und mal als seine Zeitung zu twittern. Gleiches gilt für verschiedene Facebook-Seiten etc.

© Springer Fachmedien Wiesbaden 2016
S. Primbs, *Social Media für Journalisten,* Journalistische Praxis,
DOI 10.1007/978-3-658-07359-6_7

Im Backend von großen Medienhäusern reicht oft auch nicht eine Schicht/Person pro Tag, um all die Kommentare und Publikationsaufgaben zu bewältigen, die auf Sozialen Netzwerken anfallen; Fragen/Beschwerden beispielsweise müssen ggf. an Autoren, Zuschauerservice, Abo-Service zur Beantwortung weitergeleitet werden. Das wird kompliziert, vor allem bei Schichtwechsel: Wurde die Frage schon beantwortet? Wer ist zuständig?

Tools und Helfer für Social-Media-Publikation und Monitoring sowie Team-Management schaffen Abhilfe; diese Programme und Dienste sind aber nicht unbedingt billig. Die meisten Social-Media-Tools müssen außerdem autorisiert werden, auf Ihre Social-Network-Auftritt zuzugreifen. Das heißt: Wenn die Server eines solchen Anbieters gehackt werden, oder wenn er pleitegeht, besteht Gefahr für Ihre Auftritte. Sie könnten im schlimmsten Fall gekapert werden. Neben aller Funktionalität ist Vertrauenswürdigkeit und technische Zuverlässigkeit also ein wichtiges Kriterium für die Auswahl.

7.2 Anforderungen und Funktionen für Social-Media-Tools

Bevor Sie ein Tools anschaffen, machen Sie sich erst Gedanken darüber, welche Bedürfnisse Sie oder Ihr Medienhaus mit einem Social-Media-Tool abdecken wollen. Typische Anforderungen sind:

- Publikation in (allen) Sozialen Netzwerken
- Marketing/Werbung in Sozialen Netzwerken
- Kommunikation mit dem Nutzer
- Organisation der Arbeit des Social-Media-Teams
- Themenmonitoring in Sozialen Netzwerken
- Analytik, Statistik, Auswertung der eigenen Aktivitäten in Sozialen Netzwerken

Möglicherweise erfüllt ein Tool Anforderungen von Ihnen (aus der Redaktion) und aus dem Aboservice und aus dem Marketing, und man schafft es sich gemeinsam an. Allerdings haben die meisten Tools einen Schwerpunkt und bewältigen die anderen Aufgaben weniger gut. Die meisten Anbieter abgestufte Tarifmodelle an

1. Probe- oder Privatversion (gratis)
2. Günstige Blogger-Version für Leute, die vielleicht ein Blog und einen dazugehörigen Twitter/Facebook-Account unterhalten
3. Profi-Version für Redaktionen
4. Enterprise-Version mit Erweiterungen für Marketing und Monitoring sowie persönlichem Support

Die Gratisversion kann meist auf den ersten Blick erstaunlich viel. Doch wenn man professionell damit arbeiten will, stößt man schnell an die Grenzen. Auch will man vielleicht Service und Betreuung oder wenigstens einmal anrufen und etwas nachfragen können. Deshalb können die Gratisversionen durchaus zum Testen verwendet werden, auf lange Sicht bedarf es aber meist professioneller Versionen, die Geld kosten. Jedenfalls dann, wenn man mehr braucht als Twitter. Denn für Twitter gibt es Tweetdeck.

7.3 Tweetdeck – nur für Twitter und gratis

Tweetdeck ist das bessere Twitter – und ein Angebot, das die Firma Twitter selbst anbietet. Jeder, der Twitter etwas professioneller betreibt, sollte auf seinem Desktop auf Tweetdeck arbeiten und nur für bestimmte Vorgänge (zum Beispiel Wechsel des Profilfotos) auf Twitter.com selbst ausweichen.

Und das kann Tweetdeck:
- Es ist gratis.
- Man kann mehrere Twitteraccounts gleichzeitig zu betreuen,
- Man kann in parallelen Spalten (Timelines) Inhalte zu Themen und/oder Tweets von Absender-Listen monitoren.
- Man kann einzelne Tweets in Collections, also eigenen Spalten/Twitterseiten sammeln (siehe Kasten).
- Man kann Tweets zeitgesteuert absenden. Beispielsweise Sendungshinweise vorprogrammieren (Abb. 7.1).

Allerdings: Tweetdeck.com gibt es bis dato (Anfang 2015) nicht auf Deutsch. Da die Begrifflichkeit von Twitter ohnehin meist aus Kunstwörtern aus dem

Abb. 7.1 Alle Eilmeldungen? Neues aus der Region? Alles über den FC Bayern? Tweetdeck zeigt in Spalten parallel Inhalte von Listen oder zu Suchen etc. aus Twitter an. Ideal zum Beispiel für einen Newsdesk. Bild: Screenshot

Englischen besteht, ist dieser Nachteil nicht so gravierend. Außerdem eignet sich Tweetdeck nicht für weitere Netzwerke wie Facebook oder Google+. Auch für die Statistik bietet Tweetdeck nichts. Die Twitter-Statistik gibt es auf http://analytics. twitter.com (dort mit den Twitter-Zugangsdaten einloggen!).

▶ **Twitter-Collections – die persönliche Merkliste.** Twitter Collections ist eine Funktion von Tweetdeck. Damit können Sie Sammlungen von Tweets anlegen bzw. „zusammenklicken". Die so erzeugte Timeline mit den von Ihnen ausgewählten Tweets können Sie direkt via Link versenden oder veröffentlichen. Oder Sie nutzen die Timeline als Zettelkasten/Zwischenlager für Tweets, um sie später in anderer Form weiter zu verarbeiten (für Kuratierformate, Social TV, als Belege-Sammlung).

7.4 Hootsuite

Hootsuite ist ein wenig wie Tweetdeck. Nur: Hootsuite ermöglicht noch etliches mehr, und das über alle wichtigen Sozialen Netzwerke hinweg: Twitter, Facebook, Google+ etc. Es gibt eine Gratisversion, eine Bezahlversion für Einzelpersonen wie Blogger und kleine Redaktionen sowie Corporate-Lösungen. Letztere bieten nicht nur Verwaltung, Planung und Publizierung von Social-Media-Inhalten sowie die Moderation von Kommentaren, sondern auch eine Nutzerverwaltung. Man kann also mit Hootsuite nicht nur verschiedene Soziale Netzwerke parallel auf einer Oberfläche befüllen, sondern auch all die Social-Media-Aufgaben planen. Und man kann sein Team im Backend organisieren: Aufgaben und Fragen einzelnen Mitarbeitern oder Teams zuweisen und den Stand der Bearbeitung kontrollieren.

Kurz: Es handelt sich um ein Web-basiertes Tool zum Verwalten von mehreren Sozial-Media-Kanälen und -Aufgaben durch ein Team von mehreren Leuten, unter Umständen über mehrere Redaktionen oder Abteilungen hinweg (zum Beispiel Service-Abteilungen, PR-Abteilungen, Marketing etc.). Werkzeuge zum Monitoren von Hashtags sowie Statistiken über die eigenen Accounts gehören selbstverständlich auch zum Funktionsumfang – wobei es im Bereich Monitoring und Analytik ausgefeiltere Tools gibt.

Ein Hootsuite-Zugang für große Teams ist nicht gerade billig. Es bietet sich an, zuerst die Blogger-Version auszuprobieren, die den Nutzer viele Social-Media-Kanäle betreuen lässt, aber nur rudimentäre Team-Organisationsfunktionen und Statistiken bietet. Natürlich gibt es auch Konkurrenzprodukte mit zum Teil analogen Funktionen aber anderen Schwerpunkten. Zu nennen sind hier unter anderem Radian 6, Adobe Social, Facelift, Falcon Social, Buffer. Testen Sie mehrere Tools vor der Anschaffung einer teureren Lizenz auf Ihre Bedürfnisse.

7.5 Feed-Poster, Cross-Poster, Link-Schleudern

Wenn Roboter posten, dann ist das nie optimal. Das sollte einem klar sein. Dennoch kann es in Ausnahmefällen sinnvoll sein; und es wird auch gemacht. Dabei werden in der Regel zwei Typen von Automationen eingesetzt.

Crossposter-Anwendungen bringen Inhalte die auf einem Netzwerk gepostet werden, in ein anderes Netzwerk. Zum Beispiel posten sie alles, was jemand auf Facebook öffentlich postet, auch auf Twitter. Oder sie bringen umgekehrt jeden Tweet öffentlich auf Facebook. In der Regel wird dazu entweder eine entsprechende Facebook-Anwendung benutzt oder ein „Rezept" des Anbieters „If-This-Then-That" (ifttt.com).

Crossposten ist allerdings umstritten: Was bei Facebook und Google+ der Einfachheit halber und für eine gewisse Zeit noch gehen mag, nämlich auf beiden Plattformen dasselbe zu veröffentlichen, ist bei Twitter und Facebook problematisch. Die Social Networks ticken teils sehr unterschiedlich. Viele Facebooker sind verwirrt durch die Twitter-typischen Abkürzungen, die durch einen crossgeposteten Tweet auch auf Facebook durchschlagen. Und viele Twitterer sind genervt von Tweets, die abgekürzt sind und auf ein Facebook-Posting verlinken, wo dann ggf. noch ein Link folgt. Crossposten Sie also nicht unter Ihrer Medienmarke zwischen Facebook und Twitter, sondern allenfalls als Person/Journalist. Und bedenken Sie: Sie werden trotz Crossposting nicht umhin kommen, beide Accounts zu betreuen, denn Fragen und Kommentare kommen dann über beide Plattformen.

Twitterbots werden Dienste genannt, die automatisch die neuen Inhalte eines Blogs oder einer Webseite verwittern, und zwar in Form von Überschriften mit Link. Meist dient als Quelle für die Automaten der RSS-Feed, den ein Blog oder eine Webseite anbietet. Typische Dienste sind „Twitterfeed", „dlvr.it" oder auch die RSS-Feed-Twitter-Funktion von „Hootsuite". Solche „Linkschleudern" haben keinen allzu guten Ruf, weil sie oft als Sparmodell angesehen werden: „Wir sparen uns den Twitterer und lassen den Bot twittern." Deshalb sei gesagt: Einen echten Social-Media-Account auf Twitter kann eine Linkschleuder natürlich nicht ersetzen. Dennoch kann der Einsatz eines Twitterbots legitim und sinnvoll sein, weil er ohne allzu großen Aufwand einen Service ermöglicht, nämlich dass andere die Inhalte dieser Webseite in ihren persönlichen Twitter-Ticker abonnieren können.

Linkschleudern können auch zusätzlich zu einem „echten" kommunikativen Account angeboten werden. Ein Beispiel für den sinnvollen Einsatz ist @ZEIT_RSS, neben den anderen Twitter-Accounts von Zeit Online. Wenn Sie einen Twitter-Account automatisch befüllen lassen, sollten Sie

- transparent machen (im Twitter-Profil), dass hier „ein Automat/Bot twittert" oder ein RSS-Feed publiziert wird.
- auf den Kanälen zumindest ansprechbar bleiben, also scannen, ob man erwähnt oder angeschrieben wird und reagieren.

7.6 Linkkürzer und die Durchklick-Statistik

Twitter bietet mit seiner 140-Zeichen-Beschränkung nur eingeschränkt Platz. Da zählt jeder Buchstabe. Zur Anfangszeit wurden auf Twitter URLs (Internetadressen) voll auf diese Zeichenzahl angerechnet. Um Platz für Text zu sparen, hat es sich deshalb eingebürgert, Webadressen zu verkürzen, wenn man sie auf Twitter posten will. Aus einer URL wie

7.6 Linkkürzer und die Durchklick-Statistik

http://www.bpb.de/gesellschaft/staedte/megastaedte/64782/video-interviews macht ein Linkkürzer eine Adresse, die so aussieht:
http://goo.gl/zKXX6I.
oder so:
http://bit.ly/1ugz62N
Der Dienst Bitly (http://bit.ly) oder Google (http://goo.gl) nehmen also die URL und bieten eine kürzere Version an, die man dann auf Twitter posten kann. Die gute Nachricht: Was die Tweetlänge angeht, sind URL-Kürzer weitgehend überflüssig geworden. Werden URLs per Twitter- oder Tweetdeck-Oberfläche eingegeben, werden nicht mehr als 22 Zeichen dafür verwendet. Twitter wandelt sie mit dem eigenen URL-Kürzer t.co/ um. Bitly ist da oft kaum kürzer. Außerdem erklärt Twitter, dass auch kürzere URLs 22 Zeichen verbrauchen. Dass Linkkürzer nach wie vor verbreitet sind, hat weitere Gründe:

- Viele Linkkürzer bieten eine eigene Statistiken über die Verlinkung an. Das heißt, man bekommt exaktes Feedback darüber, wie viele Leute wann genau auf diesen Bit.ly-Link geklickt haben. So lassen sich über Bit.ly ausgefeilte Übersichten für die eigenen Tweets anfertigen. Diese Statistiken sind öffentlich, man muss nur eine beliebige Bit.ly-URL in die Adresszeile des Browsers geben und ein „+" am Ende anfügen. Hinter der um das Plus erweiterten URL steckt die Seite mit den Zahlen. Der Trick mit dem „+" am Ende funktioniert übrigens auch mit Adressen vom Google-eigenen URL-Kürzer goo.gl.
- Tools wie Hootsuite oder RSS-Linkschleudern wie dlvr.it haben ihre eigenen Linkkürzer (ow.ly etwa gehört zu Hootsuite) genau wegen dieser Statistik-Möglichkeit.

Doch URL-Kürzer sind höchst problematisch! Dass die Statistiken öffentlich sind und gewissermaßen Ihre Geschäftsgeheimnisse (Zahlen) offenbar werden, ist das geringste Problem. Eine größeres betrifft den Datenschutz: Die Firmen leiten ja den gesamten Webverkehr der betreffenden Links über ihre Server und kontrollieren diesen. Da viele Medienunternehmen diese Kürzer nutzen, entstehen hier eigene Datensammlungen über Ihre Seitenbesucher (neben den Datensammlungen, die bei Twitter anfallen). Es ist davon auszugehen, dass viele Linkkürzer diese Daten als Teil ihres Geschäftsmodells ansehen. Ein weiterer Nachteil ist, dass URL-Shortener das Internet intransparent machen. Der User weiß nicht, auf welches Ziel ihn die Kurz-URL wirklich führen wird.

Das wichtigste Problem aber ist Bei den kleineren Firmen, die URL-Kürzer anbieten, weiß oft keiner, wer dahintersteckt. Wie zuverlässig sind die Server? Was, wenn diese ausfallen? Dann sind alle Links tot. Doch es kann noch schlimmer kommen, wenn man die Frage aufwirft: Wie zuverlässig ist der Betreiber? Dass hier Gefahren drohen, ist keine leere Warnung: Der URL-Shortener cli.gs wurde im Juli 2009 gehackt. Rund 2,2 Mio Kurz-URLs wurden auf eine andere Seite umgeleitet (laut Wikipedia). Und im Sommer 2014 warnte Bit.ly seine Kunden, dass der Dienst möglicherweise gehackt worden sei. Allerdings sind in diesem Fall keine gravierenden Folgen bekannt geworden.

Man muss also davon abraten, URL-Shortener zu verwenden, für deren dauerhafte Zuverlässigkeit man nicht bürgen kann. Die Nachteile überwiegen die Vorteile, seit Twitter selbst die Links kürzt und für alle Twitterer eine Statistik-Funktion eingeführt hat. Für Medienunternehmen bietet es sich außerdem an, einen eigenen, selbstgehosteten URL-Shortener einzurichten. Dieser kann dann auch genutzt werden, um kurze, „sprechende" Webadressen zu generieren, die man beispielsweise auf ein Plakat oder in einem Zeitungsartikel abdrucken kann. Die gekürzten URLs laufen dann unter der eigenen Webseitendomain, was nicht nur für Transparenz sorgt, sondern auch die Marke stärkt.

7.7 Monitoring von Themen

Vor allem Twitter eignet sich, um journalistische Themen zu finden oder zu monitoren – also ihre Entwicklung in Echtzeit zu verfolgen. Im Idealfall wählt man auf Twitter genau aus, wem man folgt, sodass dass die Themen, die zum eigenen Fachgebiet passen, dort ohnehin vorkommen und man en passant alle wichtigen Akteure in diesem Bereich wahrnimmt. Oder konfiguriert seinen Account entsprechend mit Listen etc. (siehe Kap. 3.3.2). Doch für Journalisten mit einem etwas breiteren Spektrum – Politik, Wirtschaft, People – ist dieses Ziel nur bedingt erreichbar. Denn die Vielfalt der Themen würde eine zu große Menge potenzieller Quellen einschließen, um diesen noch inhaltlich folgen zu können.

Und was tun, wenn plötzlich ein Thema akut wird sagen wir die Ukraine-Krise? Dann kann man sich zunächst mit Tweetdeck behelfen und eine ständige „Suche" nach einem – dem – Hashtag laufen lassen. Außerdem ist es hilfreich, eine Twitter-Liste mit allen verifizierten/bekannten zuverlässigen Berichterstattern und Betroffenen anzulegen und diese zu beobachten. Bei weiteren Analysen helfen Tools wie Tame (tame.it), ein Startup aus Berlin, das die Informationsflut auf Twitter „zähmen" möchte. Tame liefert einem die wichtigsten Twitterer zu einem neuen

Hashtag/Thema ebenso wie die wichtigsten (= am meisten retweeteten) Tweets. Funktionen dieser Art bieten auch andere Tools an, etwa Brandwatch oder die sehr nützliche Twitter-Echtzeit-Such- und -Analyse-Maschine Topsy (die zuletzt von Apple übernommen wurde und deren Zukunft ungewiss ist).

Daneben gibt es eine Reihe von recht ausgefeilten Spezialtools wie mass relevance oder Never.no, die eigene, tiefergehende Twitter-Datenbankabfragen ermöglichen und die Ergebnisse in Echtzeit in Minutenintervallen ausgeben. So kann eine Redaktion zum Beispiel erkennen, welche Aussagen während einer TV-Debatte/eines Fußballspiels etc. besonders heftig diskutiert wurden, einfach indem man beobachtet, in welcher Minute am meisten Tweets zum Thema/Hashtag abgesetzt wurden, wann die „Twitterkurve" also Spitzen verzeichnet. Außerdem ist es möglich, die Twitter-API anzuzapfen und eigene Monitoring-Tools mit eigenen Abfragen zu basteln bzw. programmieren zu lassen. Aber Achtung: Tools ersetzen keine Twitter-Kompetenz, sie helfen nur dem, der weiß, was er tut.

Neben Tweetdeck nutzen viele Journalisten auch übergreifende Dashboards wie Netvibes, um Themen zu monitoren. Netvibes kann neben diversen, voreingestellten Twitter-Timelines auch Facebook-Timelines und RSS-Feeds (beispielsweise von Fach-Blogs) parallel anzeigen. Netvibes schafft so auf einem Bildschirm Übersicht über alles Neue zu einem Thema. Man muss nicht mehr – beispielsweise – fünf Webseiten, drei Blogs und eine Twitter-Liste scannen, um als Fachredakteur auf dem Laufenden zu bleiben.

7.8 Analytik und Statistik

Im Unterschied zum Themenmonitoring zu redaktionellen Zwecken bezeichnet der Begriff „Analytik" in erster Linie Statistik, Marktforschung und Erfolgskontrolle für den Twitterer, Facebooker und YouTuber zum Zweck, die eigenen Tätigkeiten besser einschätzen und Strategien (weiter-)entwickeln zu können. Die meisten Sozialen Netzwerke stellen mächtige Statistiktools für den eigenen Auftritt, die eigenen publizierten Inhalte zur Verfügung: Facebook Insights, Twitter Analytics (http://analytics.twitter.com) oder YouTube Analytics.

Trotzdem kann es sinnvoll sein Analysetools von Drittanbietern heranzuziehen. Denn diese liefern oft Daten, die über die hauseigenen oder Network-eigenen Analysetools nicht so leicht zu kriegen oder herauszufiltern sind. Außerdem stellen sie oft automatisch sinnvolle Reports für die eigene Redaktion oder das Management zusammen – was viel Arbeit abnimmt. Drittens bieten externe Anbieter in der Regel einen ausführlichen Blick auf die Konkurrenz, und auch von der kann man als Community-Manager und Social-Media-Redakteur lernen.

Die Arten von Kennzahlen die ein Analyse-Tool liefern kann, sind vielfältig. Alle Zahlen und auch die Wachstumsraten etc. sind idealerweise auf frei zu wählende Zeiträume einzugrenzen. Knackpunkt ist bei einigen Tools der Blick in die Vergangenheit. Sie scannen nur die Themen ab dem Zeitpunkt, zu dem man das Keyword eingibt, eventuell noch ein paar Tage in die Vergangenheit. Andere Tools können zumindest Twitter lange Zeit in die Vergangenheit hinein durchforsten. Hier sind wichtige Kennzahlen, die ein Analysetool liefern kann:

Analoge Infos gibt es zu Seiten/Auftritten der Konkurrenz – soweit die Sozialen Netzwerke Zugriff auf einzelne Kennwerte erlauben oder die Zahlen öffentlich sind.

Die eigene Tätigkeit
- Zahl der Postings
- Typische Posting-Zeit
- Art der Postings (Anzahl derjenigen mit Bild, Video, Link etc.)

Die einzelnen Postings:
- Zahl der Teilungen
- Zahl der Kommentare
- Zahl der Likes/Favoriten
- Reichweite der Postings pro Zeitraum
- Summe der Postings
- Summe der Teilungen
- Die besten Postings
- Posts nach Arten (Bilder, Videos, Links, Status)
- Die besten Postings nach Art des Postings (beste Bilder, beste Videos)
- Die schlechtest laufenden Postings
- Informationen zu Fans, die ein Postings erreicht hat
- Multiplikatoren für ein Posting

Der Social-Network-Auftritt:
- Zahl der Fans
- Wachstumskurve der Fans
- Wachstumsrate pro Zeitraum
- Aufrufe der Profilseite im Network

Die Fans/Follower:
- Alter, Geschlecht, Herkunft der Fans
- Alter, Geschlecht, Herkunft der erreichten Personen (Reichweite)
- Fans mit den meisten Freunden und Followern (Multiplikatoren)
- In meinem Netzwerk aktivste Fans (Multiplikatoren)
- Zeiten, in denen die Fans am aktivsten sind
- Seiten, auf denen die aktiven Fans ebenfalls aktiv sind

7.8 Analytik und Statistik

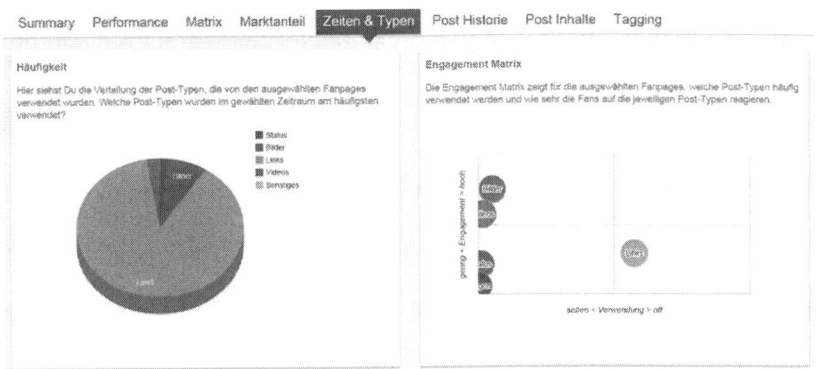

Abb. 7.2 Die Top-News-Angebote im deutschen Internet posten überwiegend Links. Die SWAT-Analyse rechts zeigt aber, dass Bilder und Videos mehr Interaktionen generieren würden. (Quelle: Screenshot aus dem Tool Fanpagekarma; untersucht wurden 50 Top-News-Seiten aus Deutschland)

Einige Tools bieten eine Art Index, eine Kennzahl, die einem zeigt, wie der eigene Auftritt im Vergleich zu anderen Auftritten derselben Kategorie läuft. Das reicht bis zu ausgefeilten Vergleichsansichten oder SWAT-Analysen. Einige Tools bieten darüber hinaus sogar Tipps wie „Du solltest an der Qualität Deiner Links arbeiten". Bekannte Anbieter dieser Daten sind unter anderem Fanpagekarma, socialBench, Quintly oder Socialbakers. Einige davon, etwa Fanpagekarma oder Quintly, bieten interessante Zahlen auch in der Gratisversion (Abb. 7.2).

Tools wie Fanpagekarma messen vor allem den Erfolg der eigenen Seiten in Social Networks Für den Erfolg Ihrer Medienmarke ist es ebenso wichtig festzustellen, wie die Nutzer mit den Inhalten der Webseite umgehen. Ob Links auf Ihre Webseite von den Nutzern auf Facebook geteilt wurden etc. YouTube misst die Shares von Videos in anderen Netzwerken selbst. Wenn Sie aber wissen wollen, welche Ihrer Webseiten-Inhalte von den Usern am meisten auf Facebook oder Twitter geteilt und gepostet wurden, bieten sich Spezialtools wie Buzzsumo.com oder socialcount.co an.

Für den Social-Media-Redakteur ist es wichtig, den Erfolg der eigenen Tätigkeit zu scannen und mit den messbaren Zielen aus dem Konzept, die man sich gesetzt hatte, abzugleichen. Auch relativ vage Zielvorgaben („Wir wollen weniger Links auf die Webseite und mehr eigenständige Facebook-Inhalte posten") lassen sich damit überprüfen, zählbar, messbar machen. Auch die gelegentlichen Änderungen des Algorithmus von Facebook, die in der Regel nicht bekannt gemacht werden, spürt man so unmittelbar, also ob Facebook gerade Fotos besser verbrei-

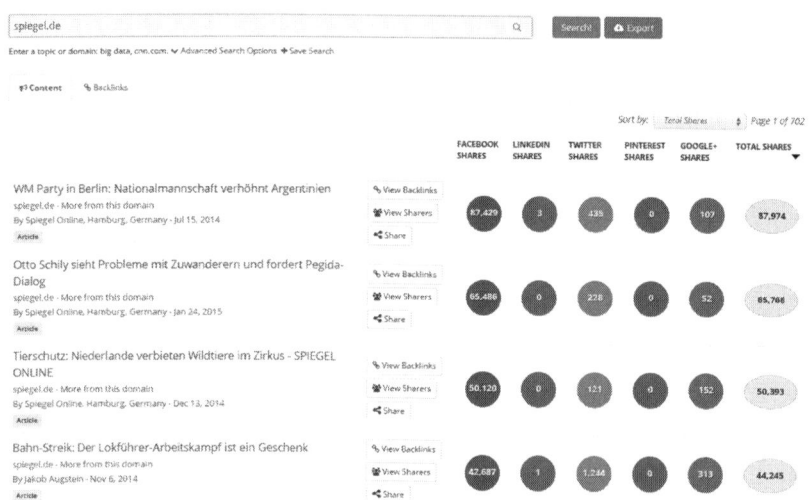

Abb. 7.3 Tools wie BuzzSumo (buzzsumo.com) zeigen Ihnen, welche Inhalte Ihrer Webseite besonders häufig in Sozialen Netzwerken geteilt wurden. Bild: Screenshot

tet oder Videos oder Statusmeldungen. Entsprechend kann man reagieren. Weitere wichtige Indizien können sein: Zu welchen Uhrzeiten sind meine Fans auf Facebook unterwegs bzw. interagieren sie mit meinen Inhalten.

Für Recherche und Themengewinnung bieten derartige Auswertungen übrigens ebenfalls Stoff: Mit Tools, die fremde Fanpages und Twitter-Accounts analysieren, lassen sich nämlich auch Erkenntnisse über Firmen und Politiker gewinnen: Wer hat die bessere Fanpage mit den besseren Themen, Kanzlerkandidat A oder Kanzlerkandidat B? Ebenso kann man auf die Social-Media-Arbeit von Marken und Behörden schauen.

Analysetools liefern allerdings zunächst einfach nur Zahlen. Um diese richtig interpretieren zu können, brauchen Sie die persönliche Einschätzung des Community-Managers mit Gespür für die Fans und dem Wissen über die Inhalte, Rahmenbedingungen, Debatten in Sozialen Netzwerken etc. Erst mit dieser Erfahrung kombiniert werden die Zahlen zum wertvollen Hilfsmittel, mit dem Sie Ihre Social-Media-Auftritte besser und erfolgreicher machen können (Abb. 7.3).

Der Umgang mit der Community

8

Zusammenfassung

Eine (Fan-)Community ist mehr als nur eine Gruppe von Rezipienten. Sie bildet eine mehr oder weniger lockere Gemeinschaft von Menschen, die bereit sind, auf unseren Webseiten mitzudiskutieren, mitzudenken, mitzumachen. Erst eine Community bringt Leben in unsere Online-Angebote. Doch wie baut man eine Community auf? Wie geht man mit ihr um? Und was macht man mit Störern und Trollen? Gelassenheit ist angesagt. Selbst bei einem Shitstorm.

Schlüsselwörter

Social Media · Community · User · Trolle · Shitstorm · Krisenkommunikation · Öffentlichkeitsarbeit · Kommunikationskonzept · Beteiligungskonzept

8.1 Formale und informelle Community: Definition

Das Wort „Community" kann im Zusammenhang mit Social Media mehrerlei bedeuten.

1. Ein Soziales Netzwerk oder ein Forum etc., bei dem man Mitglied werden kann (so verwendet die ARD/ZDF-Onlinestudie den Begriff).
2. Die Fanschaft/Anhängerschaft eines Auftritts beispielsweise bei Facebook oder Twitter.
3. Eine gewachsene Anhängerschaft einer Marke, einer Person, oder eine Institution/Gruppe (Musik).

> 4. Freunde eines Hobbys oder eines Interesses im wirklichen Leben, zum Beispiel alle Fans der romantischen Klaviermusik. Oder alle Modelleisenbahn-Freunde. Aus Marketingsicht ist diese Form der Community eine Special-Interest-Zielgruppe. Der Begriff Zielgruppe beschränkt sich aber wieder auf das – für uns nicht mehr aktuelle – Sender-Empfänger-Modell. Der Community-Begriff hebt dagegen darauf ab, dass diese Gruppe untereinander agiert und wir Teil davon sind.

Im Idealfall entwickelt sich die formale Fanschaft einer Seite/Marke zu einer echten Community. Um diese Fans muss sich der Community-Manager kümmern (der Begriff ist hier nur als Funktion zu verstehen, nicht als Berufsbild (siehe Kap. 15). Echte Fans (die Community) sind nämlich viel mehr als nur Konsumenten, Zielgruppe oder Zuschauer/Hörer/Leser. Fans sind bereit, auch etwas für Sie zu tun, wenn nötig, Fotos zu schicken, bei Aktionen mitzumachen etc. Viele Medienmanager glauben, wenn Sie eine Online-Aktion planen, sei das wichtigste die Aktion selbst.

Doch viele Online-Aktionen von Medienhäusern, die auf Teilnahme von Usern setzen, funktionieren eher schlecht als recht. Auch wenn sie gut konzipiert und geplant sind. Das liegt daran, dass meist keine Community da ist, auf die man von Haus aus bauen kann und die erst mal mitmacht. Es ist das Dilemma des leeren Wirtshauses: Niemand ist gerne der erste, einzige Besucher in einer Gaststube. Niemand ist gern der Erste in einem Forum, in einem Chat, bei einer Aktion. Wer eine neue Kneipe aufmacht, sorgt also dafür, dass die Bude nicht leer ist, er lädt Leute ein, stellt Leute an, die viele Fans und Freunde haben, in der Szene bekannt sind. Und er kümmert sich um seine Stammkunden. Machen Sie es genauso: Die echten Fans in Ihren Netzwerken sind es, die Ihren Projekten diesen ersten Punch geben und die den Kern der Teilnehmerschaft stellen. Fans geben Ihnen also etwas zurück. Und treue Fans gewinnen Sie nur selten mit einem einzelnen Projekt in einer begrenzten Zeit. Sie sind der Lohn von gutem Community-Management.

Ziel von Community-Management ist, die Community einerseits wachsen zu lassen, also viele Fans/Follower zu gewinnen. Andererseits, diese Community so zu moderieren, dass sie konstruktiv und interessant in den Dialog mit der Marke und vor allen auch untereinander tritt. Denn Ihr eigener Content ist ja nur die halbe Miete (wenn überhaupt). Interessant wird es erst, wenn die Leute sich auch untereinander etwas zu sagen haben, Ihre Inhalte mit den eigenen Meinungen und Haltungen anreichern und sie zum Ausgang spannender Dialoge machen. Nur wenn Ihre Community in diesem Sinne konstruktiv ist, lässt sich mit ihr auch arbeiten. Und dann taugen Ihre Mitglieder auch als Botschafter Ihrer Inhalte und Marke, als Fans im besten Sinne.

8.2 Standardaufgaben des Community-Managers

Community-Manager, Social-Media-Redakteur, Social-Media-Manager – die Rollen und Titel (siehe Kap. 15) können unterschiedlich je nach Redaktion vergeben sein und sind als Berufsbilder noch in der Entwicklung. In der alltäglichen Praxis werden jedenfalls folgende Aufgaben anfallen:

- Konkrete Umsetzung der Social-Media-Strategie in Abstimmung mit den anderen Gewerken (Redaktion, Marketing, PR) sowie Journalisten-Kollegen, die Inhalte liefern, Mediengestaltern etc., sofern Sie in einem Medienhaus arbeiten.
- Veröffentlichen der Inhalte in den vorgesehenen Sozialen Netzwerken. Inwieweit der Community-Manager die Posts selbst erstellt oder arbeitsteilig vorgegangen wird (Social-Media-Redakteur, Mediengestalter, PR-Abteilung etc.) ist im Konzept verankert.
- Moderation der Kommentare und der Beiträge der Nutzer gemäß der Netiquette. Das beinhaltet mindestens das Löschen untragbarer bzw. auch rechtlich heikler Kommentare sowie das Beantworten von Fragen, erschöpft sich aber nicht darin.
- Dialog mit dem User. Schließlich ist eine Facebook-, Twitter- oder auch YouTube-Präsenz nicht nur ein anderer Auftritt, sondern ein Dialogversprechen auf Augenhöhe, das es einzuhalten gilt.
- Identifizieren von Multiplikatoren und besonders aktiver Fans sowie von „Trollen", die immer wieder die Diskussion auf der Seite stören oder andere Fans provozieren und schlimmstenfalls vergraulen.

▶ **Kenne Deine Community!** Der gute Community-Manager kennt seine Pappenheimer. Er weiß, wer immer wieder kommentiert, teilt, retweetet, kurz: wer ein echter Fan ist. Und er muss wahrnehmen, was da läuft. Er vermittelt die Stimmung der Community in die Redaktion. Und er warnt, wenn etwas falsch läuft, bereitet die Redaktion ggf. auf

Krisenkommunikation vor. Deshalb empfiehlt es sich, eine Fanpage oder einen Twitter-Account etc. immer nur von sehr wenigen Leuten als Community-Manager betreuen lassen (und nicht etwa von vielen Leuten in wöchentlich wechselnden Schichten). Denn nur wenn einer dranbleibt, erwirbt er die nötige Vertrautheit mit der Community und ein Gespür für deren Stimmung.

8.3 Ziel: eine konstruktive Community

Ist für die Erledigung der Standardaufgaben gesorgt, kommt die erfolgsentscheidende Frage: Wie schaffen Sie nun eine große und konstruktive Community? Es ist dieselbe Frage, die sich der oben erwähnte Wirt stellen muss: Bei ihm geht es nicht nur um die Getränkekarte oder die Deko. Er muss sich auch fragen, wie er für eine Atmosphäre und Stimmung sorgen kann, in der sich die Leute wohl fühlen, wo sie miteinander in Kontakt treten und angeregte Gespräche führen. Und wo sie nicht angepöbelt und belästigt werden. Der Wirt muss zur Stelle sein, wo er gebraucht wird, ansprechbar. Aber er darf sich nicht aufdrängen, wenn alles gut läuft. So ein Gastgeber ist auch der Community-Manager. Er muss also die Fans/Follower bei Laune halten, sodass diese konstruktiv kommentieren bzw. den Dialog mit Ihnen eingehen. Denken Sie dran: Nur die wenigsten Ihrer Fans werden aktiv mit Ihren Inhalten arbeiten. Diejenigen, die es tun, sind also wertvoller als die passiven Leser. Pflegen Sie diese, erziehen Sie sie, wenn nötig. Ein Schuss Persönlichkeit und Haltung in der Nutzeransprache ist dabei angebracht.

Tipps:
- Moderieren Sie konsequent-freundlich und „auf Augenhöhe"!
- Belohnen Sie die konstruktiven unter Ihren Fans mit Likes, Retweets, Faves!
- Beantworten Sie ernst gemeinte Fragen schnell (aber korrekt) und freundlich.
- Weisen Sie konsequent Störer auf unpassende (nicht: kritische) Kommentare hin und löschen Sie diese!
- Bitten Sie dabei sehr freundlich um Verständnis. Oft reagieren Nutzer sogar freundlich auf konsequente Moderation. Denn ihr „Kommentar von gestern" ist ihnen später selbst peinlich.
- Denken Sie daran: Auch wenn jemand mal etwas Unpassendes kommentiert, so ist er doch an Ihren Inhalten interessiert und bereit, aktiv mitzuwirken. Geben Sie ihm eine zweite Chance.

- Im Wiederholungsfall oder bei fehlender Einsicht drohen Sie das Verbannen aus der Community an. Auch ein Wirt muss dafür sorgen, dass notorische Schläger und Pöbler nicht die guten Gäste vergraulen.
- Geben Sie Ihren Fans Belohnungen – am besten in Form von exklusiven Inhalten oder Geschenken (Freikartenverlosung etc.), Redaktionsbesuchen etc. Jeder möchte gerne privilegiert sein.
- Arbeiten Sie konstruktiv mit den Vorschlägen und Wünschen Ihrer User. Deren Ideen, Tipps, Bilder etc. können die Basis sein für gute Inhalte.
- Kennen, lieben und erziehen Sie Ihre Trolle (und ziehen Sie notfalls die Notbremse, siehe das Kap. 8.5)

8.4 Warum Fans mehr sind als User

Echte Fans sind wie erwähnt viel mehr als Leser/Zuhörer/Zuschauer/Zielgruppe: Fans interagieren. Fans sind bereit, etwas für den Gegenstand Ihrer Verehrung zu tun. Fans sind die ersten, die Bilder schicken, wenn Sie einen Fotowettbewerb ausrufen. Fans schreiben die ersten Kommentare unter Ihre Beiträge und brechen damit das Eis. Fans weisen Trolle in die Schranken – und nehmen Ihnen damit unangenehme Arbeit ab. Fans stehen auch zu Ihnen, wenn ein Shitstorm über Sie hereinbricht. Sie sorgen für Unterhaltung am Stammtisch in Ihrer Community. Und sie liefern Ihnen Stoff, mit dem Sie wiederum arbeiten können.

Fördern Sie Fans. Geben Sie ihnen die Ehre, mittun zu können. Laden Sie sie ein, Backstage zu kommen, hinter die Kulissen Ihrer Marke zu schauen. Ihre Fans sind Kapital. Sind kostenlose Werber, kreative Mitarbeiter, Markenbotschafter. Ein Community-Manager ist auch ein Fanbetreuer. Dabei werden Sie schnell feststellen: Es ist nicht nur wichtig, viele Fans zu haben. Sondern auch mit diesen zu arbeiten. Ein wenig wie die Fußballvereine mit Ihren Fans. Denn wenn Fans Markenbotschafter sind, dann können diese im schlimmsten Fall auch falsche Botschaften aussenden, sich danebenbenehmen. Gutes Community-Management besteht dann umso mehr darin, die guten Fans zu belohnen und die schlechten Fans eben nicht in den Dingen und Verhaltensweisen zu bestärken, die die Community und die guten Fans stören. Denn der Weg vom fanatischen Fan (eigentlich ein Pleonasmus) zu einem Troll ist unter Umständen kurz.

8.5 Umgang mit Trollen: nicht füttern!

Trolle sind User, die in Internetforen, Kommentarspalten von Webseiten oder auf Facebook etc. regelmäßig die Community aufmischen. Die Mittel der Trollerei sind:

- Posten von schrägen und extremen Meinungen/Thesen, wobei der Troll diese Meinung nicht teilen muss. Er postet sie nur, weil er weiß, dass er damit provozieren und Reaktionen hervorrufen kann.
- Absichtliches Missinterpretieren von anderen Kommentaren.

Der wahre Troll zeichnet sich also zunächst durch eine unbändige Lust am Kommentieren aus. Er kommentiert aber nicht, weil er am Thema interessiert ist, sondern weil er Reaktionen braucht, Aufmerksamkeit um jeden Preis erregen will.

▶ „Wer nicht in Moderation investieren will, soll keine Foren anbieten oder zumindest nicht über deren Qualität jammern." Wolfgang Blau, Digitalchef des Guardian, über Community-Management, in: derstandard.at.

Die Grenze zwischen aktiven Mitgliedern einer Community und Trollen ist fließend. Denn auch wenn der Troll oft nervt, so hat er doch seine Funktion. Er sorgt dafür, dass diejenigen User, die ihn widerlegen, neue Argumente bringen, womit die Diskussion vorangetrieben wird. Foren ganz ohne Trolle sind meist tote Foren. Und wenn alle nur vernünftig wären, bestünden die Debatten nur noch aus „Verwende die Suchfunktion, das Thema hatten wir schon" oder „Google ist dein Freund". Denn in der Tat: Jedes Thema war schon mal da. Deshalb lohnt es sich, diese aktiven Mitglieder immer wieder einzubinden – auch wenn sie sich gelegentlich danebenbenehmen oder provozieren. Und falls es der Trollerei zu viel wird, hilft meist die „golden Regel" im Umgang mit Trollen: „Don't feed the trolls", das heißt: erkennbare destruktive Provokationen einfach ignorieren.

Diese Nachsicht sollten Sie allerdings gegenüber Trollen nur üben, solange deren Fragen auch immer mal wieder sehr interessant sind, und die Wirkung ihrer Beiträge im Großen und Ganzen konstruktiv bleibt. Es gibt nämlich auch einen Typ von User, der sich einen Sport daraus macht, in Foren herumzustänkern – und zwar ausschließlich, um andere Nutzer gegen sich aufzubringen. Diese bösartigen Trolle sollten Sie aus Ihrer Community verdrängen und beispielsweise bei wiederholten Verstößen gegen Ihre Netiquette bannen, sodass Sie nicht mehr an Ihren Debatten teilnehmen können.

Hater und Fanboys sind eine Sonderform der Trolle. Sie scharen sich um Marken oder prominente Personen und stehen sich gegenüber. Die Fanboys verteidigen mit irrationaler Anhänglichkeit die Objekte der Bewunderung, die Hater schießen sich dagegen auf ein Objekt ihrer Abneigung ein. Diese Phänomene sind in verschiedensten Bereichen anzutreffen – vom Sport (FC-Bayern gegen Dortmund) über Technikspielzeug bis hin zu klassischer Musik. So gibt es im Diskussionsbereich von heise.de beispielsweise Apple-Hater (das sind meist Android-Fanboys) und Apple-Fanboys ebenso wie es in Klassikforen (immer noch) Karajan-Fanboys (oft sind das Harnoncourt-Hater) und Karajan-Hater gibt ...

Da die jeweilige Abneigung bzw. Anhänglichkeit oft geradezu pseudoreligiöse Züge annimmt, macht es keinen Sinn, zwischen beiden Gruppen zu vermitteln. Der Community-Manager sollte allerdings Sorge tragen, dass die Auseinandersetzungen zwischen Hatern und Fanboys zivilisiert und über Argumente ablaufen – im Idealfall mit Gewinn für die Mitleser.

8.6 Zwischen „Zensur" und Trollerei: Brauchen wir eine Netiquette?

Netiquette – das Wort(spiel) stammt aus der Urzeit des Internets und mutet seltsam altmodisch an. Gemeint ist damit eine Ansammlung von Regeln, an die sich User halten sollen, die in einer Community, auf einer Seite oder auf einem Blog kommentieren. Moderner und klarer: Kommentarrichtlinien. Man kann auch beides synonym verwenden. Vorweg: Eigentlich braucht man sie nicht, wer sich brutal danebenbenimmt, den müssen wir auf unserer Seite nicht dulden; dass wir die Kommentare löschen können, ist klar. Wir sind Hausherr. Dennoch sind Kommentarrichtlinien nützlich aus folgenden Gründen:

- Um User, die bei jeder Kommentarlöschung gerne Zensur-Vorwürfe erheben, auf die Regeln aufmerksam zu machen und damit zu zeigen, dass man nicht willkürlich moderiert
- Um, wenn man Anfänger ist, auch für sich selbst eine Richtschnur zu haben, nach der man kommentiert, und um in einem Team eine „Linie" zu etablieren
- Um die User, die mal über die Stränge schlagen (andere werden ja praktisch nie mit der Netiquette konfrontiert), auf bestimmte Verhaltensweisen aufmerksam zu machen, die man nicht möchte

> **Folgende Inhalte haben sich für eine Netiquette als sinnvoll erwiesen:**
> - Bleiben Sie sachlich!
> - Bleiben Sie beim Thema!
> - Gehen Sie auf die anderen User ein!
> - Wiederholen Sie sich nicht in immer neuen Kommentaren!
> - Posten Sie nichts, was sie wortgleich auch auf anderen Seiten posten!
> - Beleidigen Sie nicht!
> - Posten Sie nichts, was sie anderswo aus dem Netz kopiert haben!
> - Äußern Sie Ihre Meinung und nicht unbelegte Tatsachenbehauptungen!
> - Posten Sie nach Möglichkeit keine Links zu Meinungen! Hintergrund dieser Regel: Als Community-Manager müssten Sie alle Links überprüfen, die auf der Seite gepostet werden (Werbung? Illegales?). Zweitens wollen Sie in der Regel eine Diskussion auf Ihrer Seite deshalb sollten dort auch alle relevanten Argumente zu lesen sein.
> - Beachten Sie die Rechtschreibung (keine dauerhafte Kleinschrift, keine Versalien. Letztere bedeuten im Web-Dialog „Anschreien").

Verfassen Sie Ihre Kommentarrichtlinien so, dass deutlich wird: Ihnen geht es um eine gute Diskussion, nicht um Hausherrengetue und Machtausübung. Am besten, Sie kleiden das Ganze als Tipps für Kommentare, denn mit guten Kommentarrichtlinien und guter Dialogkultur ist allen geholfen, Ihnen, und Ihren Usern – zumindest den Nicht-Trollen darunter. Am Ende entscheiden Sie, wie streng Sie selbst Ihre Richtlinien auslegen und wo Sie fünfe gerade sein lassen können. Beispiel für Kommentarrichtlinien: http://www.br.de/netiquette

▶ **Meinung versus Tatsachenbehauptung.** Unbelegte Tatsachenbehauptungen tragen meist nicht konstruktiv zu einer Diskussion bei, sondern führen zu unproduktiven Diskussionen über deren Wahrheitsgehalt. Das ist aber noch nicht das Schlimme daran. Für falsche Tatsachenbehauptungen oder üble Nachreden in den Kommentaren können unter Umständen auch Sie als derjenige, der diese weiterverbreitet, haftbar gemacht werden. Denn aus einer unbelegten Tatsachenbehauptung wird leicht eine Verleumdung oder eine Geschäftsschädigung. Anderseits sind Sie – beispielsweise bei einem Lebensmittelskandal – vielleicht sogar dankbar für Hinweise aus der Leserschaft. Tipp: Öffnen Sie für Hinweise und Infos von Usern einen Kommunikationskanal in die Redaktion, der nichtöffentlich ist (zum Beispiel ein Mailformular).

8.7 Wie dialogisch sind Sie?

2014 war das Jahr der Community-Manager-Lamentationen. Dutzende von Blogeinträgen und Frust-Berichten von Kollegen und Kolleginnen erschienen, die sich über die Flut an Beleidigungen und Beschimpfungen beschwerten, die in den Kommentar- und Forenspalten ihrer Webseiten einlaufen. „Rechtsaußensprüche, Beleidigungen und Verschwörungstheorien" machte auch der Online-Chef der Süddeutschen Zeitung, Stefan Plöchinger, in vielen Kommentarspalten aus. „Was als Ort herrschaftsfreier Dialoge gedacht war, entwickelt sich zu einer Plattform für Mobbing und Beschimpfungen", konstatierte Jürgen Scharrer in „Tendenz – Das Magazin der Bayerischen Landeszentrale für Neue Medien". Die Süddeutsche Zeitung zog aus dem Befund die Konsequenz: Statt Artikel standardmäßig kommentieren zu lassen, konnte man auf sueddeutsche.de seither nur noch wenige Themen diskutieren, und das in Debattenform. Qualität statt Quantität im Diskurs. Ansonsten könne man ja auf Facebook über die dort verlinkten Artikel/Themen diskutieren. Andere Medienhäuser wollen das Problem anders anzugehen: Anmeldepflicht für User, die kommentieren wollen, Klarnamenspflicht etc. Parallel schlossen auch etliche Blogger die Kommentarspalten.

Welchen Weg Ihr Medienhaus, Ihre Webseite einschlagen sollte, sei Ihrer Unternehmenskultur und Ihrem Dialogbegriff (in Bezug auf Ihre Klientel) anheimgestellt. Machen Sie jedoch Ihre Redaktion, Ihr Unternehmen auf alle Fälle dialogbereit: Benennen Sie Zuständigkeiten, angestrebte Antwortzeiten etc. Und legen Sie sich ein dickes Fell zu. Jedenfalls ist ein Verzicht auf Kommentare und Kommentarvielfalt auch immer ein Verlust.

Dass in vielen Kommentaren auch Perlen stecken, zeigt beispielsweise der österreichische standard.at in seiner Rubrik „Post von gestern", die die originellsten Leserkommentare präsentiert. Dass eine selbstbewusste Haltung des Moderators auch einen Post des Tages generieren kann, zeigt dieses Beispiel:

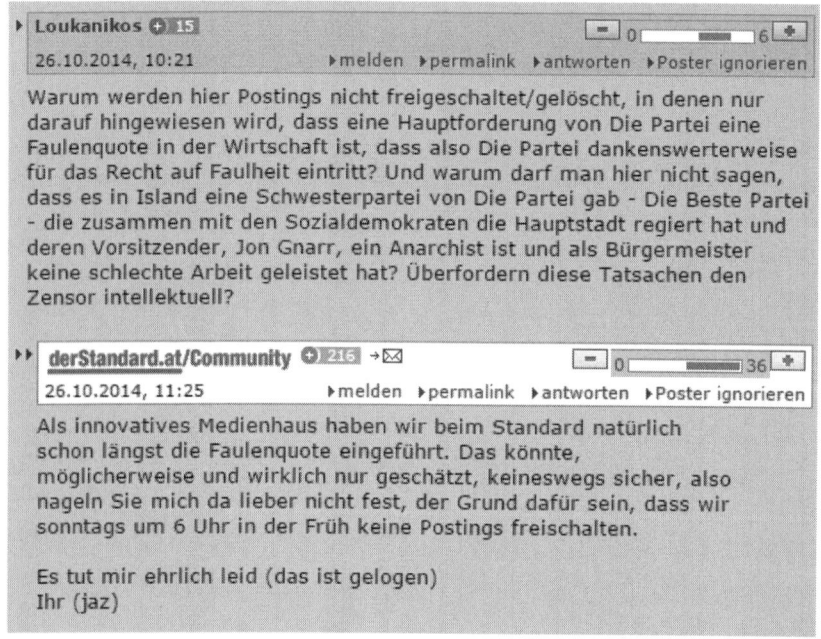

8.8 Der Shitstorm

Das schöne deutsche Wort „Shitstorm" bezeichnet laut Duden einen „Sturm der Entrüstung" und Häme im Internet, der meist mit beleidigenden Äußerungen einhergeht. Ziele sind meist Unternehmen und/oder Prominente, gelegentlich auch vorher nicht bekannte Privatpersonen. Geäußert wird die Entrüstung meist in Blogs, auf Twitter und Facebook. Etwas schwammig wird der Begriff auch für kleinere Wellen der Kritik verwendet. Kennzeichnend ist jedenfalls eine massive, ggf. Tage anhaltende virale Verbreitung der Kritik über Soziale Netzwerke, teils indem kritische Posts geteilt werden, teils durch immer neue oder neu wiederholte Vorwürfe und Schmäh- oder Spott-Inhalte.

Gefährlich und langfristig imageschädigend sind Shitstorms vor allem dann, wenn sie sich so ausweiten, dass sie die jeweiligen Sozialen Netzwerke überschreiten und auch die Massenmedien die Kritik aufgreifen. Und gefährlich sind Shitstorms für die betroffenen Personen, die auch psychisch damit umgehen müssen.

8.8 Der Shitstorm

> Grundsätzlich gilt: Jeder Shitstorm hat eine Vorgeschichte, die vor allem
> - im Anlass der Kritik/Empörung und
> - im frühen Umgang damit liegt.

Ein kluger Umgang mit Kritik ist besonders wichtig, denn während sich der Anlass oft nicht vermeiden lässt (bzw. einfach ein Fehler ist, und Fehler passieren gelegentlich), so lässt sich in den ersten Reaktionen auf Kritik doch Wesentliches richten und geraderücken, sodass es gar nicht zu einem echten Shitstorm kommt.

> **Oft verkannte Wahrheiten über Shitstorms**
> - Vieles, was als Shitstorm bezeichnet wird, ist nur ein Sturm im Wasserglas
> - Treiber eines Shitstorms gehören oft zu einer Interessengruppe, die sich – zu Recht oder zu Unrecht – provoziert oder diskriminiert fühlt (Beispiel: Tierschützer gegen Adidas wegen Werbung mit Rinderherzen vor der WM 2014).
> - Richtig gefährlich – auch längerfristig – wird ein Shitstorm dann, wenn die Welle der Kritik die eingefahrenen Interessengruppen in Sozialen Netzwerken überschreitet und die klassischen Medien (Zeitungen, TV, Online-Portale) anfangen, die Kritik aufzugreifen und negativ zu berichten.
> - Im Shitstorm stecken auch Chancen!

Der Shitstorm als Chance Ein heftiger Shitstorm kann positive Effekte für ein Unternehmen oder ein Medium haben – wenn er richtig aufgefangen wird. Denn selten erhalten Sie eine derartige Aufmerksamkeit. Diese Aufmerksamkeit lässt sich ausnutzen, um dem Image der Marke eine positive Wendung zu geben: durch absolut professionellen Umgang damit und durch eine überraschende, unerwartete Reaktion, die gleichzeitig hilft, Vorurteile gegen Ihre Marke, Ihr Unternehmen, Ihr Medienhaus abzubauen.

> **Grundsätzliches zum Umgang mit Kritik**
> - Konkrete inhaltliche Position zur Kritik (Haben wir einen Fehler gemacht? Worin liegt er? Wie stehen wir dazu?)
> - Ernst gemeinte Fragen beantworten!
> - Fehler unbedingt zugeben und sich ggf. glaubwürdig entschuldigen!

> **Die wichtigsten Regeln bei aufkommender (!) Kritik im Netz**
> - Ruhe bewahren!
> - Kritisierte Inhalte (auch die eigenen) und Kommentare als Screenshot sichern, damit hinterher nachvollzogen werden kann, was passiert ist, wer was gepostet hat!
> - Nutzer ernst nehmen (wirklich!)
> - Vorgesetzte informieren, ggf. die Pressesprecher etc.
> - Nicht vorschnell als Community-Manager inhaltlich antworten!
> - Bei erster Kritik Zeit gewinnen durch Verweis auf interne Rücksprache („Ich geb's an die zuständige Stelle weiter, wir melden uns"). Dann aber auch antworten!

Shitstorm-Strategie Bei Inhalten, die Kritik erwarten lassen, sollte die Strategie zum Umgang mit einer solchen Reaktion schon vorher abgesprochen sein. Die Strategie muss dann später situativ auf die konkrete Situation und den zu erwartenden Shitstorm angepasst werden. Es müssen alle „Player" einbezogen werden. Dazu gehören in einem Medienhaus außer Redaktion und PR zum Beispiel auch externe Autoren, die ggf. auch persönlich von Usern auf Facebook und Twitter angegriffen werden.

> **Mögliche Reaktionen**
> - Debatte Bündeln: Einen (!) Ort für die Debatte über die Kritik schaffen, zum Beispiel ein Facebook-Posting oder eine Artikelseite auf Ihrem Portal mit Kommentarmöglichkeit – damit die User nicht alle Postings/Debatten mit der immer gleichen Kritik „verderben" und Sie nicht überall die gleichen Frage beantworten/diskutieren müssen.
> - Eine offizielle Erklärung/Statement der Redaktion oder eine Pressemitteilung zum Sachverhalt. Dieses erste Statement kann – wenn Eile geboten ist, durchaus auf Twitter bzw. dem Zusatz-Dienst Twitlonger erfolgen, der Postings von mehr als 140 Zeichen erlaubt. Als Beispiel

8.8 Der Shitstorm

kann die Reaktion des ZDFs zum Shitstorm gegen Frau Müller-Hohenstein genannt werden, die im Umfeld einer Fußballübertragung die Redewendung „innerer Reichsparteitag" gebrauchte. Die schnelle Reaktion des ZDF-Hierarchen noch in der Nacht deeskalierte und schaffte es dank Twitter sogar noch in die Morgenausgaben der Zeitungen, die sonst nur über den Sturm der Entrüstung berichtet hätten.

- Ein ausführliches journalistisches Online-Stück zum Thema, das die Kritik aufnimmt. Entweder zum kritisierten Inhalt/Sachverhalt konsequent stehen (mit Verständnis für die Kritik). Oder zurückrudern, Missverständnisse oder falsche Infos richtigstellen und sich entschuldigen. Fehler ggf. immer zugeben! Alle Beteiligten, die für die Redaktion sprechen, sollten sich an diese Linie halten.
- Identifizieren Sie die wichtigsten Meinungsmacher (Multiplikatoren mit den meisten Followern, der höchsten Bedeutung) und bieten Sie eine öffentliche Debatte mit diesen an. Beim Identifizieren der Shitstorm-Multiplikatoren helfen unter Umständen Tools wie Tame.it.

Ist der sogenannte Shitstorm eher eine Spottwelle, ist es manchmal am besten, ihr mit Selbstironie und Humor zu begegnen. Allerdings: Humor sollte gekonnt sein und keinesfalls dazu führen, dass sich die Kritiker nicht ernst genommen fühlen. Die wichtigste Botschaft: Jeder Shitstorm ist anders und verlangt andere Reaktionen – in jedem Fall aber eine taktisch kluge (Abb. 8.1).

Abb. 8.1 Immer mehr Redaktionen gehen dazu über, auch mit Ironie auf Kritik in Sozialen Netzwerken zu reagieren. (Bild: Screenshot)

8.9 Möglichkeiten bei Sabotage und Spam-Terror

Während auf legitime, auch scharfe, möglicherweise unfaire Kritik in Sozialen Netzwerken am besten mit Offenheit und Ehrlichkeit (und bei offensichtlich unfairer auch mit Humor) zu reagieren ist, gibt es auch Phänomene, die tatsächlich Gegenmaßnahmen erfordern, die nicht zum normalen Umgang mit Shitstorms gehören. Das Problem ist nämlich: Eine Facebook-Seite ist durchaus anfällig für Sabotage. Einige Hundert organisierte Anhänger einer Pressure-Group reichen aus, um beispielsweise Ihre Seite mit gleichlautenden Kommentaren zuzuspammen, Ihre Bewertungen (falls Ihr Unternehmen bei Facebook als „Ort" registriert ist) in den Keller zu treiben und nicht nur krude Botschaften auf Ihrer Seite zu verbreiten, sondern auch noch allen andere Fans der Seite zu verärgern und zu desinformieren. In so einem Fall müssen Sie abgestimmt, aber schnell handeln, um den Schaden in Grenzen zu halten.

1. Greifen Sie die Kritik auf und lassen Sie einen Facebook-Beitrag zu, in dem über die betreffende Frage diskutiert wird. Berichten Sie ggf. auch redaktionell über die Pressure-Group, die dahintersteht, und den Sachverhalt, um den es geht. Gehen Sie auf legitime Kritik durchaus ein.
2. Moderieren Sie konsequent aus anderen Beiträgen die Kommentare weg, die nicht zum Posting gehören (sondern einfach reingespammt wurden). Dort soll über die anderen geposteten Themen diskutiert werden.
3. Nehmen Sie Bezug auf Ihre Netiquette und löschen Sie Kommentare mit wortgleichem Inhalt bzw. Links auf Propagandaseiten; wer immer dasselbe postet, ist offenkundig nicht an einem Dialog interessiert.
4. Nutzen Sie ggf. die Blacklist von Facebook und geben Sie wiederkehrende Schlagworte und Beleidigungen ein. So erscheinen Kommentare, die diese Wörter enthalten, gar nicht auf Ihrer Facebook-Seite. Wichtig: die Blacklist wirklich nur bei illegitimer Vorgehensweise der Kritiker einsetzen, da diese – wenn Sie sie nicht auf Beleidigungen und offensichtlich unflätige Wörter beschränken – eine offene Diskussion gänzlich unmöglich macht. Das trifft dann auch die positiven Fans, deren Kommentare mit diesen Begriffen ja ebenfalls unterdrückt werden.
5. Sollten Teile Ihrer Präsenz, die Sie nicht moderieren können (etwa die Bewertungen von Orten), betroffen sein, informieren Sie Facebook, damit der Schaden in Grenzen gehalten wird. Es kann nicht im Interesse

8.9 Möglichkeiten bei Sabotage und Spam-Terror

> Facebooks sein, dass Pressure-Groups durch manipulative Kommentare und unter Verletzung der Facebook-AGB (zum Beispiel wenn mit anonymen Accounts gearbeitet wird) das Bewertungssystem ad absurdum führen.

► Am Ende hilft also auch in so einem Falle nur einerseits (inhaltliche) Offenheit und konsequente Moderation.

Arbeiten mit Material aus den Sozialen Netzwerken

9

Zusammenfassung

Die Sozialen Netzwerke sind voll von Bildern, Filmen, Informationen aller Art. Eine Fundgrube für jeden Journalisten. Doch neben wertvollen Hinweisen und Dokumenten finden sich falsche Spuren, Fakes und Scherzhaftes. Wie trennt man die Spreu vom Weizen? Wie recherchiert man gezielt und wie nutzt man Social Media neben den klassischen Kanälen für das persönliche und berufliche Informationsmanagement? Ein paar Tricks und Werkzeuge helfen bei den ersten Schritten in die Echtzeit-Archive des Netzes – der Wert dieses unendlichen Archivs wächst mit der Erfahrung.

Schlüsselwörter

Social Media · Recherche · Echtzeit · Twitter · Suche · Bildrecherche · YouTube Wikipedia

Für jeden, der mit Material aus Sozialen Netzwerken arbeitet, sollte gelten: Kenne das Netzwerk, aus dem Du dich bedienst, in dem Du recherchierst. So wie sich der Korrespondent in der jeweiligen Region auskennt, aus der er berichtet, und der Fachjournalist in seinem inhaltliche Bereich zuhause ist. Am besten ist man in diesen Netzwerken selbst tätig, hat als Journalist eine eigene Community/Followerschaft, die gar nicht allzu groß sein muss. Aber aktiv. Nur dann ist man in der Lage, mit Suchergebnissen und Phänomenen in diesen Sozialen Netzwerken adäquat umzugehen. Grundsätzlich gilt wie immer bei der Recherche: Prüfen Sie die Inhalte, prüfen Sie die Quelle. Die Quelle, das ist meist zunächst der, der das Material ins Netz gestellt hat – zum Glück bieten die meisten Sozialen Netzwerke eine Möglichkeit, den Hochlader zu kontaktieren (siehe Kap. 10.5)

9.1 Recherche

Journalisten standen noch nie so viele Quellen, Bilder, Videos etc. zur Recherche zur Verfügung wie heute – nur die Recherche selbst wird dadurch nicht leichter. Viele Journalisten sind von der Fülle der Inhalte und Möglichkeiten geradezu überfordert. Es würde auch hier zu weit führen, Tipps für jedes einzelne Netzwerk anzugeben, deshalb sind in diesem Kapitel nur die wichtigsten Fälle/Quellen aufgeführt.

▷ **Besser googeln!** Bevor Sie sich in die Tiefen von Spezialsuchmaschinen und Operatoren über die Twitter-Suche einarbeiten: Machen Sie bei Webrecherchen – unabhängig von Social Media – das Beste aus Google, der Suchmaschine, die Sie wahrscheinlich eh meistens verwenden. Gewöhnen Sie sich an, immer die „erweiterten Suchoptionen" von Google zu verwenden. Damit können Sie beispielsweise eingrenzen, wie alt die angezeigten Inhalte maximal sein sollen, oder welchen Typ von Information sie brauchen. So bekommen Sie nicht nur populäre, sondern vor allem nicht längst veraltete Ergebnisse. Ähnliche Suchoptionen bietet der Google-Konkurrent Bing. Und vergessen Sie nicht: Was Google und Bing nicht finden, lässt sich womöglich über längst vergessene Alternativen auffinden. Eine Metasuche über diese bietet beispielsweise das Portal Metager.de – meist unter Bevorzugung von Ergebnissen aus dem Umfeld von Universitäten und anderen Bildungs- und Forschungseinrichtungen.

9.2 Echtzeit-Recherche nach Meldungen und Bildern in Twitter

Wenn Sie mehr Infos und Bilder zu aktuellen Agenturmeldungen suchen: Verwenden Sie Twitter. Eine ausführliche Twitter-Suche findet sich unter twitter.com/search. Hier können Sie nicht nur nach Schlagwörtern und Begriffen suchen, sondern auch Festlegungen nach Sprache, Zeiträumen, Inhalt (Tweets mit Fotos) machen; oder Begriffe ausschließen, also beispielsweise nur „Bayern" aber nicht „FC Bayern". Nutzen Sie diese Möglichkeiten. Schauen Sie sich alle Operatoren an, die die Twitter-Suche bietet, und spielen Sie damit herum. Sie werden schnell sehen: Twitter bietet durch seine Aktualität und seine Konzentration auf Medienprofis und deren Empfehlungen eine ideale Ausgangsbasis für die Recherche zu aktuellen und politischen Themen.

Darüber hinaus gibt es für Twitter Spezialsuchmaschinen wie twicsy.com (für Suchen über Twitter) oder Topsy.com – ein Dienst, der nicht nur die intelligente Suche im Twitter-Archiv erlaubt, sondern auch die – in der Pro-Version sogar minutengenaue – Suche über Themenverläufe. Also beispielsweise in welcher Minute wie viele Tweets mit einem bestimmten Hashtag abgegeben wurden (allerdings steht die Zukunft von Topsy nach einer Firmenübernahme in den Sternen).

Natürlich können Sie Tweets auch geolokalisiert anzeigen lassen. Allerdings sind die „Twitter-Maps" für Deutschland meist nicht besonders aussagekräftig, weil viele Twitterer ihren Tweets hierzulande keine Geodaten mitgeben. Wenn Sie an diesem Thema interessiert sind, lohnt sich aber allemal ein Blick auf trendsmap.com.

> **Twitter für Big Data** Millionen von Menschen twittern und alle Tweets sind öffentlich. Dadurch eröffnet das Soziale Netzwerk Auswertungen nach bestimmten Suchen, Orten etc. – kurz: Twitter selbst ist Big Data und offen für Datenjournalisten, die an diese vielen Tweets kluge Fragen stellen. So kann man Trends, Themen und ihre Bezugsrahmen in Echtzeit auf Twitter verfolgen. Beispielsweise bei Wahlen oder im Umfeld von Großveranstaltungen wie einer Fußball-WM nicht nur herausfinden, was einzelne Personen twittern, sondern welche Themen gerade auf Twitter im Zusammenhang mit dem Ereignis „trenden" und wer die jeweiligen Meinungsführer sind. Ergebnisse dieser Art erzielen Sie mit speziellen Tools oder indem Ihre Datenjournalisten selbst die Twitter-API anzapfen. Die Möglichkeiten, Twitter für Datenjournalismus zu benutzen, sind besser geworden, seit Twitter Ende 2014 ankündigte, auch das Archiv zeitlich vollständig durchsuchbar zu machen.

9.3 Personen und Posts suchen in Facebook

Theoretisch kann man nach all dem recherchieren, was öffentlich in Facebook publiziert wurde.

- Personen und deren Profile
- Offene Gruppen, also Foren, die sich meist einem Thema widmen
- Veranstaltungen und deren öffentlich bekundete Teilnehmer
- Facebook-Seiten, die ohnehin alle öffentlich sind
- Facebook-Orte, wo sich Leute ggf. einchecken
- Öffentliche Beiträge (über die Ende 2014 eingeführte Facebook-eigene Begriffssuche und über Spezialsuchmaschinen)
- Facebook-Hashtag-Suche

Die Facebook-Suche die Sie oben in der blauen Menüleiste von Facebook finden, ist nicht wirklich benutzerfreundlich. Dennoch ist sie oft der erste Weg zu Seiten, Personen, Gruppen auf Facebook, weil eben der zunächst einfachste – wenn man folgende Tipps und Hintergründe kennt:

- Auf Facebook selbst können nur Facebook-Mitglieder suchen. Auch für etliche Tools ist es nötig, sich mit einem Facebook-Profil anzumelden.
- Facebook-Suche ist nicht tolerant gegen Schreibfehler. Das macht Sinn, wenn man weiß, dass eine Facebook-Suche oft Namensuche ist, und dass Facebook mehr als eine Milliarde Nutzer hat. Aber es erschwert die Nutzung.
- Die Facebook-Suche findet nur, was die Nutzer zulassen. Das heißt, nichtöffentliche Postings von Nicht-Freunden werden Sie dort nicht finden. Was für den Datenschutz von Vorteil ist, ist für den Rechercheur natürlich lästig.
- Die Facebook-Suche arbeitet mit Wort- und Namensergänzung. Es werden Ihnen erste Ergebnisse sofort angezeigt. Begnügen Sie sich nicht damit! Klicken Sie auf „Weitere Ergebnisse anzeigen" im untersten Feld der herausklappenden Ergebnisliste. Dann kommen Sie auf eine Seite, auf der Sie gezielt nach Personen, Veranstaltungen, Gruppen etc. suchen können.

Für die Personensuche ist der wichtigste Tipp: Es lohnt sich, andere Suchmaschinen für Facebook zu verwenden. Die richtigen Personenprofile findet Google oft schneller als Facebook, weil man eben nicht nur nach Namen, sondern weiteren Begriffen suchen kann. Bei häufig vorkommenden Namen ist das oft die Rettung. Bedenken Sie aber: Google findet nicht alle Facebook-Profile. Personen, die eine öffentliche Suche ausschließen, werden nicht erfasst (wohl aber von der Facebook-eigenen Suche). Auch kann man – sofern man den Namen nicht weiß – nach E-Mail-Adressen und nach Handynummern suchen.

Spezialsuchmaschinen für Social Media sind meist Bestandteile kostenpflichtiger Monitoring-Tools. Mache der Anbieter bieten Gratis-Suchmaschinen im Web an, um für die Profi-Tools zu werben. Meltwater Social bzw. Icerocket ist in diesem Bereich zu nennen. Diese Webseite ermöglicht eine kostenlose Echtzeit-Suche über Facebook (www.icerocket.com), die allerdings in der Gratisversion nicht weiter konfigurierbar ist. Für Twitter bietet sich auch topsy.com an. Grundsätzlich gilt: Private Kommentare und Postings werden auch von den Spezialsuchmaschinen nicht erfasst. Insofern bleibt ein großer Teil dessen, was auf Facebook geschrieben wird, im Dunkeln.

- **Social Graph Search** 2014 wollte Facebook die Social Graph Search in Deutschland einführen. Sie erlaubt eine Personenrecherche nach Informationen, die man bei Facebook angibt. Beispielsweise findet sie bei entsprechender Eingabe Leute, die in der Umgebung wohnen, die Single sind, ein bestimmtes Hobbys haben etc. Die Social-Graph-Suche war von Anfang an von öffentlicher Kritik begleitet gewesen – Stichwort Privatsphäre. Anfang 2015 ist sie für deutschsprachige Nutzer nicht freigeschaltet. Wer seinen Account auf Englisch umstellt, bekommt Zugang zu dieser Suchmaschine.

9.4 Ein Wort zur Wikipedia und ihrem Bilderschatz

Im weiteren Sinne gehört natürlich auch die Wikipedia als „crowdgesourcte" Enzyklopädie zum Thema Social Media. Als Lexikon hat die Wikipedia den Untergang der gedruckten Enzyklopädien besiegelt, für viele Journalisten ist sie der erste Anlaufpunkt bei Recherchen. Das ist auch nicht verkehrt. Dennoch sollte Wikipedia nie die einzige Quelle sein. Und bedenken Sie: Weil viele Journalisten nur noch in die Wikipedia schauen, sind auch viele Presseartikel mit zum Teil denselben Fehlinformationen gespickt. Bestes Beispiel war der falsche Vorname „Wilhelm" von Herrn zu Guttenberg, den ein Scherzbold in der Wikipedia hinzufügte und der dann in allen möglichen „Qualitätsmedien" auftauchte. Außerdem sind die Artikel der Wikipedia von unterschiedlicher Qualität und Aktualität. Während Pop-Themen meist gut und aktuell sind, wird es in entlegenen Gebieten schon problematischer. Themenfelder der Gesellschaftswissenschaften (zum Beispiel Geschichte) werden oft mit veraltetem Stand wiedergegeben, während in Naturwissenschaften oft recht aktuelle Forschungsstände dargestellt sind. Für eine echte Recherche fast nützlicher wie die Texte der Texte der Wikipedia selbst sind die verlinkten Quellen. So kommt man als Journalist zu Originalinhalten. Nutzen Sie bei Themen aus der Wissenschaft außerdem nach wie vor die Fachlexika (auch Online) und befragen Sie Experten. Und wenn Sie wissen wollen, wie ein Minister mit fünftem Vornamen heißt, rufen Sie sein Büro an…

▶ Schauen Sie innerhalb der Wikipedia in die „Diskussion" der Wikipedia-Autoren zum jeweiligen Lemma, vor allem bei umstrittenen Themen (Kirche, Politik, Gesellschaft) und bei Biographien.

Interessant für Journalisten ist übrigens nicht nur die Wikipedia als Lexikon, sondern auch die Bildersammlung der Wikipedia bzw. der Wikimedia Commons (http://commons.wikimedia.org/). Die Fotos dort sind unter einer der unterschiedlich lockeren Creative Commons Lizenzen (siehe Kap. 12.6) eingestellt, die oft kommerzielle Nutzung erlaubt, und können ggf. redaktionell genutzt werden. Eine eigene Rechteprüfung und eine Rücksprache beim eigentlichen Bildautor sollten natürlich, wenn irgend möglich, dennoch erfolgen. Erstens, weil die Rechteangabe im Irrtumsfall nicht vor Nachzahlungen schützt, zum anderen, weil die Rücksprache beim Bild-Hochlader die Chance eröffnet, mehr über das Bild zu erfahren.

9.5 Recherche in Verbraucherkritiken

Der Ratgeberjournalismus hat es nicht leicht in Zeiten, in denen die User selbst die Produkte rezensieren, die sie kaufen. Wer in den Urlaub fährt, checkt heute meist zuerst online die Hotelreviews auf Portalen wie Holidaycheck; und vor dem Bücher- oder CD-Kauf liest man die Kommentare in Amazon. Und das, obwohl vielen klar ist, dass es bei Rezensionen eine große Dunkelziffer von bestellten Lobhudeleien oder bestellter Schmähkritik am Konkurrenten gibt. Die Diskussionen bei Amazon und in vielen Foren lassen allerdings darauf schließen, dass die Nutzer das durchaus merken und entsprechende Medienkompetenz entwickeln.

Der Einzige, der nicht auf diese Quellen zurückgreift, ist oft der Fachautor, der Besprechungen für Medien schreibt. Das liegt zum einen natürlich daran, dass der Fachautor

- Produkte rezensiert, bevor sie auf den Markt kommen,
- nur wenige Tage oder Wochen Zeit zum Testen hat und
- praktisch im Redaktionsalltag nur ein paar Stunden für eine Rezension aufwenden kann.

All diese Nachteile hat derjenige nicht, der das Produkt besitzt und über Wochen benutzt. Das erklärt auch die grundsätzliche Glaubwürdigkeit des Laien beim Rezipienten. Denn von anderen Benutzern werden auch Schwachpunkte aufgeführt, die bei längerem Gebrauch auftreten – vor allem auch deshalb, weil es oft verärgerte Menschen sind, die Kritiken schreiben. Auch bei Gastrokritiken ist der Online-

Rezensent eben nicht der stadtbekannte Kolumnenschreiber, der womöglich vom Wirt bevorzugt behandelt wird, sondern eben ein Otto-Normal-Gast. Ein moderner Ratgeber-Journalismus sollte diese User-Rezensionen mit einbeziehen und sich auf die Dinge spezialisieren, die er besser kann als der User. Beispielsweise

- durch eine Überarbeitung der eigenen Besprechung nach einiger Zeit. Denn die Rezensionen stehen ja weiterhin online und werden gelesen auch dann, wenn sich im Gebrauch herausgestellt hat, dass das hochgelobte Produkt eine „Sollbruchstelle" oder einen Serienfehler hat. Da sieht der preisende Journalist dann tatsächlich alt aus.
- durch mehr vergleichende Rezensionen zweier Konkurrenzprodukte. Denn diese Perspektive können User-Besprechungen kaum liefern (der User kauft sich in der Regel ja nur ein Produkt).
- durch die besondere Fachkompetenz des Journalisten, die der User auch nicht mitbringt. Rezensionen müssen also mehr auf den Punkt kommen und ganz konkrete Ratschläge geben.

Nutzwertiger Rezensionsjournalismus hat jedenfalls nur dann eine Zukunft, wenn er auch von den Amateuren lernt. Dazu muss er sich neuen Formaten öffnen und das Beste aus beiden Welten, die Qualität des herkömmlichen Journalismus mit den Infos und Möglichkeiten aus Social Media verbinden. So entsteht für den Nutzer ein echter Mehrwert, eine neue Qualität.

9.6 Bildrecherche in Flickr

Flickr ist eines der älteren Sozialen Netzwerke und ein Bilderportal für Profi- und ambitionierte Amateurfotografen. Ein Vorteil, der Flickr gegenüber vielen anderen Foto-Plattformen auszeichnet: Die Fotos können gut verschlagwortet werden, bis hin zu detaillierten Rechteangaben in Sachen Creative Commons. Damit kann auf Flickr nicht nur inhaltlich recherchiert werden, sondern auch Fotomaterial gewonnen werden, das tatsächlich eingesetzt werden kann.

9.7 Verdeckte Recherche und Informantenschutz

Wer auch immer im Internet recherchiert, hinterlässt offensichtliche Spuren – auch in Sozialen Netzwerken. Darauf muss sich der Journalist, der auf der Suche nach Informationen und Informanten ist, einstellen. Und er muss versuchen, Informanten zu schützen, die sich ihm anvertrauen wollen und die er ggf. über Social Media ausfindig gemacht hat – und die unter Umständen weder Medien- noch Computerexperten und zu leichtfertig sind. Je nach Gefahrenlage wird man mit unterschiedlich großem Aufwand versuchen, Recherchen verdeckt zu halten. Die meisten Fehler allerdings sind gar nicht technisch bedingt, sondern typisch menschlich.

Das fängt bei den ganz offensichtlichen Dingen an: Stellen Sie sich vor, Sie schreiben eine Geschichte mit Insider-Informationen aus einer Firma. Vermeiden Sie immer die Firmen-E-Mail eines Tippgebers! Dessen Webmaster liest mit, meist ganz legal. Außerdem: Wenn der Mitarbeiter der Firma für jeden einsehbar mit Ihnen auf Facebook befreundet ist, liegt nahe, dass ein Verdacht firmenintern auf diesen Mitarbeiter fallen wird. Seien Sie sich bewusst, dass Facebook und Twitter, Xing und LinkedIn Informationskontakte öffentlich machen, und vermeiden Sie derart offenkundige Spuren. Denn sie bringen Informanten mit Ihnen so offenkundig in Verbindung, dass es jeder sehen kann.

Richtig schwierig wird der Informantenschutz wenn Sie tatsächlich investigativ im Netz unterwegs sind, und auf der anderen Seite Profis Ihre Recherchen behindern wollen. Denn die Spuren, die Sie hinterlassen, ermöglichen es, das Surfverhalten zu beobachten und nachzuvollziehen, Kontakte zu rekonstruieren und die Inhalte von Korrespondenz mitzulesen. Niemand würde eine wichtige Insider-Information per Postkarte versenden. Normale E-Mails sind ebenso einsehbar. Trotzdem werden immer wieder sensible Informationen per Mail verschickt, in Skype-Gesprächen verraten, in schlecht gesicherten Cloud-Speichern deponiert. Eine gewisse Abhilfe schaffen hier verschlüsselte E-Mails und Internet-Recherchen über Verschlüsselungsdienste bzw. zwischengeschaltete Proxy-Verbindungen und Anonymisierungsdienste. Browser-Erweiterungen wie Zenmate bieten einen solchen „Anonym-Surfen-Schutz" ebensowie der Tor-Browser (https://www.tor-project.org). Außerdem gibt es Programme, die den gesamten Internetverkehr auf dem Rechner verschlüsseln und die eigene Identität verschleiern. Außerdem kann man kann sich ein VPN-Netzwerk für den eigenen „Cloud-Speicher" ohne externen Zugriff einrichten. Wer beruflich viel und auch Heikles recherchiert, sollte diese Möglichkeiten nutzen. Er macht es denjenigen, die ihn ausspionieren wollen, auf alle Fälle schwerer.

Gibt es hundertprozentigen Schutz? Wir wissen seit den Snowden-Enthüllungen, dass die Geheimdienste flächendeckend den gesamten Internetverkehr scannen und die gewonnenen Informationen speichern. Sie müssen davon ausgehen, dass alles, was Sie im Web machen, zumindest hinterher von einem Nachrichtendienst nachvollzogen und gegen Sie und Ihre Informanten verwendet werden kann. Kann man sich dagegen wirklich effektiv schützen? Der russische Geheimdienst glaubt das nicht und hat Pressemeldungen zufolge im Zuge der Snowden-Affäre eine Tranche neuer mechanischer Schreibmaschinen angeschafft. Denn was auf keinem Rechner ist und nie im Internet war, kann auch darin nicht ausspioniert werden. Und übrigens: Informationen, die man sich bei einem lauschigen Spaziergang im Park erzählt, sind auf alle Fälle schwerer abzuhören als die, die man übers Handy mitteilt.

▶ Wenn anonyme Recherche, verschlüsselte Kommunikation und Informantenschutz für Sie ein wichtiges Thema sind, sollten Sie auf alle Fälle technische und juristische Experten zu Rate ziehen. Zusätzlich empfiehlt sich Spezialliteratur, um selbst „schlauer" auf dem Gebiet zu werden. Wenn die berufliche Zukunft von Menschen oder gar deren körperliche Unversehrtheit auf dem Spiel steht, wäre jedes Dilettieren in Bezug auf Computertechnik unverantwortlich. Ebenso wenn Sie – wie einige Medienhäuser und Redaktionen – daran gehen, Menschen zu animieren, Ihnen als Whistleblower zu dienen und Informationen zukommen zu lassen, etwa über eine eigene Leaks-Plattform. Ein Einstieg in das Thema bietet der frei übers Web zugängliche Artikel „Anonym im Netz recherchieren" von Johannes Michel im BJVreport 4/2014.

9.8 Metarecherchen für Kuratier-Aufgaben

Die großen Kuratier-Tools wie Storify oder auch ScribbeLive bieten meist an einem Ort Suchen über verschiedenste Netzwerke; ebenso die Social-Media-Analyse und Monitoring-Tools. Diese Werkzeuge ermöglichen es, schnell Netzmaterial an einem Ort zu sammeln und gleich darzustellen bzw. in die eigene kuratierte Sammlung zu übernehmen. Spezielle Monitoring-Tools versuchen außerdem herauszufinden, welche Meldungen/Suchergebnisse relevanter sind als andere, weil sie eben von besonders einflussreichen Autoren stammen oder oft von anderen geteilt/geliket wurden. So lassen sich auch große Massen an Infos und Material bewältigen.

Aber Achtung Nicht alles, was man technisch leicht irgendwo in einen eigenen Feed, Stream oder Blog zusammenstellen kann, darf man auch nutzen. Und: Wer wirklich in die Tiefe recherchieren möchte, ist bei den Spezialsuchen über ein Netzwerk meist besser bedient.

Kuratieren – jeder ist ein Herausgeber 10

> **Zusammenfassung**
>
> Die Arbeit einer Redaktion wird künftig immer weniger darin liegen, Inhalt zu produzieren, sondern für den Nutzer die besten, nützlichsten, relevantesten Informationen aus der Vielfalt des Internets auszuwählen. Doch wie präsentiert man die Inhalte aus verschiedenen Quellen in einem sinnvollen Zusammenhang, sodass mehr daraus wird als nur ein Linkhaufen? Eine Handvoll sinnvoller Werkzeuge und ein paar Regeln helfen dabei.

> **Schlüsselwörter**
>
> Social Media · Verifizierung · Storify · Scribblelive · Kuratieren · Kurator · Edieren · Curator · Recherche · Echtzeit · Twitter · Suche · Bildrecherche · YouTube · Wikipedia

Kuratieren ist ein relativ neuer journalistischer Fachbegriff für eine Reihe von journalistischen Formaten bzw. publizistischen Leistungen. Der Begriff leitet sich vom Begriff „Kurator" für Ausstellungsmacher ab, und mit dieser Analogie ist schon der Kern von „Kuratieren" beschrieben. Eine Person (Kurator) wählt Inhalte aus dem Internet aus und präsentiert sie seinen Lesern/Abonnenten. Die journalistische Leistung besteht also nicht darin, etwas selbst zu produzieren, sondern in der Auswahl und Zusammenstellung von Inhalten, die andere produziert haben – so wie der Ausstellungsmacher Bilder oder andere Exponate für eine Schau auswählt, zusammenstellt und präsentiert. Das ist nicht völlig neu: Ein klassisches journalistisches Kuratierformat, längst entstanden vor dem Begriff, ist die Presseschau. Doch Blogs und Soziale Netzwerke bringen ganz neue Qualitäten in diesen Vorgang.

- Weil mit Bloggern, Augenzeugen, Sozialen Netzwerken, Wissenschaftlern und Institutionen, Promis etc. die möglichen Quellen sich quantitativ ins theoretisch Unendliche erhöht haben, ist derjenige, der Orientierung ins Chaos bringt, der einzelne Inhalte bewertet und empfiehlt, umso wichtiger. Tatsächlich gibt es Blogs und Blogger bzw. Twitterer, die vor allem abonniert werden, weil sie uns auf wichtige News oder Blogeinträge anderer zu einem bestimmten Thema hinweisen (und nicht, weil sie selbst viel Kluges schreiben würden).
- Die Sozialen Netzwerke ermöglichen es jedermann, zu einem Kurator für die eigenen Follower und Abonnenten zu werden. Wir kuratieren gewissermaßen für unser soziales Umfeld – einfach, indem wir Links und Inhalte empfehlen. Wenn wir das bevorzugt zu bestimmten Themen, unseren Hobbys, Fachgebieten etc., machen, hat dieses Kuratieren für die Freunde schon journalistische Qualitäten. Wer hat nicht in seinem persönlichen Umfeld jemanden, der besonders bewandert beispielsweise in aktuellen Musiktrends ist, und dessen Tipps er achtet, oder andere, die ihn regelmäßig auf neue Technik-Gadgets hinweisen etc.

10.1 Kuratier-Formate

Die technischen Möglichkeiten des Aggregierens, Embeddens, Repostens und Teilens sowie Syndizierens, die moderne Plattformen bieten, machen eine ganze Reihe neuer Kuratier-Formate möglich.

Die (kuratierte) Twitter-Wall Während der Dauer von Kongressen werden häufig die Tweets zur Veranstaltung vor Ort an eine weiße Wand projiziert. Das gab der Twitterwall ihren Namen. Häufig werden solche Twitterwalls mit Tweets zum Thema als „Widget" als Zusatzangebot zu einem Artikel im Web angeboten. Es werden live Tweets zu einem bestimmten Ereignis auf einer Webseite angezeigt. Die Auswahl kann automatisch erfolgen, etwa indem man alle Tweets mit einem bestimmten Hashtag wiedergibt. Spielt bei der Auswahl ein bewusster, von einem Kurator gesetzter Auswahlvorgang eine Rolle, spricht man von einer kuratierten Twitterwall. Stellt man beispielsweise eine Twitter-Liste zusammen, mit Experten zu einem bestimmten Thema, spricht man von einer manuell kuratierten Twitter-Liste, die eine Twitterwall bestückt. Twitterwalls und ähnliche Formate sind Echtzeit-Formate, das heißt, es laufen die gerade publizierten Tweets in eine Timeline ein.

Die Netzschau/Twitterschau Stellt man nach einem Ereignis die besten Tweets oder andere Inhalte auf Sozialen Netzwerken zusammen, spricht man von einer Netzschau oder (im speziellen) von einer Twitterschau. Dieses Format wird sehr häufig gewählt und ähnelt der Presseschau. Ausgespielt werden kann eine Netzschau auch als Twittertimeline, Twitterwolke (ähnlich einer Tag-Cloud) oder in Kacheloptik. Im TV wird eine Twitterschau oft wiedergegeben als Zitatensammlung zur „Stimmung im Netz".

Die Collage Sie vermischt Inhalte aus dem Netz, die direkt eingebunden werden, mit eigenen Bewertungen/Einschätzungen zu einem neuen Inhalt. Die Grenze zwischen Netzschau und Collage ist fließend.

Die Playliste Musikjournalisten kuratieren Musik-Playlisten beispielsweise auf Streamingdiensten wie Spotify; YouTube-Playlisten sammeln Videos zu Themen oder Ereignissen etc.

Der Kurator-Account/Fachblog Fach-Blogger machen sich oft auch als Kurator für ihr Fachgebiet einen Namen, indem sie nicht nur eigene Inhalt vertwittern/posten, sondern auch die ihrer Fachkollegen, oft mit einer Einschätzung bzw. einem Kommentar versehen.

Der Phänomene-Blog Die Inhalte zu Webphänomenen aller Art werden oft auf Überblicksseiten oder in einem Miniblog kuratiert und präsentiert. Das Format ist so angelegt, dass immer neue Inhalte hinzugefügt werden können, sodass nach und nach eine reichhaltige Sammlung entsteht. Ideal für diesen Zweck eignet sich das Miniblog-System Tumblr – und zwar sowohl zum Sammeln von Inhalten zu einem Mem/Phänomen als auch zum Sammeln aktueller Meme. Beispiele für Letzteres sind die Blogs „Phänomeme: Lach- und Sachgeschichten" von Dirk von Gehlen (sueddeutsche.de) oder „Quelle: Internet" von der Redaktion faz.net.

Social-TV Darunter verstehe ich an dieser Stelle lediglich das Einblenden von Tweets in Bauchbinden (oder auch zuschaltbare) Teletextseiten („Teletwittern") beim Fernsehen. Allerdings bedeutet Social-TV oft eine weitergehende Integration (siehe Kap. 10.11).

10.2 Tools für Kuratier-Formate

Die meisten Sozialen Netzwerke bieten einen Embedding-Code an, der es anderen technisch ermöglicht (nicht unbedingt erlaubt!), ihre Inhalte auf anderen Webseiten darzustellen. Damit kann man diese Inhalte in eigene Artikel einbetten, sei es in typischen Kuratierformaten, sei es als Zitat, Quelle, Beleg, oder auch nur zur

Illustration. Allerdings nur, wenn es das eigene Redaktionssystem erlaubt. Das ist oft aus Gründen der technischen Stabilität der eigenen Seite nicht möglich und daher betriebsintern nicht vorgesehen, auch führt Embedden manchmal zu Fehlern in der Darstellung der Seiten. Wenn man mehr als nur ein YouTube-Video oder einen Tweet einbetten will, ist es außerdem aufwändig jedes Mal die Codes zu kopieren (Abb. 10.1).

Einige Tools machen es uns hier leichter – und ermöglichen darüber hinaus ganz eigene neue journalistische Formate, die auf Social-Networks-Material zurückgreifen. Neben dem bereits erwähnten Tumblr, einem Mini-Blog-System, das oft zum Kuratieren von Memen/Internet-Phänomenen verwendet wird, sind das vor allem Storify und Liveblog-Systeme wie ScribbeLive.

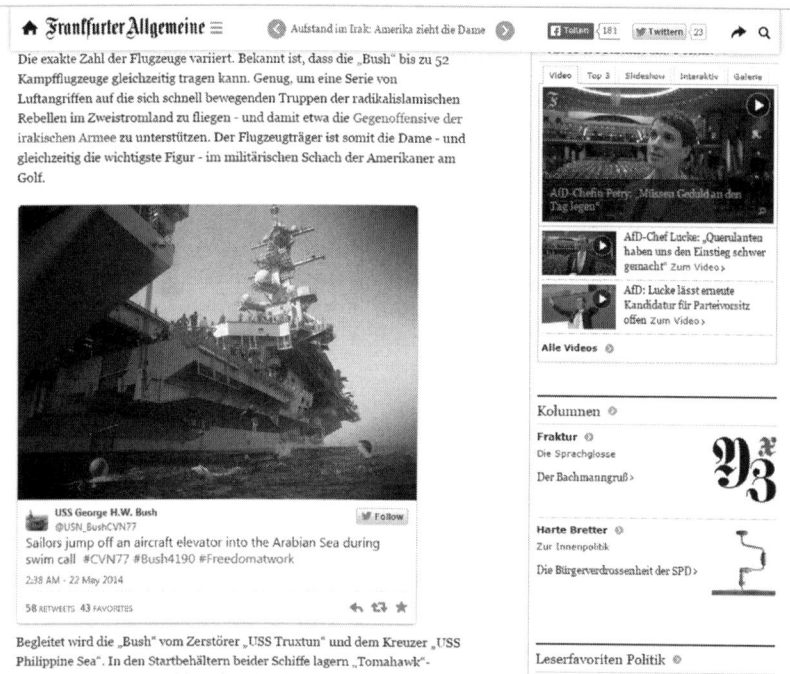

Abb. 10.1 Social-Media-Integration in einer Webseite: Der Original-Tweet mit Foto bereichert den Online-Bericht von faz.net über einen in den Persischen Golf verlegten US-Flugzeugträger um eine ungewöhnliche Perspektive. Immer sichtbar: die Sharing-Buttons (oben rechts). Bild: Screenshot

10.3 Storify

Mit Storify erzählt man Storys aus eigenem Text mit Elementen aus Sozialen Netzwerken wie Twitter, YouTube, Flickr, Facebook, Instagram, Soundcloud etc. Außerdem können in eine „Storify-Story" Webseiten mit Vorschaulink (ähnlich der Beschreibung in Suchmaschinenergebnissen), Wikipedia-Artikel etc. eingebunden werden, und zwar simpel per Drag and Drop mit einem Mausklick.

Storify eignet sich immer dann besonders gut, wenn eine Geschichte zu einem großen Teil mit Fremdmaterial aus dem Netz erzählt werden soll bzw. wenn das Netz und seine Phänomene selbst Thema sind. Das reicht von der einfachen Liste (die besten Links zum Thema, die besten Tweets zum Thema) bis hin zu komplexen Collagen.

Die Storys sehen modern aus und lassen sich in das eigene Redaktionssystem/Portal einbauen. Gleichzeitig ist Storify selbst ein Social Network, auf dem man den Storys anderer folgen kann (deshalb Test-Storys oder missratene Storys löschen, auch eine Storify-Präsenz ist eine Visitenkarte). Hörfunk-Kollegen sprechen analog von „gebauten Beiträgen" – wobei die Tweets, Videos oder Facebook-Einträge den O-Tönen eines Radiobeitrags entsprechen.

Gewöhnliche Storify-Storys sind linear, das heißt, man liest sie von der selbst erstellten Überschrift bis zum Schluss wie einen Artikel durch. Daneben gibt es andere Formate, die embedded werden können:

- Tweets, Videos und Instagram-Bilder als Galerie/Diashow zum Durchklicken, ergänzt mit eigenen Bewertungen
- Das Grid, eine Art Kachel-Raster oder Bilderwand, in dem die Social-Media-Inhalte und die eigenen Textinhalte auf der Bildschirmgesamtfläche angeordnet sind

10.4 ScribbeLive

Eine Alternative zu Storify ist das bereits erwähnte ScribbeLive (siehe Kap. 10.3), das eine ähnliche Funktion wie Storify bietet. ScribbeLive ist eine kanadische Firma. Ihr Live-CMS hat sich mittlerweile in Deutschland zu einer Art Standard für Liveblogs durchgesetzt. Auch die Nachrichtenagentur dpa bietet „Ticker" zu großen Events für ScribbleLive an. Konkurrent ist Livefyre (die Firma, zu der Storify gehört).

ScribbeLive ist Storify überlegen beim Live-Kuratieren, für das fortwährende und zeitlich sortierte Sammeln von Tweets, öffentlichen Facebook-Statusmeldungen und YouTube-Videos sowie Flickr- oder Instagram-Fotos. Für „Hinterher-Formate" (die besten Tweets zu …) bietet ScribbeLive ebenfalls Formate und technische Lösungen ähnlich wie Storify an. Die Inhalte können als Timeline, Bilderwand oder Zeitstrahl dargestellt werden. ScribbeLive ist allerdings anders als Storify keine Gratis-Anwendung für jedermann, sondern muss nach einer kurzen Testphase bezahlt werden. In vielen deutschen Medienhäusern sind allerdings (Stand 2015) ScribbeLive-Zugänge oder eigene Lösungen mit ähnlichen Möglichkeiten vorhanden.

10.5 Kuratieren in Sozialen Netzwerken

Kuratieren können Sie natürlich auch in den jeweiligen Sozialen Netzwerken selbst, am einfachsten natürlich durch konsequentes Teilen/Retweeten/Reposten der Meldungen, die Sie weiterverbreiten wollen. Eine abgeschlossene Tweet-Sammlung als eigene Timeline produzieren Sie mit dem Tool Tweetdeck. Legen Sie in dem Tool eine eigene „Collection" an und ziehen Sie die jeweiligen Tweets, die sie gesucht und gesehen haben, in diese Collection. Mit der entsprechenden URL können Sie diese kuratierte Tweetsammlung dann öffentlich machen.

YouTube-Videos zu einem Thema aus unterschiedlichen Quellen sammeln Sie bei YouTube in einer Playlist. Gelingt es viralen Inhalten, zu Memen zu werden, kreative Nachschöpfungen zu generieren (zum Beispiel Merkel-Rauten, Harlem-Shake), werden diese häufig in einem Tumblr-Miniblog gesammelt. Denn in Tumblr lassen sich Inhalte aus verschiedenen Sozialen Medien leicht einbetten und gesammelt darstellen. Überdies lässt sich ein Tumblr-Blog schnell aufsetzen bei gleichzeitig attraktivem Design.

10.6 Verifizierung von Inhalten (und Profilen) aus dem Netz

Wann immer ein Journalist wissen will, was gerade irgendwo in der Welt passiert ist, sollte er auf Twitter suchen oder bei speziellen Bildsuchmaschinen für Twitter. Dort erhält er minutenaktuell Infos und Fotos. Und wenn es Videos von Augenzeugen irgendwo auf der Welt gibt, dann liegen die oft auf YouTube. Zudem gibt es jede Menge weiterer Plattformen und Soziale Netzwerke, die als Quelle, Recherche-Pool, Info-Archiv dienen können. Nur: Stimmt das alles? Jeder kann einen Tweet absetzen, jeder ein Video manipulieren und auf YouTube stellen, mit

10.6 Verifizierung von Inhalten (und Profilen) aus dem Netz

falschen Daten und falscher Absenderangabe. Und dies geschieht auch, aus den verschiedensten Gründen und Motiven heraus.

Wie kann ich als Journalist herausfinden, wem ich trauen kann? Wie entscheiden die Tagesschau und die BBC, welches Video von YouTube eine Bombardierung zeigt und welches „nur" Propagandamaterial ist?

Ein Tweet, ein Video, ein Foto das man im Netz findet, ist nicht das Ergebnis einer Recherche sondern erst der Anfang. Es muss verifiziert werden, und wenn das nicht geht, zumindest einer nachhaltigen Plausibilitätsprüfung unterzogen werden. Die Newsrooms der internationalen Medien haben dafür Kriterien entwickelt, ein System der Verifizierung, das mehrere Schritte umfasst.

Grundsätzlich gilt dabei: Im Zweifel muss immer versucht werden, den Urheber oder Uploader, also die Quelle des Videos, direkt zu kontaktieren. Das ist über Soziale Netzwerke meist technisch möglich – allerdings kann die Kontaktaufnahme dauern und das Ergebnis hängt davon ab, ob sich die Person zurückmeldet. Und dann kann man immer noch auf einen gezielten Betrug hereinfallen, wenn man nicht auf der Hut ist. Auf der Hut zu sein, bedeutet hier zu erkennen, wie vertrauenswürdig ein Absender und wie plausibel das Material und seine vorgebliche Entstehungsgeschichte ist.

- ▸ **Auf blaue Häkchen achten** Die großen Sozialen Netzwerke verifizieren Stars und Medienmarken ab einer gewissen Bedeutung und versehen deren Accounts/Profile mit einem „Häkchen" – bei Facebook und Twitter ist dieses auffällig blau. Angebliche Accounts/Seiten von Stars, die kein solches Häkchen aufweisen, sind wahrscheinlich falsch. Andererseits können Sie auf die Echtheit verifizierter Absendern vertrauen.

- ▸ **Die Who-is-Abfrage** Die Who-is-Abfrage ist eine der wichtigsten Standardrecherchen im Web. Sie gibt Auskunft über den technischen Betreiber und den Eigner einer Web-Adresse. Für .de-Webadressen (deutsche Internetseiten) kann man diese Abfrage auf der Webseite denic.de durchführen, dort bekommt man dann Ansprechpartner samt Kontaktdaten genannt. Für andere Top-Level-Domains gibt es internationale Who-is-Abfrage-Datenbanken. Leider sind nicht alle Länder so auskunftsfreudig, was die Internet-Adressen-Inhaber angeht. Bei ausländischen Domains werden nur wenige Hinweise auf Firmennamen gegeben, die weitere Recherchen nötig machen.

Die Prüfung von Inhalten kann folgende Phasen/Stufen beinhalten, die aufeinander aufbauen.

Inhalte abchecken

> Identifizierung und Plausibilitätsprüfung des Inhalts (am Beispiel eines Videos)
> - Was behauptet die Beschreibung/Beschriftung?
> - Was zeigt das Video? Ist das die richtige Stadt? Sprechen die Menschen den richtigen Dialekt?
> - Wer ist zu sehen?
> - Gegenrecherche: Stimmt der Inhalt des Bildes mit weiteren Quellen überein, das Video mit Tweets etc.?
> - Wann wurde das Video online gestellt; kann das zeitlich stimmen?
> - Gibt es technische Daten zum Foto, Video etc. Zum Beispiel die Exif-Daten aus einer Kamera, die mit diesen Angaben abgeglichen werden können?
> - Bilder mit der „umgekehrten Bildersuche" von Google überprüfen

Vorrecherche zur Quelle

> - Wer hat das Video online gestellt; ist der Einsteller bekannt (ein Blogger oder Twitterer?)
> - Hat er schon öfter aus der Region, über das Thema etwas publiziert, gewittert, gepostet?
> - Wie sehen seine anderen Webauftritte aus? Ist er auf Twitter gut vernetzt (bekannte Leute aus der Szene, die ihm folgen)?
> - Hat er ein Häkchen auf Twitter? Wer eins hat, gilt als von Twitter verifiziert und kann als authentisch angesehen werden. Wer keines hat, muss dagegen kein Fake sein (kann aber).
> - Grundsätzlich gilt: Twitterern oder Facebookern mit recht neuen Accounts ist mit Misstrauen zu begegnen.
> - Wer folgt/ist befreundet mit dem Einsteller?
> - Betreibt die Quelle auch eine Webseite (die sind oft aus Social-Networks-Auftritten heraus verlinkt)? Kann ich über eine Who-is-Abfrage herausfinden, wer dahintersteckt?

10.6 Verifizierung von Inhalten (und Profilen) aus dem Netz

Der Dialog mit dem Urheber
Kontaktieren Sie wenn irgend möglich den Urheber – sei es auf Facebook, Twitter oder YouTube und bieten Sie ihm eine direkte Dialogmöglichkeit an. Meist zuerst per Mail und dann nach Austausch der Nummer per Telefon.

Stellen Sie ihm Fragen zu folgenden Aspekten:
- Persönlicher Hintergrund (um die Person einschätzen zu können)
- Die Umstände, unter denen das Video/Foto entstanden ist (Was, wann, exakter Ort, wie)
- Technische Ausrüstung
- Prüfen Sie, ob die technischen Angaben zu dem Video und ggf. Exif-Daten passen. Kann man mit der genannten Kamera/dem Handy so ein Video drehen, stimmt der Ort, stimmt der Blickwinkel/die Perspektive? Beraten Sie sich ggf. mit einem Fotografen oder Videoexperten unter Ihren Kollegen.
- Bei der Gelegenheit gleich die Veröffentlichungserlaubnis schriftlich – per Mail – einholen!
- Klingen die Sachverhalte plausibel?

Experten einschalten
Schalten Sie wenn möglich Experten ein und klären Sie Folgendes:

- Passen die geographischen Angaben (Gegend, Dialekt der Personen im Video, Bewuchs)?
- Klingen die Sachverhalte plausibel?

Experten können sich übrigens auch in Ihrer Community, unter den Fachkollegen und Fachleuten, den Sie auf Twitter folgen, befinden. Um diese Community, die sich in der Regel mit denselben Themen beschäftigt, zu nutzen, muss man sie allerdings erst einmal aufgebaut und gepflegt haben – wie im wirklichen Leben, wo man gelegentlich auch Experten aus dem persönlichen Bekanntenkreis um Einschätzungen etc. bittet.

Aufwändige technische Prüfung
Experten mit entsprechenden Computerprogrammen und Erfahrung sind in der Lage, Fälschungen und Montagen in Bildern, Videos und Audios zu erkennen, selbst wenn sie von Profis der Geheimdienste gemacht werden. Dieser Weg der Verifizierung ist sehr zeit- und ressourcenaufwändig, sodass man oft lieber auf die Veröffentlichung von Material verzichtet, wenn Zweifel an der Echtheit auch nach all den Vorprüfungen bleiben. Bei Material von großer Bedeutung (man denke an das Video von der Tötung Osama Bin Ladens oder Beweisvideos bei internationalen Konflikten) sind solche Prüfungen allerdings unabdingbar.

▶ Grundsätzlich gilt: Eine absolute Sicherheit ist nicht immer zu erreichen, es wird in manchen Fällen bei der Plausibilitätsprüfung bleiben müssen. Deshalb sollte man immer die Restunsicherheit kommunizieren und ggf. die Recherchewege offenlegen.

10.7 Social TV

Social TV findet immer dann statt, wenn sich Zuschauer online über eine laufende TV-Sendung unterhalten. Nach einer alten Metapher bildet der Fernseher das „Lagerfeuer", um das sich die Familie versammelt. Im Zeitalter der Singles und der Sozialen Netzwerke ist das Lager um das Feuer virtuell geworden, hat sich verlagert in die Sozialen Netzwerke. Obwohl man allein wohnt, schaut man nicht allein. Nach dieser recht allgemeinen Definition ist Social TV mit allen Diensten möglich, über die dieser Dialog zum laufenden Programm geführt werden kann: private Dialogmedien wie WhatsApp und E-Mail, öffentliche und private Dialogmedien wie Twitter oder Facebook oder auch Apps wie Couchfunk, wywy oder Apps der TV-Sender.

Dieser allgemeine Dialog ist für Medienjournalisten natürlich genauso interessant wie für Programmacher, die aus den Gesprächen der Nutzer – soweit sie öffentlich sind (zum Beispiel auf Twitter) Rückschlüsse daraus ziehen können, wie die einzelnen Sendungen von den Nutzern der Sozialen Netzwerke rezipiert werden. Facebook und Twitter liefern zusammen mit Partnern aus der Markt- und Medienforschung anonymisierte und quantifizierte Daten an TV-Sender. Fernsehsender bieten ihrerseits vorgegebene Hashtags an, um das Gespräch über ihre Sendungen in den Sozialen Netzwerken zu forcieren und ggf. mitzugestalten.

10.7 Social TV

Für TV-Journalisten (und Programmacher) besteht mit Social TV die Möglichkeit, sich selbst in diesen Dialog einzubringen und Äußerungen der User etwa in Livesendungen einbauen. Als Plattformen dafür bieten sich Facebook und Twitter an. Twitter eignet sich besonders für Social TV, weil Tweets öffentlich sind, gut gemonitort werden können und eine fixierte Maximallänge haben (Bauchbinden). Außerdem bieten viele Fernsehprogramme eigene Plattformen an, zum Teil offen (Social TV der ARD-Mediathek) oder in Verbindung mit App-Systemen mit Nutzerverwaltung (zum Beispiel ProSieben Connect). Die Vorteile des eigenen Interfaces: Nutzer können sich auch am Dialog beteiligen wenn sie nicht auf Twitter sind. Und die TV-Produzenten können mit einer App wie ProSieben Connect die Social-TV-Beteiligung auch selbst vermarkten.

Der Einbau von ausgewählten Tweets und anderen Nutzeräußerungen (Fernseh-Sprech: „Socials") in Sendungen erfolgt moderativ im Wort, als Bild oder als Bauchbinde. Man macht dies, um beispielsweise

- Fragen und Meinungen in eine Talkshow einzubringen. Dafür sollten nicht „irgendwelche" Tweets ausgewählt werden, sondern repräsentative. Hier wird das Social Web zum „Rückkanal".
- Livereaktionen von Betroffenen zu zeigen, zum Beispiel Tweets von Fußballspielern nach dem Spiel.
- ein Stimmungsbild der Zuschauer wiederzugeben, zum Beispiel bei der Übertragung von Festivals, Live-Casting-Shows wie Germanys Next Topmodel oder Spieleshows wie Quizduell.

In Fachkreisen wird das schlichte Einblenden oder „Tweets vorlesen", häufig verbunden mit einem „Sidekick", der das Internet repräsentiert, oft kritisiert. In der Tat sollte man – wann immer man Social TV in dieser Form erwägt – überlegen, ob die Fernsehsendung wirklich vom Einblenden von Tweets profitiert, und ob man dem Nutzer über Social TV tatsächlich eine echte Beteiligungsmöglichkeit an der Sendung bietet. Die Social-TV-Einbindung sollte in diesem Fall harmonisch innerhalb der Sendung erfolgen, und die Moderatoren sollten kompetent mit Social Media in Wort und Bild umgehen können. Nichts peinlicher, als wenn der Zuschauer oder der Twitterer merkt, das Social Media für die Fernsehmacher offenbar fremd erscheint, etwa durch falsche Aussprache und falsches Wording oder auch durch die häufigen technischen Pannen. Außerdem geht es natürlich nicht unbedingt darum, was „auf Twitter los ist", sondern darum, wie Zuschauer (nicht: die Twitterer) eine Sendung erleben, ein Thema diskutieren.

Quantifizierte Social-TV-Auswertungen sind oft eleganter und aussagekräftiger als das Einbeziehen einzelner Nutzer. Basis dafür können sein: Voting-Tools auf eigenen Plattformen und Apps oder Aufrufe sich per Hashtag (#prospd versus #procdu) zu äußern. In Casting-Shows gehören solche Abstimmungen mittlerweile zum Repertoire. Dabei ersetzt das Web-Voting zusehends die bisher dominierenden Abstimmungen per Telefon. In eine ähnliche Richtung gehen Diskussionskurven zu TV-Sendungen. Das sind grafische Echtzeit-Darstellungen der Anzahl der Äußerungen/Tweets, die während einer TV-Sendung (zum Beispiel einer Talkshow) dazu gepostet werden, im Zeitverlauf. Solche Diagramme werden „Twitter-Barometer", „Twitter-Buzz" oder „Twitter-Puls" genannt. Gibt es zu einem bestimmten Zeitpunkt einen „Peak" in der Grafik, ist das ein Indiz dafür, dass das zu diesem Zeitpunkt behandelte Thema oder ein gefallener Satz besonders heftig diskutiert wurde.

Die Fernsehsender unterhalten für diese Formen von Social TV technische Infrastruktur, insbesondere Kuratiertools für „Socials" und Monitoring-Tools, um wichtige/populäre Tweets von unwichtigen unterscheiden und echte Trends erkennen zu können. Außerdem bedarf es entsprechender Schnittstellen zu Grafikgeneratoren, um die „Socials" oder Ergebnisse in Echtzeit im TV zu präsentieren.

Beachten Sie bei Abstimmungen über Social TV, dass diese niemals repräsentativ sind und dass einzelne Soziale Netzwerke systematische Verzerrungen der Realität aufweisen aufgrund ihrer ganz spezifischen Nutzerstruktur und Diskussionskultur.

Crowdsourcing – die Grundlagen 11

Zusammenfassung

Gemeinsam sind wir stärker – doch wie bringen wir unsere Community dazu, uns beim Recherchieren, Fotografieren, Schreiben, Informieren, Werben zu helfen? Die wichtigsten Tipps: Das Projekt muss sinnfällig sein, der Nutzer muss etwas davon haben, dass er hilft, seine Aufgabe muss klar sein, sein Aufwand minimal. Und Spaß soll es auch noch machen. Nutzen Sie Ihre Community nicht aus, das funktioniert nicht. Bereichern Sie sie. Lassen Sie dem Nutzer den Ruhm, den er verdient hat!

Schlüsselwörter

Social Media · Crowd · Crowdsourcing · Nutzerbeteiligung · User-generierter-Content · UgC · YouTube · Wikipedia

„Crowdsourcing bezeichnet die Auslagerung traditionell interner Teilaufgaben an eine Gruppe freiwilliger User, zum Beispiel über das Internet", definiert die Wikipedia. Und weil die Menge freiwilliger Helfer potenziell riesig ist, kommen grandiose Inhalte dabei heraus. Sagt man. Lassen wir all die Versuche aus Industrie und Handel, Produkte, Designs, Dienstleistungen „crowdzusourcen" mal außen vor und konzentrieren wir uns auf Crowdsourcing in den Medien, in dessen Rahmen kein Geld an die Teilnehmer fließt.

Von der Wikipedia bis zur Guttenplag – der Plattform, die schon etliche Doktorarbeiten Prominenter als Plagiate enttarnt hat – vom Faktencheck des ZDF (zdfcheck) während der Wahlkämpfe 2013/14 bis zu den vielen Frage-und-Antwort-Portalen, die davon leben, dass Freiwillige anderen dabei helfen, ihre

Probleme zu lösen, zeigt sich: Die Crowd kann manchmal Produkte schaffen, die uns Profis (seien es Redaktionen der großen Lexikonverlage und die Autoren von Ratgeberbüchern) alt aussehen lassen.

Crowdsourcing hat dabei nicht zwingend mit Social Networks zu tun, mit Social Media schon mehr. Jedenfalls werden Sie sich leichter tun mit einem Crowdsourcing-Projekt, wenn Sie schon eine gewachsene „Crowd" haben, an die Sie sich mit Ihrem Anliegen wenden können: die eigene Community. Auch hier allerdings wieder ein Disclaimer: Crowdsourcing ist ein vielfältiges Gebiet, das von der Fotoaktion bis zum Leserreporter, von Themengewinnung und Abstimmungen über die Gestaltung der Reihenfolge der Artikel auf einer Homepage bis hin zu Whistleblowing reicht. Hier kann es nur um die Grundlagen gehen – und um die Dinge, die speziell mit Social Media zu tun haben.

11.1 Vier Gründe, warum Crowdsourcing-Projekte scheitern, und die Regel dazu

Viel länger allerdings als die Liste der gelungen Crowdsourcing-Projekte ist die der angefangenen und nie fertiggewordenen, der gescheiterten Projekte – vor allem im Journalismus. Nur: Von denen hört man nichts mehr, sie verschwinden in der Versenkung, werden intern als Erfahrung verbucht, das war's ... Leider sind danach die Redaktionen oft frustriert und versuchen erst gar nicht zu ergründen, woran es lag und wie man es besser machen kann. Dabei sind die Fehler, die gemacht werden, meistens dieselben, unterschätzten Kleinigkeiten und Versäumnisse in der Vorbereitung. Zeit für eine Liste:

> Die häufigsten Gründe, warum Crowdsourcing-Projekte scheitern.
> 1. Es fehlt die schlüssige Motivation für den Nutzer (die Crowd), sich zu beteiligen. Warum sollte er auch (umsonst) für ein Unternehmen arbeiten?
> 2. Die Crowd wird zahlenmäßig und Engagement-mäßig überschätzt. Selbst wenn Sie eine Community von 100.000 Leuten erreichen, haben Sie nach der 90-9-1-Regel potenziell nur 1000 Leute, die aktiv mitmachen.
> 3. Es wird dem Nutzer nicht leichtestmöglich gemacht. Verlangen Sie wenig! Und: Usability ist bei Crowdsourcing fast alles. Faustregel: Bei jedem Klick, bei jedem Schritt, den Ihre User machen müssen, springen Ihnen bis zu 80 % der potenziellen Teilnehmer ab.

4. Die Redaktion ist von der Aktion überfordert, weil sie nicht bedacht hat, dass die meisten Crowdsourcing-Aktionen nicht Arbeit abnehmen, sondern Arbeit wegen der nötigen Betreuung der Crowd und ihrer Einsendungen verursachen. Überlassen Sie der Crowd vor allem Dinge, die diese besser kann als Sie!

▶ **Die 90-9-1-Regel (Ein-Prozent-Regel)** *„Unter der Ein-Prozent-Regel (…) versteht man in der Netzkultur die Faustregel, wonach die große Mehrheit der Benutzer von Online-Communitys keine eigenen Inhalte beiträgt, sondern nur still mitliest (englisch to lurk, herumlauern, lauschen). Zugespitzt formuliert, geht man in Wikis, Webforen und sozialen Netzwerken von nur etwa einem Prozent aktiver Beiträger aus", definiert die Wikipedia. Differenzierter ist auch von der 90-9-1-Regel die Rede. Demnach lesen 90 % mit, neun Prozent schreiben gelegentlich Kommentare, und nur einer von Hundert ist auch bereit, wirklich Content zu liefern.*

11.2 Mediales Crowdsourcing: Von der Fotoaktion zum Leserreporter!

Die simpelste Form, in der Medien Crowdsourcing einsetzen, ist die allseits beliebte Aufforderung im Web: Senden Sie uns Bilder ein. An dieser Kleinstform schon zeigt sich, wie komplex das Thema zum einen rechtlich ist. Und wenn Sie es ausprobieren, werden Sie sehen, dass es gar nicht so leicht ist, Menschen zu motivieren, ausgerechnet Ihnen etwas zu überlassen (Warum auch?). Hier also für die Fotoaktion ein paar Tipps, damit Sie rechtlich auf der sicheren Seite sind.

Wickeln Sie die Aktion über ein Fotoupload-Formular ab, sodass Sie zu den Einsendungen einige Fragen stellen können. Folgendes sollten Sie sich beim Upload zusichern lassen.

- Der Uploader hat das Foto selbst gemacht.
- Er überträgt Ihnen alle (nichtexklusiven) Rechte, die Sie brauchen.
- Er ist mit einer Veröffentlichung des Bildes einverstanden (geben Sie dabei an, ob Sie die Bilder auch in Sozialen Netzwerken veröffentlichen wollen. Sie wollen.)
- Er nennt seinen Namen für den Credit (Urheberrechtsvermerk) und eine Kontaktmöglichkeit, zum Beispiel seine E-Mail-Adresse, für Nachfragen.

Personenfotos Inhaltlich bekommen Sie immer dann ein Problem, wenn Sie Fotos einwerben, die Personen darstellen. Denn dann muss nicht nur der Fotograf einverstanden sein, dass Sie diese Fotos verwenden, sondern auch die Dargestellten. Das können Sie in der Regel nicht überprüfen. Viele Fotoaktionen dieser Art beziehen sich deshalb nur auf Naturaufnahmen oder Selbstporträts (Selfies). Dass Sie diese Fotos nur im angegebenen Rahmen verwenden und sich Ihrerseits an die Gepflogenheiten halten, versteht sich von selbst.

So haben Sie die formalen Voraussetzungen geschaffen, Bilder aus der Crowd annehmen und verwenden zu können. Was jetzt noch fehlt: Sie müssen die Leute dazu bringen, dass Sie Ihnen Bilder schicken. Dazu sind drei Dinge zu beachten.

1. Schaffen Sie Anreize. Attraktive Gewinne bei einer Fotoaktion oder Geld für veröffentlichte Fotos können die simpelsten Anreize sein. Bedenken Sie: Schreiben Sie Gewinne aus, müssen Sie die Regeln für Gewinnspiele einhalten (klare Teilnahmebedingungen, Einsendeschluss, Transparenz bei der Gewinnermittlung).
2. Überlassen Sie den Nutzern den „Fame", den Ruhm für die Aktion. Geben Sie ihnen eine Bühne.
3. Geben Sie klare Anweisungen, welche Art von Bildern Sie wollen. Publizieren Sie Beispiele, machen Sie eine Selfie-Anleitung (Video) etc. Als multimedialer Smartphone-Junkie überschätzt man gerne die Versiertheit „normaler" Medienkonsumenten im Umgang mit Smartphone – besonders dann, wenn eben ein bestimmter Inhalt gesucht ist.

Es ist also gar nicht so leicht eine ordentliche Fotoaktion erfolgreich zu launchen. Wenn Sie Interaktionsmöglichkeiten planen, die in Richtung „Leserreporter" gehen, kommt noch weit mehr Vorbereitung auf Sie zu. Rechtlich, berufsethisch, technisch (App-Entwicklung). Und der Aufwand im redaktionellen Backend steigt weiter, denn das Usermaterial muss gesichtet, geprüft, in die Redaktion eingebracht werden. Grundsätzlich gilt: Je komplexer die Aufgabe für die Crowd, desto höher das Risiko eines Scheiterns und desto höher der Aufwand für die Redaktion.

Die schönsten Beispiele für Crowdsourcing im Journalismus sind diejenigen, die nicht nur auf das bloße Einsammeln von Material aus sind, sondern solche, die die Kompetenz des Users nutzen – als jemand, der Erfahrungen macht und Daten liefern kann. Oder als jemand, der eine ganz spezielle Expertise liefern kann …

11.3 Das Beispiel „ZDFcheck"

Nehmen wir das Beispiel Faktencheck. Dabei sollen für gewöhnlich Aussagen von Politikern in TV-Talk-Shows auf ihren Wahrheitsgehalt geprüft werden. Das erreicht man nicht, indem man einfach wahllos viele Menschen darüber diskutieren oder abstimmen lässt. Alle geprüften Fakten müssen belegt sein. Schnell ist klar: Ein einfacher Faktencheck ist ganz sicher mit weniger Aufwand von Redakteuren oder Dokumentaren zu erledigen, die selbst recherchieren und/oder bei einer der üblichen „Auskunftsstellen" (Behörde, Verband) anrufen, als mithilfe einer Crowd. Noch dazu, wenn diese nicht nur die Fakten checken soll, sondern auch noch die Fragen stellt – viele Fragen lassen sich nicht einfach so beantworten. Wenn es also nur um die Prüfung von genannten Zahlen etc. geht – da ist die Redaktion schneller, ein klassisches schnelles Nachrecherchieren effektiver (Abb. 11.1).

Was ein Projekt wie ZDFcheck aber auszeichnet und zum Erfolg machte, ist, dass der gemeinschaftliche Faktencheck andere Fragen generiert als es Journalisten tun. Dass andere Experten zu Wort kommen als die üblichen Verdächtigen. Und

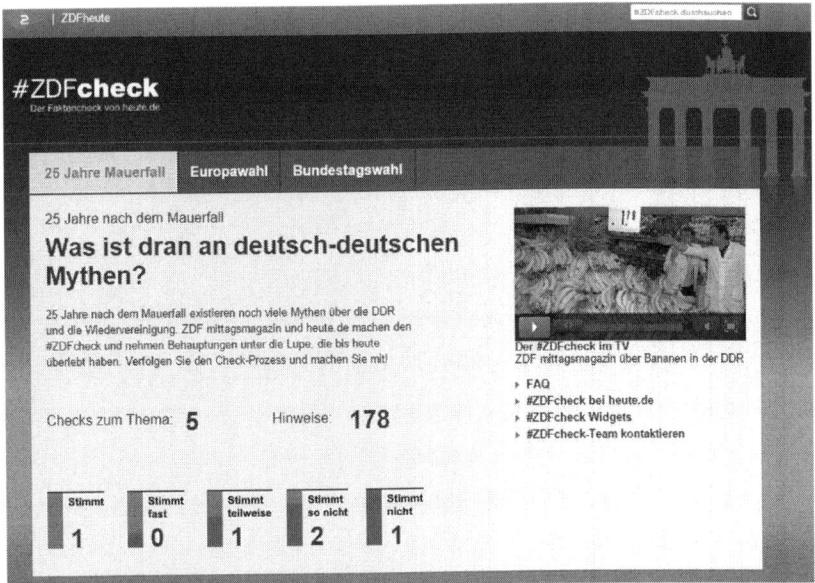

Abb. 11.1 ZDFcheck ist eines der Crowdsourcing-Vorzeigeprojekte, die von Medien angeschoben wurden. Der Faktencheck mit Nutzer-Beteiligung startete zum Bundestagswahlkampf 2013. Bild: Screenshot

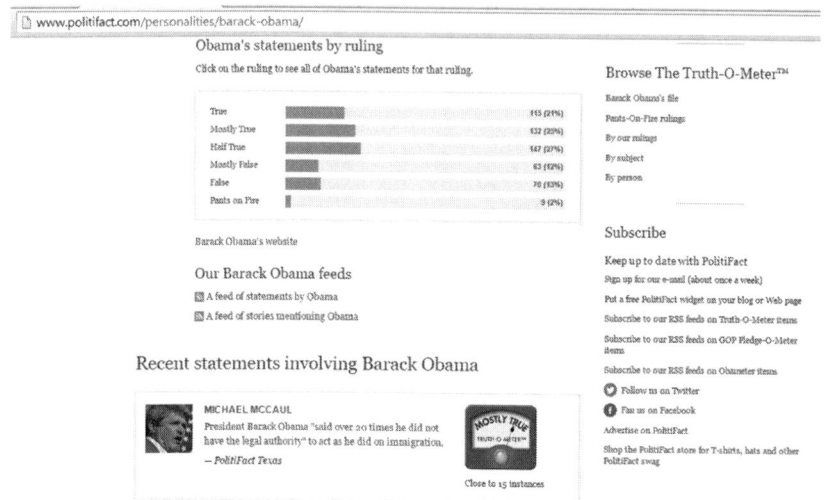

Abb. 11.2 Politifact: Ein Vorzeigeprojekt der „Tampa Bay Times". Bild: Screenshot

dass der öffentliche Rechercheprozess nachvollziehbar wird. Denn jeder gemeinsam mit den Nutzern getane Rechercheschritt wurde dokumentiert. Experten aus der Crowd meldeten sich, Steuerberater zum Beispiel, die sich im Steuerrecht auskannten und eigene Berechnungen beisteuerten. So kamen Fragen und Antworten heraus, die anders waren als die üblichen, die nachvollziehbar waren, und die mehr waren, als das Nachplappern der üblichen Experten mit ihrem Einerseits-Andererseits. Freilich: Das Design des Projekts ließ auch Teilwahrheiten zu, es gab nicht nur richtig oder falsch, es gab „prozentualen Wahrheitsgehalt"; und mancher Check dauerte viele Tage. Dass dies funktionierte, dafür waren eine aufwändige eigene Software, ein Design, ja eine Neudefinition des Faktenchecks notwendig, die über Äußerlichkeiten hinausreichte. Und nicht zuletzt: Den journalistischen Profis des ZDF halfen Profis der Wikimedia (Wikipedia-Betreiber), die viel Erfahrung mit dem gemeinschaftlichen Sichern von Wissen haben, dem Auseinanderhalten von Meinungen und Tatsachen in Debatten und dem Umgang mit einer Crowd. Erst all diese Faktoren machten die Aktion rund (Abb. 11.2).

Vergleichbare Projekte gibt es vor allem im angelsächsischen Raum. Ein Vorläufer des ZDFcheck ist beispielsweise das US-amerikanische Projekt Politifact. Und als eines der absoluten Vorzeigeprojekte im Bereich Crowdsourcing gilt das Spesen-Recherche-Projekt des „Guardian" in Großbritannien. Nach etlichen Skandalen über Spesenmissbrauch unter britischen Abgeordneten hatte das Parlament

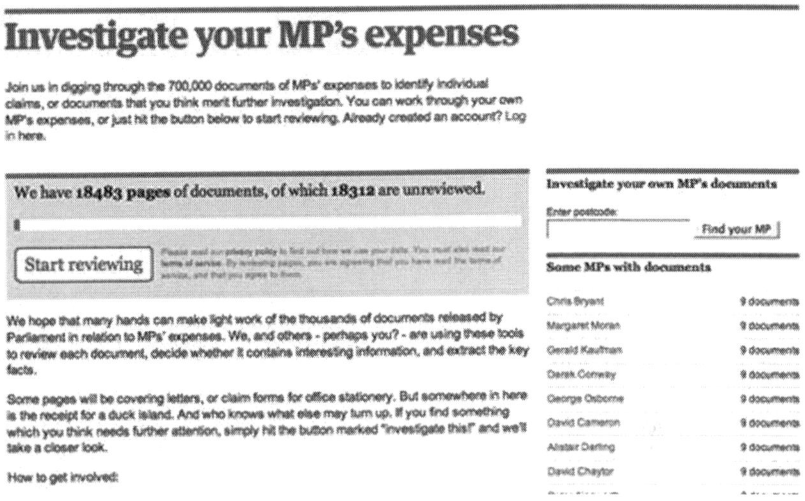

Abb. 11.3 Herausragendes Crowdsourcing-Projekt von guardian.co.uk. Die Leser konnten selber in den Spesenbelegen von Abgeordneten recherchieren. Bild: Screenshot

die Abrechnungen offengelegt. Statt Journalisten die 700.000 Dokumente auf Verdächtiges durchsuchen zu lassen, engagierte der Guardian Programmierer, die halfen, die Akten der Öffentlichkeit zu erschließen – auf dass sich die Nutzer selbst als Rechercheure betätigen konnten und melden konnten, was ihnen auffällig erschien (Abb. 11.3):

11.4 Weitere Beispiele

Eine gute Chance auf Erfolg haben Crowdsourcing-Projekte dann, wenn der Nutzen für alle Teilnehmer und für die Allgemeinheit offensichtlich, der Aufwand aber gering ist; oder wenn Sie an ein ohnehin vorhandenes Hobby der anvisierten Teilnehmer anknüpfen. Hier ein paar Beispiele aus der Praxis.

BR-Wettermelder Meteorologisch interessierte Bayern sind als BR-Wettermelder unterwegs und melden regelmäßig die aktuelle Wetterlage an ihrem Ort über eine App (die übrigens von einem der Wettermelder programmiert wurde). Das Ergebnis ist eine bessere und detailliertere Wetterkarte. Selbstverständlich bekommen die Wettermelder auch einen Anteil am „Fame" ab und werden namentlich erwähnt.

Verkehrslage Ähnlich automatisch funktionieren Systeme beispielsweise vom ADAC, die die Verkehrsverhältnisse, Fahrgeschwindigkeiten etc. automatisch in Echtzeit erfassen. Die Basis dafür sind Daten von LKW, Kleintransportern und PKW, die laufend per Mobilfunk übertragen werden.

Mobilfunk-Infrastruktur Ein interessantes Projekt sind die „Funklochjäger" des Portals infranken.de (Fränkischer Tag). Hier sucht eine Redaktion Hinweise auf fehlende Netzabdeckung – ein im ländlichen Raum drängendes Problem.

Schlaglochmelder Diverse Institutionen sammeln Informationen über Verkehrsinfrakstrukturschäden. Meist ist der Übermittlungsweg eine klassische Mail-Adresse oder er läuft über eine App, die die Geodaten erfasst, aber nicht die Meldung selbst. Ausgefeilter ist die App StreetBump, die Schlaglöcher automatisch beim Fahren erfasst (über den Beschleunigungssensor und den GPS-Sensor des Smartphones) und an die Verkehrsbehörden meldet (ein Projekt aus den USA). Diese automatische Erfassung von Daten zu einem crowdgesourcten Gesamtprojekt ohne Aufwand (außer dem Installieren von Apps) ist beispielhaft dafür, wie Crowdsourcing besser funktionieren kann. Wichtig ist aber, dass sich an solchen datengetriebenen Crowdsourcing-Projekten sehr viele Menschen beteiligen müssen, denn nur so können Fehler und Falschmeldungen (etwa einen auf der Fahrbahn liegenden Gegenstand oder plötzliches Bremsen, was vielleicht eine ähnliche Meldung auslöst) durch die Menge der eingehenden Daten ausgeglichen werden.

Darf ich das? Rechtliche Fallstricke

12

> **Zusammenfassung**
>
> Urheberrecht, Presserecht, Datenschutz, Persönlichkeitsrechte und das weite Feld der AGB – Social Media und Social Networks schufen – beispielsweise durch das Embedden – eigene Konfliktfelder und warfen Fragen auf, die es in der traditionellen Medienwelt kaum gab. Wer als Journalist – das heißt als Profi – auf diesem Feld arbeitet, sollte die wichtigsten Fallstricke kennen und wissen, wo die Risiken liegen.

> **Schlüsselwörter**
>
> Social Media · Persönlichkeitsrecht · Urheberrecht · Embedden · Creative Commons · CC · Datenschutz · Privacy · Leistungsschutzrecht · AGB

Grundsätzlich gelten in den Sozialen Netzwerken und im Bereich Social Media keine anderen Rechte und ethischen Verhaltensregeln als sonst im Journalismus: Presserecht, Urheberrecht, Persönlichkeitsrecht, Datenschutzrecht, Pressekodex. Die vielzitierten Grauzonen gibt es praktisch kaum (allenfalls in Grenzbereichen wie dem Embedden oder bei CC-Lizenzen und der Frage, was kommerzielle Nutzung ist). Doch erstens verleiten Soziale Netzwerke an vielen Stellen dazu, möglicherweise unbewusst und jedenfalls ohne Absicht Rechte zu verletzen; insofern sollte man eher von (mehr oder weniger überschaubaren) Risiken als von Grauzonen sprechen. Zweitens ist ggf. der Schaden unter Umständen größer und schwerer einzugrenzen, wenn beispielsweise ein Bild, das eine Persönlichkeitsverletzung darstellt, durch vielfaches Teilen verbreitet und kaum mehr zu löschen ist.

Deshalb lohnt sich ein Blick auf häufige Fehler die in Sachen Social Media und Recht begangen werden. Ein Disclaimer vorweg: Dieses Kapitel kann Sie nicht umfänglich über alle rechtlichen Fragen betreffend Sozialer Netzwerke und Drittplattformen aufklären. Dazu ist die Materie zu komplex, die AGB der Plattformen zu unterschiedlich, die Rechtslage zu kompliziert, und außerdem der Autor – das sei eingestanden – als Journalist nicht kompetent genug. Im Zweifel fragen Sie also einen Juristen, ziehen auch entsprechende Fachliteratur zu Rate und besuchen Kurse/Fortbildungen. Allerdings sollen Ihnen in diesem Kapitel einige grundsätzliche rechtliche Probleme und Fragestellungen aufgezeigt werden, die immer wieder im alltäglichen Umgang mit Social Media auftreten. Dabei geht es immer wieder um drei häufig gegebene Grundeigenschaften: Die Inhalte liegen auf Drittplattformen, sie sind teilbar und sie sind embeddbar. Das bedeutet: Die Einsteller haben darüber nur noch teilweise die Kontrolle. Und sie erlauben anderen, etwas mit dem von ihnen publizierten Material zu machen.

Literaturtipps
Es lohnt sich auf alle Fälle, sich in das Thema Social Media und Recht einzuarbeiten. Empfehlenswerte Bücher sind zum Beispiel
    Thomas Schwenke, Social Media Marketing und Recht (Köln: O'Reilly 2. Aufl., 2014)
    Jan Christian Seevogel, Facebook und Recht (Köln: O'Reilly 2014)
    Daneben gibt es eine Reihe von Experten, die ihr Wissen in Blogs der Allgemeinheit zur Verfügung stellen oder regelmäßig auf Web-Kongressen wie der re:publica auftreten. So veranstalten die Rechtsanwälte Henning Krieg und Thorsten Feldmann seit 2009 jährlich Workshops zu rechtlichen Aspekten des Online-Journalismus und von Social Media. Die Videos mit ihren Vorträgen sind auf YouTube abrufbar und lohnen vor allem wegen der vielen Beispiele und Musterfälle aus der Praxis. Ein interessantes Blog zum Thema betreibt auch einer der obengenannten Verfasser:http://rechtsanwalt-schwenke.de.

12.1 Urheberrecht

Das Urheberrecht erlaubt dem Urheber eines Werkes zu bestimmen, was mit den von ihm produzierten Werken passiert, wer sie verwenden, ggf. vervielfältigen und verkaufen darf. Es gilt auch für die Werke verstorbener Urheber, und für die Überarbeitung von Werken. Erst nach gesetzlich festgelegten Schutzfristen (70 Jahre nach dem Todesjahr eines Urhebers in Deutschland) wird ein Werk gemeinfrei.
    In der Regel wird es so sein, dass Sie mit Material – beispielsweise Fotos – in Sozialen Netzwerken arbeiten, das Sie selbst erstellt haben. Dieses Material kön-

nen Sie, wenn Sie es legal erstellt haben, in der Regel zumindest von der urheberrechtlichen Seite relativ unproblematisch verwenden, da Sie der Urheber sind.

Lizensiertes Material: Dann gibt es Material, für das Ihre Redaktion oder Sie selbst eine Lizenz erworben haben. Dabei müssen Sie beachten, was in den Verträgen mit den Urhebern/Lizenzgebern steht. Ein Hochladen/Posten beispielsweise von Agenturbildern ist in den Verträgen nicht automatisch enthalten, sondern sollte eigens aufgeführt sein.

Hinzu kommt Material, das Kollegen in Ihrem Auftrag oder Ihres Verlages/Ihrer Redaktion erstellt haben. Hierbei ist ebenfalls die Vertragslage zu beachten. Selbst bei Festangestellten ist es nicht unbedingt unproblematisch, das Material, das diese erstellen, beispielsweise unter eine CC-Lizenz zu stellen. Denn gelegentlich enthalten Arbeitsverträge Ausführungen über die Honorierung und die Tantiemen bei Sublizensierung.

Material aus Sozialen Netzwerken: Umgekehrt kann es natürlich sein, dass Sie für Kuratierformate, Ihre Social-Network-Auftritte oder Ihre Webseite Material verwenden wollen, das Sie in Sozialen Netzwerken finden und von „normalen Usern" oder anderen Profis stammt. Dabei gilt: Wird innerhalb des Netzwerkes vom Urheber das „Teilen" ermöglicht, können Sie normalerweise davon ausgehen, dass Sie auch teilen dürfen. Allerdings sollten Sie darauf achten, dass derjenige, dessen Werk Sie teilen, auch derjenige ist, der die Rechte daran hält. Was Sie nicht dürfen ist: Downloaden und wieder hochladen und das Werk als eigenes verwenden. Auch eine Quellenangabe schützt Sie in dem Fall nicht vor Strafe in Form einer Abmahnung. Wenn Sie also ein Werk selbst posten wollen – und dafür kann es Gründe geben – stellen Sie den Urheber fest und lassen Sie sich die Erlaubnis dazu erteilen. Das geht meist schnell mithilfe einer Mail oder einer Facebook-Nachricht. Viele Urheber geben sich generös und sind einverstanden, wenn man im selben Netzwerk bleibt und die Quelle verlinkt.

12.2 Persönlichkeitsrecht

Als Journalist sind Sie auch im gewöhnlichen Arbeitsablauf daran gewohnt, die Persönlichkeitsrechte von Bürgern zu beachten: Sie müssen zum Beispiel Menschen um Erlaubnis fragen, wenn Sie Bilder von ihnen veröffentlichen. Sie dürfen (von prominenten Ausnahmen abgesehen) keine Namen von Verdächtigen nennen. Verurteilte Verbrecher haben ein Recht auf Vergessen und dürfen – selbst in prominenten Fällen – nach einer Weile nicht mehr genannt werden. Und: Sie müssen bei Kindern und Jugendlichen besonders sensibel sein, für Fotos zusätzlich beide Eltern um Erlaubnis fragen und sich diese schriftlich bestätigen lassen. Ebenso wichtig ist der Opferschutz, den auch der Pressekodex (neue Richtlinie 8.2) betont: „Die Identität von Opfern ist besonders zu schützen. (…) Name und Foto eines Opfers können veröffentlicht werden, wenn das Opfer bzw. Angehörige oder sonstige befugte Personen zugestimmt haben, oder wenn es sich bei dem Opfer um eine Person des öffentlichen Lebens handelt."

Mit der Erlaubnis des Abgebildeten, Fotos für Ihr Medium zu machen, ist die Erlaubnis, diese in Soziale Netzwerke einzustellen, noch nicht unbedingt gegeben. Dies sollte eigens nachgefragt werden. Das hat seinen Grund: Die Teilungsmechanismen führen dazu, dass ein Foto in einem Kontext wahrgenommen werden kann, der für den Betroffenen nicht vorherzusehen ist. Nehmen wir Twitter: Während Sie vielleicht Oktoberfest-Besucher fotografieren und die Fotos twittern mit der Absicht, die originellsten Trachten zu zeigen, macht ein anderer mit einem Kuratierwerkzeug wie Storify eine ganz andere Story aus Ihren Tweets. Beispielsweise: Die schlimmsten Modesünden auf der Wiesn. Und das zunächst ganz legal. Lassen Sie sich also immer die Publikationserlaubnis für die Sozialen Netzwerke mit erteilen, wenn Sie Fotos dort posten wollen.

Wenn Sie nicht mit eigenen, sondern mit Fotos von Usern arbeiten, spielt der Persönlichkeitsschutz eine noch größere Rolle. Denn Sie als veröffentlichendes oder verbreitendes Medium haben keine Gewissheit darüber, wie und unter welchen Umständen/Einverständniserklärungen die Fotos entstanden sind. Nehmen wir wieder als Beispiel das Oktoberfest und eine hypothetische Aktion: „Schicken Sie uns Ihre besten Wiesn-Fotos". Im Grunde können Sie eine solche Aktion (alle Rechte der Oktoberfest-Hausherren mal außen vor) nur dann machen, wenn Sie auf die Abbildung von Personen verzichten. Denn Laien werden die originellsten Menschen fotografieren; aber die Fotografierten haben ein Recht, nicht öffentlich vorgeführt zu werden, und schon gar nicht in betrunkenem oder sonstigen Ausnahmezustand.

12.3 Presserecht und Pressekodex

Der Pressekodex gilt auch für journalistische Angebote in Sozialen Netzwerken. Was zunächst fast selbstverständlich und für den Profi unproblematisch klingt, ist gar nicht so ohne. Denn das heißt:

- Sie sind (mit-)verantwortlich für alle Kommentare auf Ihren Facebook-Seiten und können ggf. haftbar gemacht werden, wenn Sie beispielsweise Beleidigungen oder falsche Tatsachenbehauptungen nicht entfernen.
- Sie müssen Werbung und redaktionelle Inhalte auseinanderhalten. Oft teilen Social-Media-Auftritte von Medienmarken relativ unkommentiert Internet-Hypes, beliebte Videos etc. Dabei fällt häufig unter den Tisch, dass viele dieser Videos nicht einfach Zufallsprodukte aus den Weiten des Webs von Privatleuten sind, sondern einen PR- oder Werbehintergrund haben. Seien Sie also auf die Frage vorbereitet: Warum posten Sie dieses Video, wer hat es erstellt, was steckt dahinter? Können Sie publizistisch diese Fragen nicht beantworten, sollten Sie es vielleicht lieber nicht teilen oder embedden.
- Sie müssen als Blogger auch selbst zwischen Redaktion und Werbung unterscheiden. Markieren Sie ggf. Advertorials oder gesponserte Blog-Posts, und zwar deutlich. Weisen Sie darauf hin, wenn Sie beispielsweise Artikel besprechen und gleichzeitig Links auf Amazon (oder Ähnliches) setzen, die Ihnen Provision einbringen, falls Ihre Leser dort kaufen. Und weisen Sie darauf hin, wenn Sie zu Veranstaltungen eingeladen wurden oder Testgeräte nicht nur für kurze Zeit zur Ansicht geliehen, sondern geschenkt bekommen haben.

12.4 Ein Blick in die AGBs

Haben Sie die AGBs, die Allgemeinen Geschäftsbedingungen, wirklich gelesen, als Sie Twitter, Facebook etc. beigetreten sind? Wenn nicht, bewegen Sie sich zwar nicht in guter, aber doch in Gesellschaft der meisten Deutschen. Wussten Sie, dass laut AGBs Ihre Tweets in anderen Medien, anderen Zusammenhängen veröffentlicht werden können? Legal? Zum Beispiel Ihre Fotos? Hier ein Blick in die AGB von Twitter (Abb. 12.1):

Hier der entsprechende Passus aus den Facebook AGBs (Abb. 12.2):

Nun streiten sich Juristen ob einzelne Bestandteile von diesen und anderen AGBs überhaupt gültig sind, welche Äußerungen überhaupt eine Schöpfungshöhe erreichen, die einen urheberrechtlichen Anspruch rechtfertigen etc. Dennoch sind es zunächst einmal die Regeln, die Sie ausweislich Ihres Häkchens zur Kenntnis

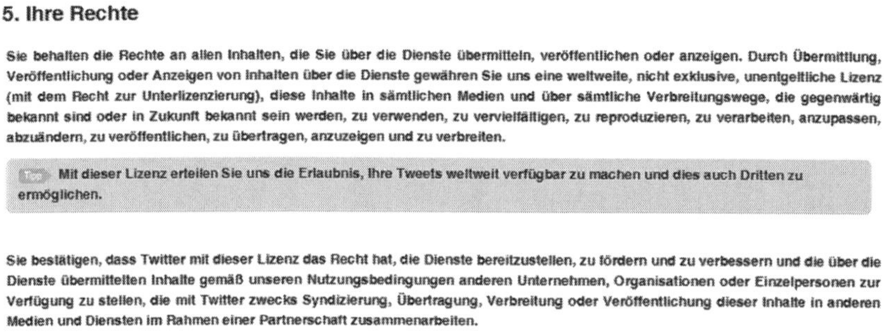

5. Ihre Rechte

Sie behalten die Rechte an allen Inhalten, die Sie über die Dienste übermitteln, veröffentlichen oder anzeigen. Durch Übermittlung, Veröffentlichung oder Anzeigen von Inhalten über die Dienste gewähren Sie uns eine weltweite, nicht exklusive, unentgeltliche Lizenz (mit dem Recht zur Unterlizenzierung), diese Inhalte in sämtlichen Medien und über sämtliche Verbreitungswege, die gegenwärtig bekannt sind oder in Zukunft bekannt sein werden, zu verwenden, zu vervielfältigen, zu reproduzieren, zu verarbeiten, anzupassen, abzuändern, zu veröffentlichen, zu übertragen, anzuzeigen und zu verbreiten.

> Mit dieser Lizenz erteilen Sie uns die Erlaubnis, Ihre Tweets weltweit verfügbar zu machen und dies auch Dritten zu ermöglichen.

Sie bestätigen, dass Twitter mit dieser Lizenz das Recht hat, die Dienste bereitzustellen, zu fördern und zu verbessern und die über die Dienste übermittelten Inhalte gemäß unseren Nutzungsbedingungen anderen Unternehmen, Organisationen oder Einzelpersonen zur Verfügung zu stellen, die mit Twitter zwecks Syndizierung, Übertragung, Verbreitung oder Veröffentlichung dieser Inhalte in anderen Medien und Diensten im Rahmen einer Partnerschaft zusammenarbeiten.

Abb. 12.1 Aus den Terms of services von twitter.com: https://twitter.com/tos

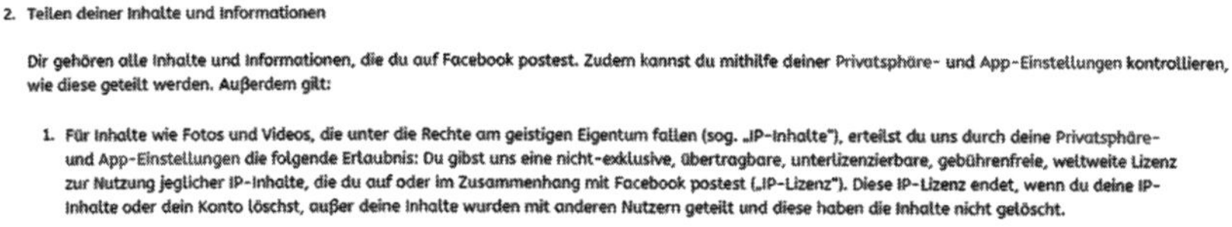

2. Teilen deiner Inhalte und Informationen

Dir gehören alle Inhalte und Informationen, die du auf Facebook postest. Zudem kannst du mithilfe deiner Privatsphäre- und App-Einstellungen kontrollieren, wie diese geteilt werden. Außerdem gilt:

1. Für Inhalte wie Fotos und Videos, die unter die Rechte am geistigen Eigentum fallen (sog. „IP-Inhalte"), erteilst du uns durch deine Privatsphäre- und App-Einstellungen die folgende Erlaubnis: Du gibst uns eine nicht-exklusive, übertragbare, unterlizenzierbare, gebührenfreie, weltweite Lizenz zur Nutzung jeglicher IP-Inhalte, die du auf oder im Zusammenhang mit Facebook postest („IP-Lizenz"). Diese IP-Lizenz endet, wenn du deine IP-Inhalte oder dein Konto löschst, außer deine Inhalte wurden mit anderen Nutzern geteilt und diese haben die Inhalte nicht gelöscht.

Abb. 12.2 Aus den AGB von Facebook

genommen haben. Mehr oder weniger Ähnliches wie für Twitter gilt dies natürlich auch für die AGBs von Facebook oder Instagram oder Google+. Rechnen Sie also grundsätzlich damit, dass Sie gewisse Rechte an Inhalten, die Sie in einem Netzwerk posten, an dieses Netzwerk abtreten. Wie umfangreich diese Abtretung ist, variiert von Netzwerk zu Netzwerk.

Das Problem dabei: Um dies zu können, müssen Sie das Recht erst einmal erworben haben. In den meisten Verträgen mit Bildagenturen sind diese Rechte eben nicht mit eingeschlossen, jedenfalls nicht automatisch. Bedenken Sie auch: Wenn Sie als Fotograf beispielsweise von einer Veranstaltung oder einer Demonstration Bilder twittern, ist es jedermann erlaubt, diese Bilder nach Maßgabe der Twitter-AGBs in seine Webseiten einzubinden, das heißt entweder durch Embedding oder andere Varianten, zum Beispiel über Tools, die die Twitter-API benutzen. Sie können sich nicht dagegen wehren oder eine Vergütung verlangen. Sie können nicht einmal sicher sein, dass der Inhalt, wenn Sie ihn löschen, auch von den Seiten derer verschwindet, die beispielsweise per API zugegriffen haben. Damit verlieren Sie teilweise die Kontrolle über Ihre eigenen Inhalte.

12.5 Embedden und Teilen – darf ich das?

Syndizieren, Kuratieren, Remixen – Embedding ist eine der Methoden, von anderen produzierte Inhalte auf den eigenen Seiten zu präsentieren, zusammenzustellen oder ggf. auch einfach zu nutzen. Die meisten inhaltebasierten Web-2.0-Plattformen wie Flickr, YouTube, Soundcloud, Vimeo, Picasa, Scribd oder Slideshare bieten entsprechende Embed-Codes an für die Inhalte. Auch Tweets oder öffentliche Facebook-Einträge oder öffentliche Instagramme lassen sich embedden. Embedden ist also eine der wichtigsten Errungenschaften des Web 2.0 und aus dieser Perspektive ein gewaltiger Fortschritt. Der Vorgang bringt aber sowohl für den, der embedded, als auch für den, der embedden lässt, also die Inhalte anbietet, Schwierigkeiten mit sich.

Wer Fotos oder Videos zum Embedden anbietet, sollte sich folgende Fragen stellen:

- Habe ich alle Rechte an dem Material?
- Sind in dem Material (Fotos, Videos, Audios) Rechte von Dritten betroffen, zum Beispiel von den Abgebildeten?
- Möchte ich überhaupt, dass mein Material von (allen) anderen embeddet werden kann? Überwiegen die Vorteile die Risiken?
- Sind ggf. Abgebildete einverstanden, dass Sie in einem anderen Zusammenhang gezeigt werden (beispielsweise in einem Blog, der ggf. ein Foto embedded)?

Bedenken Sie: Wenn Sie Material zum Embedden anbieten (zum Beispiel durch Posten auf Twitter, Flickr oder YouTube, oder öffentliche Posts auf Facebook oder Instagram) gehen andere davon aus, dass das Embedden auch erlaubt ist!

Worin bestehen die Risiken?
- Ein Beispiel für einen gefährlichen Kontext: Ein journalistischer Bericht über Rechtsradikale kann potenziellen Zeugen/Betroffene durchaus in Schwierigkeiten bringen – wenn nämlich Rechtsradikale diese Videos auf ihren Seiten embedden und dort gegen diese „Kronzeugen" hetzen.
- Vergrößerung eines möglichen Schadens: Wenn Sie eine Persönlichkeitsrechtsverletzung begehen, beispielsweise durch Veröffentlichung

> eines Bildes einer Person, die verpixelt hätte werden müssen, dann kann der Schaden ggf. größer sein, wenn das Bild auf vielen Seiten verbreitet wurde.
> - Wenn Sie eine Aktion mit Nutzer-Fotos machen, sind diese oft einverstanden, dass die Bilder auf Ihrer – seriösen – Medienseite gezeigt werden – nicht aber auf allen möglichen anderen Webseiten.

Rechtlich umstritten ist, ob ein embeddetes Video nur dem Anbieter oder auch dem Embedder anzurechnen ist. Ob dieser mithaftbar gemacht werden kann, wenn der Inhalt selbst eine Rechtsverletzung darstellt, hängt vom Einzelfall ab.

> **Auf keinen Fall dürfen Sie ihrerseits Inhalte embedden**
> die offensichtlich rechtswidrig im Netz angeboten werden, zum Beispiel aktuelle Kinofilme auf einem Videoportal. Auch Embedden in einer Form, die nicht aktiv von der Quelle angeboten wird, ist in der Regel nicht zulässig. Nutzen Sie also die angebotenen Embedding-Codes und „framen" Sie nicht selbst. Auch Inhalte anderer, die normalerweise hinter einer Paywall stehen, dürfen Sie nicht durch Embedden zugänglich machen. Ebenso dürfen Sie keine Werbung mit embedeten Inhalten verknüpfen. Mehr zum aktuellen Stand in Sachen Embedding können Sie hier nachlesen: http://rechtsanwalt-schwenke.de/eugh-embedding-haftung-YouTube/

12.6 Creative Commons

Creative Commons (CC) ist ein vordefinierter Lizenzbaukasten für kreative Werke – sprich: Inhalte, wie sie auch eine Redaktion erzeugt oder erzeugen lässt. Das Besondere daran: Creative Commons nutzt man, um Inhalte gewissermaßen zu verschenken, und zwar im Rahmen bestimmter, kontrollierter Bedingungen. Möglich sind folgende Bedingungen:

12.6 Creative Commons

> **Du darfst diesen Inhalt nutzen**
> - wenn Du den Urheber/die Quelle nennst (und zwar so, wie der Urheber das wünscht). Kürzel: CC-BY.
> - wenn Du den Inhalt nicht-kommerziell nutzt: CC-NC (non-commercial).
> - wenn Du den Inhalt dabei nicht bearbeitest: CC-ND (no derivates).
> - wenn Du den Inhalt – falls Du ihn veränderst – danach wieder unter einer Creative-Commons-Lizenz zur Verfügung stellst: CC-SA (Share alike).

Diese Bedingungen können miteinander kombiniert werden (außer den letztgenannten, die schließen sich gegenseitig aus).

„Hüter" der Creative-Commons-Lizenzen ist eine gleichnamige Non-Profit-Organisation, die sich um die Normierung und Fortentwicklung der Lizenzen kümmert. Die offiziellen Lizenztexte findet man auf creativecommons.org. Die CC-Organisation ist selbst aber in keiner Weise Vermittler oder Vertragspartner. Es geht ihr um Rechtsklarheit und den Lizenztext.

Creative Commons reagiert mit diesen weltweiten Lizenzen auf die Herausforderungen, die das Internet mit seinen Möglichkeiten an das Urheberrecht stellt. Denn im Internet sind viele Formen der Nutzung mit einer eigentlich lizenzpflichtigen Kopie verbunden, und plötzlich kann jedermann, auch eine Privatperson, zum Urheberrechtsverletzer werden. Creative Commons macht es möglich, eine solche Nutzung in einem bestimmten Rahmen zu erlauben. Damit unterscheidet CC sich beispielsweise von „Public-Domain"-Inhalten, die frei von urheberrechtlichen Einschränkungen sind (oft aber nur in einem bestimmten Land, was fürs Internet schon mal schlecht ist).

Die Anfänge der CC-Bewegung reichen bis zur Jahrtausendwende zurück. Damals machte es einerseits das Internet möglich, allen, also auch Laien, im Web bequem zu publizieren. Andererseits gab es in den USA einen Gesetzgebungsprozess, infolge dessen Schutzfristen für rechtlich geschützte Inhalte, zum Beispiel die Mickey Mouse-Figur, verlängert wurden.

Bekannteste Internet-Anwendung, die ohne Creative Commons nicht denkbar wäre, ist die internationale Online-Enzyklopädie Wikipedia. CC definiert für die Autoren der Wikipedia, aber auch für die Nutzer, was mit den Texten, Bildern, Grafiken passiert – und wie man sie diese nutzen können.

Freilich bringt die Nutzung von CC nicht automatisch absolute Rechtssicherheit. Relativ unklar ist in „Randgebieten" beispielsweise, was eine kommerzielle Nutzung ist. Eine Faustregel sagt: Kommerz ist, wo (normalerweise) Geld fließt. Ist damit schon der Blogger gemeint, der auf seinem Blog Google- und Amazon-Anzeigen platziert? Wie ist es mit dem öffentlich-rechtlichen Rundfunk? Ist der nun kommerziell oder nicht? Oder variiert das je nach Bereich? Oder Schulen, Universitäten und Museen? So kommt diese Einschränkung „nicht-kommerziell" zwar vielen Urhebern entgegen, die nicht die Geschäftsgrundlage von Fotografen und Kreativen unterlaufen wollen. Andererseits ist diese Bedingung eben auch kompliziert und schließt möglicherweise Nutzungen aus, die man sehr wohl erlauben möchte. Das ist einer der Gründe, warum beispielsweise die Wikipedia und die mit ihr verbundenen Bilddatenbanken für Inhalte, die man dort einstellt, eine CC erfordert, die die kommerzielle Nutzung erlaubt. Wichtig ist zudem eine weitere Dimension, die in der Debatte im Web oft eine Rolle spielt: Wer selbst CC-Inhalte verwendet, sollte auch Inhalte unter CC zur Verfügung stellen, denn sonst wird er gerne als „Schmarotzer" wahrgenommen, der sich aus diesem Allgemeingut-Pool bereichert, ohne was beizutragen.

Nun könnte man natürlich auch selbst einen Lizenztext entwerfen und die Nutzungsbedingungen festlegen, wenn man Inhalte der Allgemeinheit zur Verfügung stellen möchte. Nur: Man hätte wahrscheinlich ähnliche Abgrenzungsprobleme, was nicht-kommerzielle Nutzung angeht, und würde die beiden wichtigsten Vorteile von CC aufgeben:

- Man muss nicht selbst einen Lizenztext erarbeiten und verfassen.
- Das Lizenzmodell etabliert einen weltweiten Standard mit international bekannten Bedingungen und Kennzeichnungen, sodass Nutzer aus aller Welt etwas damit anfangen können.

Für Journalisten und Medien gibt es zwei Möglichkeiten, mit CC zu arbeiten: Man kann Inhalte, die man selbst geschaffen hat, unter CC lizensieren. Und man kann Inhalte anderer, die unter CC stehen, unter bestimmten Bedingungen verwenden.

Creative Commons kann ein Weg für Journalisten sein, Inhalte für persönlichen Webseiten oder im Job für den Arbeitgeber zu nutzen. Nur: Welche Inhalte gibt es und wie komme ich an solche Inhalte? Welche CC-Lizenz erlaubt mir die berufliche Nutzung, welche verbietet es mir? Und: Was muss ich bei der Verwendung beachten?

12.6 Creative Commons

Lizenz beachten! Zuallererst sollte man sich im Klaren sein, dass CC gerade *nicht* „public domain" (gemeinfrei) bedeutet; und dass man unbedingt die Lizenzbestimmungen einhalten muss, inklusive der in der Regel geforderten ordentlichen Namens- und Quellennennungen. Gerade jemand, der CC verwendet, um seine Werke der Webgemeinde gratis zur Verfügung zu stellen, tut das bewusst und reagiert zu Recht allergisch auf Verletzungen der Lizenz. Regel Nummer eins lautet also: Setzen Sie sich etwas intensiver mit Creative Commons und den einzelnen Lizenzen sowie mit der korrekten Creditangabe (Quellenangabe) auseinander.

Sie sind kommerziell! Wer auch immer beruflich oder als Journalist für seine persönliche Webseite, die immerhin auch ein berufliches Portfolio darstellen wird, CC verwendet, sollte sich als kommerziell einstufen. Wir sind Profis, und wer eine Nicht-kommerziell-Einschränkung setzt, meint oft einfach: Amateure für ihren persönlichen Bedarf. Nutzen Sie also nur Werke, die kommerzielle Nutzung erlauben! Im Zweifel, falls Sie ein gewisses Foto unbedingt brauchen: Fragen Sie den Urheber um Erlaubnis/Lizenz.

Nutzen Sie nur seriöse Quellen für CC-Inhalte! Fotos suchen Sie am besten in größeren Bildportalen, die differenzierte Lizenzangaben vorhalten, zum Beispiel bei Flickr. Dort können Sie in der Suchmaschine gezielt nach CC-Bildern suchen und die Lizenz einsehen. Außerdem können Sie bei Flickr den Urheber des Bildes kontaktieren, nämlich über dessen Flickr-Profil. Das wird nötig sein, wenn Sie genauere Angaben zu einem Bild brauchen als angegeben. Ein weiterer gewaltiger Fundus an CC-Material, auch Infografiken, Landkarten und weitere Medienformate steht in den Datenbanken der Wikimedia zur Verfügung. Dort sind die Werke fast immer für die kommerzielle Nutzung freigegeben.

Was Audios angeht können Sie etwa auf dem Portal Soundcloud gezielt nach CC-Audios suchen. Als Quelle für Videos bietet sich unter anderem Vimeo an. YouTube kennt zwar ebenfalls CC; bei Drucklegung war auf YouTube allerdings nur die Lizenz ohne Einschränkung (außer Namensnennung) auswählbar, sodass viele CC-Freunde ihre Videos nicht auf YouTube zur Verfügung stellen.

Darüber hinaus gibt es Spezialportale für CC-Musik oder themenzentrierte Portale und Anbieter. Beispielsweise stellt die Deutsche Gesellschaft für Luft- und Raumfahrt (DLR) ihre Pressematerialen – darunter eine veritable Fotosammlung zum Thema Raumfahrt und Kosmos – unter CC zur Verfügung (die NASA freilich stellt ihr Material zum Großteil gar als „public domain", also „gemeinfrei", ins Netz).

Seien Sie kein „Schmarotzer"! Versuchen Sie, dem CC-Gedanken Rechnung zu tragen, und überlegen Sie, ob auch Sie Inhalte unter CC stellen können, wenn Sie CC-Material benutzen. Das können Texte, zum Beispiel Blogeinträge, sein, Fotos oder Infografiken, die Sie selbst erstellt haben. Allerdings sollten Sie – sofern Sie für ein Medienhaus agieren und es sich um Inhalte aus Redaktionen handelt, die Sie unter CC veröffentlichen wollen, besonders aufpassen und die Rechtsabteilung Ihres Medienhauses konsultieren.

Doch sollten Medien überhaupt Inhalte unter CC verschenken? Und wenn ja, warum? Welche? Und auf welche Weise? Gründe dafür können sein:

- Sie verstehen/positionieren sich als Teil der kreativen Internetgemeinde und möchten deshalb der Allgemeinheit etwas „schenken".
- Sie starten ein Projekt, das stark auf die freiwillige Mitarbeit von Usern setzt und erhoffen sich von CC eine höhere Bereitschaft. Der User arbeitet vielleicht nicht gratis für Sie, aber möglicherweise für die Allgemeinheit (Beispiel wäre etwas wie die Wikipedia).
- Sie wünschen sich eine weite Verbreitung Ihrer Inhalte um diese und damit auch sich bekannter zu machen.
- Sie nutzen selbst CC-Inhalte und wollen in der Netzgemeinde nicht als „Schmarotzer" gelten bzw. müssen sogar Inhalte unter CC stellen, weil sie Material mit der Forderung „Zurverfügungstellen unter gleichen Bedingungen" benutzt haben.

Die Frage „Welche Inhalte?" ist schon viel schwieriger zu beantworten, rechtlich und konzeptionell. Denn Sie können nur etwas verschenken, was Ihnen gehört. Es kommen also nur Werke in Frage, die Sie/Ihr Medienhaus selbst erstellt haben oder so lizensiert haben, dass sie diese weltweit weitergeben können. Bei Texten und Fotos mag das noch einfach sein. Bei Videos und Audios wird es schon schwieriger. Zum Beispiel können Sie keine Werke, die GEMA und GVL-Musik enthalten, unter CC stellen. Auch Regelungen in Tarifverträgen können einer CC-Lizensierung entgegenstehen.

Was man einmal unter CC-Lizenz verschenkt hat, kann man nicht mehr zurückholen. Jeder kann die Inhalte immer wieder im Rahmen der Lizenz veröffentlichen. Das schließt zum Beispiel alle Beiträge aus, bei denen die Persön-

12.6 Creative Commons

lichkeitsrechte der Dargestellten zum Problem werden können (beispielsweise Passanten, Prozessbeteiligte etc.).

Bei Ihren eigenen Texten, Fotos, Filmen im eigenen Blog mag das einfach zu klären sein. Wenn Sie aber immer wieder Inhalte unter CC anbieten wollen, die Sie nicht wirklich selbst erstellt haben, oder das Thema CC in einem Medienhaus oder einer Redaktion etablieren wollen, lassen Sie sich beraten und erstellen Sie ein CC-Konzept. Es sollte mindestens folgende Punkte enthalten:

- Die tatsächliche Lizenz mit den Bedingungen
- Den inhaltlichen Rahmen
- Die Form des Angebots (Gibt es eine eigene Webseite dafür? Wie erklären wir dem User, was er mit dem Material darf?)
- Das Branding (Wie will ich namentlich genannt werden? Kommt ein Logo auf die Bilder?).
- Eine rechtliche Risikobewertung

Bei der Frage nach der Lizenz werden viele Medienhäuser zur strengsten Regelung greifen wollen, die jede Veränderung des Materials verbietet und eine kommerzielle Nutzung untersagt. Das liest sich zwar zunächst gut, bringt aber ebenfalls Probleme mit sich, weil nicht klar ist, was und wer als kommerziell gilt. Mit dem Verbot der kommerziellen Nutzung verbieten Sie unter Umständen auch allen Bloggern, die Werbung auf ihren Blogs einsetzen, Museen, Schulen und nicht zuletzt der Wikipedia die Nutzung (denn sie erlaubt die kommerzielle Nutzung). Auch auf Facebook dürfte solches Material möglicherweise nicht gepostet werden.

Möglicherweise wollen Sie aber genau diese Form der Nutzung mit CC erreichen. Im Zweifel fragen die Leute dann doch bei Ihnen, ob sie das Material nun nutzen dürfen oder nicht – das führt zu Anrufen und Mails, die Sie nicht beantworten wollen. Wenn Sie es also irgendwie vertreten können, erlauben Sie die kommerzielle Nutzung. Ebenso kann es sinnvoll sein, eine Veränderung zuzulassen. Nicht zuletzt wird es mit einem Verbot der Veränderung verhindert, dass andere kreativ mit dem Material arbeiten.

Exkurs: Journalismus mit dem Smartphone

13

Zusammenfassung

Soziale Netzwerke können optimal via Smartphone bedient werden. Das macht diese Geräte zu praktischen Medienproduktionssystemen. Man kann damit in für viele Zwecke ausreichender Qualität produzieren, wenn man ein paar Tipps beherzigt, sich das eine oder andere nützliche Zubehör anschafft und übt.

Schlüsselwörter

Social Media · Twitter · Smartphone · Mobile Journalism · Handyreporter · Echtzeitereporter · Echtzeitjournalismus · Scribblelive · Real-Time-Journalism · Liveblog · Smartphonejournalismus

Social, live, mobile – das ist der Dreiklang, in dem sich der Reporter der Zukunft bewegt. Das Smartphone als medialer Tausendsassa und eierlegende Wollmilchsau macht die multimediale Reportage mit Foto, Video, Ton möglich – und zwar nicht nur für Journalisten, die genuin diese Medienformen produzieren, sondern für alle, die bisher unter Umständen „nur" schrieben, „nur" fotografierten, „nur" O-Töne einfingen oder „nur" filmten, weil sie für Presse, Radio oder Fernsehen arbeiteten. Das Smartphone kann nichts davon perfekt, aber alles in möglicherweise für viele Zwecke ausreichender Qualität. Und weil es möglich ist, das Web immer dazugehört, und immer multimedialer wird, müssen sich viele Journalisten darauf einstellen, künftig eben auch multimedial zu produzieren.

Dennoch sollten die medialen Produkte eines professionellen Reporters mit „kleinem Besteck" bzw. Smartphone und Co qualitativ über das typische Handy-Geknipse und -Gefilme hinausgehen. Denn verwackelte Amateurvideos sind nur dann in einem professionellen Umfeld zu ertragen, wenn das die einzigen Bilder eines extrem wichtigen Vorgangs sind (zum Beispiel von einem Flugzeugabsturz, Unfall). Von einem Profi, der für eine bekannte Medienmarke arbeitet, erwarten die Leute auch technisch-handwerklich eine gewisse Grundqualität. Um also von unterwegs jederzeit in Echtzeitin ausreichender Qualität berichten zu können, braucht der Reporter zwei Dinge:

- Eine Ausrüstung, die professionelles Arbeiten ermöglicht und dabei noch mobil ist
- Kenntnisse und Können, mit dem mobilen Reporterkit umzugehen.

13.1 Das richtige Smartphone: wichtige Eigenschaften

Folgende Eigenschaften/Features sollte Ihr Smartphone haben:

- Eine gute Kamera; dabei ist weniger entscheidend, dass diese viele Pixel hat (im Grunde reichen 5 MP), sondern dass sie schnell startet, schnell fokussiert und schnell auslöst und auch bei schlechteren Lichtsituationen noch brauchbare Bilder und Videos macht.
- Eine ausreichende Tonqualität für Videos out of the Box (auch wenn unten ein externes Mikro empfohlen wird, so gibt es doch Situationen, wo dieses schwer einsetzbar ist). Zudem sollte ein Mikrofon ansteckbar sein. Das ist allerdings bei den meisten aktuellen Smartphones (mit Zubehör) gegeben.
- Kompatibilität zur hauseigenen Infrastruktur. Viele Redaktionen haben mittlerweile eigene CMS-Systeme für Liveblogging oder Austauschordner in einer hauseigenen Cloud (notfalls in einer Dropbox oder vergleichbaren Webspeicher-Angeboten). Ihr Smartphone sollte Apps/Zugangsmöglichkeiten für diese Infrastruktur anbieten.

Gute Kamera – das heißt dass Sie in der Regel mit Unterklasse- und Untere-Mittelklasse-Smartphones nicht ideal bedient sind. Apps für Medien-Infrastrukturen sind momentan für iPhone und Android weiter verbreitet als für Windows. Für Reporterzwecke hat das iPhone die Nase vorn. Das liegt nicht unbedingt daran, dass das iPhone das bessere Produkt wäre, sondern daran, dass das Einzelgerät im Medienbereich so gut verkauft wird, dass es sich für Zubehörhersteller lohnt, dafür ergänzende Produkte anzubieten, die maßgeschneidert passen. Die Geräte- und Versionenvielfalt der Android-Telefone und die niedrige Verbreitung von Windows-Phones machen den Zubehör-Einkauf schwieriger.

Eine brauchbare Alternative zum iPhone war auch die Kamera Samsung Galaxy NX. Sie erzeugt Fotos und Videos von annähernd der Qualität einer Spiegelreflexkamera und bietet die Mobilfunktionen und Apps eines Android Smartphones. Für Mobile Reporting fast ideal. Es war allerdings zuletzt unsicher, ob Samsung seine Reihe von Android-NX-Modellen fortsetzt.

13.2 Apps für bessere Fotos, Videos und Audioaufnahmen

Neben der in der Regel vorinstallierten Kamera-App helfen Apps mit folgenden Eigenschaften.

Hilfreiche Apps
- Gute Foto-App mit Einstellungsmöglichkeiten
- Video-App, die ggf. mit dem externen Mikrofon/Ton zurechtkommt (fürs iPhone gibt es mehrere; für Android zum Beispiel Cinema FV-5)
- Bild bearbeiten (hell, dunkel, Kontrast, zuschneiden, drehen)
- Video zuschneiden (vor allem Anfang und Ende trimmen)
- Audio in hoher Qualität aufnehmen und bearbeiten

Daneben die Infrastruktur-Apps (inklusive Zugang bzw. Account)
- Dropbox: ein Speicherplatz in der Cloud (im Internet), sodass Sie Inhalte anderen, zum Beispiel der Heimatredaktion, übermitteln können, wo sie dann ggf. bearbeitet werden (Alternativen: box.com, Google Drive)
- Twitter als Echtzeit-Journalismus-Allzweck-Publikationsort
- Soundcloud zum Ad-Hoc Publizieren von Audios
- YouTube oder Vimeo zum Ad-hoc-Publizieren von Videos
- Eine Live-Video-App wie Periscope oder Meerkat

Außerdem sollten Sie natürlich die Apps parat und eingeübt haben, die zu Ihrer bzw. der Infrastruktur Ihrer Redaktion gehören. Das sind bzw. können (neben Twitter) sein

- Wordpress für das eigene Blog
- Tumblr
- Instagram
- Facebook

Auch populäre Live-Blogging-Systeme die später auf der eigenen Webseite ausgespielt werden, zum Beispiel ScribbeLive, sollten ggf. installiert und trainiert sein. Nur als Rückfallposition sollte die Datenzulieferung an die Redaktion per E-Mail geplant werden: Denn viele E-Mail-Accounts sind begrenzt, was den Umfang der angehängten Dateien angeht (sowohl beim Senden als auch beim Empfangen). Ärgerlich, wenn man dann – gerade wenn es eilt – Videos und Fotos nicht in die Redaktion bekommt. Live-Video-Übertragung von vor Ort via Periscope, Meerkat oder Ustream funktioniert nur bei hervorragender Internetverbindung.

▶ Soundcloud, YouTube, Vimeo, Twitter etc. sind Dienste, für die man sich natürlich zuvor angemeldet und in die man sich eingearbeitet haben sollte. Ob Sie sich als Person oder als Medienmarke auf diesen Plattformen anmelden, um sie als Publikationswege zu nutzen, sollten Sie vorher festlegen. Im jedem Fall muss Ihr Auftraggeber damit einverstanden sein, dass die angeforderten Inhalte zunächst auf diesen Plattformen liegen. Sprechen Sie das Vorgehen unbedingt immer mit Ihrer Redaktion ab.

13.3 Ministative, Leuchten, Mikros: nützliches Zubehör

Wenn der Inhalt spannend ist, verzeiht der Nutzer schon mal ein schlechtes Bild. Schlechten Ton verzeiht er nie. Doch Sie sind ein Profi: Versuchen Sie, auch für das Internet die für die jeweilige Situation bestmögliche Qualität zu erreichen. Hilfreich dabei ist ein wenig Zubehör für den mobilen Reporter: geeignete Mikros für Interviews und Umfragen, ein wenig Licht, Stative und Handgriffe.

Brauchbare Spezialmikros mit Kopfhörer-Klinke für Smartphones und Adapter gibt es etwa von den Firmen iRig (Handmikro mit Kabel) und EDUTIGE; Adapter, an die man beispielsweise ein Richtmikro für Interviews im Lärm oder auch ein Ansteckmikro einstecken kann gibt's von iRig und Fostex. Stativhalterungen für Smartphones mit Gewinde gibt es ebenso im Online-Handel wie passende Stative. Dabei empfiehlt sich ein Stativhandgriff; ein Ministativ (beides für um die 10 € erhältlich) sowie ein Einbeinstativ für die größeren Projekte. Dafür sollte man dann schon etwas mehr ausgeben und auf Details achten wie ausreichende Höhe, sodass man sich nicht bücken muss beim Filmen, und ggf. kleine ausfahrbare Stützen, sodass man das Ding mal wegstellen kann. Ebenfalls nützlich sind LED-Leuchten mit einem Blitzschuh-Fuß, die man auf seine Handyhalterung klemmen kann, um die Gesichter von Interviewten ein wenig auszuleuchten. Tipp: Der Blogger Richard Gutjahr (gutjahr.biz) stellt immer mal wieder seine aktuelle mobile Reporter-Ausrüstung vor.

Android-Nutzer sollten immer ausprobieren, ob das Zubehör auch mit ihrem Gerät funktioniert, Tests und Blogs mit diesem Focus gibt's für Android leider wenige.

Ausrüstung auf die eigene Situation anpassen Wenn Sie allein unterwegs sind, können Sie nur mit dem Allernötigsten arbeiten. Ein Handmikro am Kabel wäre für Video kaum zu verwenden. Denn da bräuchten Sie jemanden, der das Mikro hält, während Sie filmen. Nehmen Sie in dem Fall beispielsweise das EDUTIGE i-Microphone samt Winkelstecker mit. Geht es Ihnen um bestmögliche Qualität und sind Sie zu zweit, nehmen Sie ein gutes Richtmikrofon mit, das Einbeinstativ, die LED-Leuchte – und Sie können halbwegs ordentlich produzieren.

Einen externen Akku zum Nachladen Ihres Telefons sollten Sie bei Reportereinsätzen unbedingt immer dabeihaben! Denn Filmen mit dem Smartphone saugt schnell das den Akku leer. Sollten Sie öfter als Livereporter arbeiten oder für Redaktionen planen: Kaufen Sie eigene Reporter-Smartphones. Denn wenn Sie vor Ort sind und filmen, sollten Sie am besten auch gleichzeitig telefonisch erreichbar sein.

13.4 Hüte dich vor dem Datenloch

Wer mit dem Smartphone mobil und in Echtzeit arbeiten will, muss aber vor allem sicher sein, dass er vor Ort zum Zeitpunkt des Ereignisses Internet hat. Tests im Vorfeld sind nur bedingt tauglich, weil während des Events oft Menschenmassen anwesend sind, die die WLAN- und Mobilfunk-Situation verschlechtern. Am Ende muss man froh sein muss, wenn man noch telefonieren kann, wo während des Tests noch einwandfreier Datenverkehr möglich war.

▶ Lassen Sie sich vom Veranstalter Internetzugang zusichern. Geht das nicht, sprechen Sie mit benachbarten Hotels oder ähnlichen Dienstleistern, damit Sie im Notfall von dort Bilder und Tweets absetzen können. Es gibt auch Reporter, die sich alle Burger-Ketten im Umkreis notieren, um zur Not über das dort üblicherweise vorhandene Wi-Fi etwas absenden zu können (meist sind die im Event-Fall allerdings ebenso überfüllt).

Ist an sich Internet vorhanden, aber die Bandbreite eines Smartphones reicht nicht für den Zweck (zum Beispiel für Video-Live-Übertragung vom Handy, größere Video-Stücke), kann ein „Reporter-Rucksack" eingesetzt werden. Das ist ein Rucksack mit mehreren Mobilfunkeinheiten, die zu einem WLAN-Hotspot gebündelt werden. So hat man das Vielfache der Bandbreite einer normalen Smartphone-Verbindung zur Verfügung.

▶ **Internet per Satellit** Wenn eine gute Mobilfunkverbindung auf herkömmliche Art gar nicht zu gewährleisten ist, gibt es noch die Möglichkeit, im Vorfeld (und natürlich in Absprache mit dem Veranstalter, Grundstückseigentümer) eine Satellitenantenne zu stationieren. Das ist nicht einmal so teuer, aber eben nie spontan; außerdem braucht so ein stationäres hochqualitatives Internet auf Zeit ein, zwei Quadratmeter Platz und natürlich Strom. Ein Anbieter ist beispielsweise KaSat über http://www.tooway.de

Fünf Blogs für Social-Media-Journalisten

14

Zusammenfassung

Für Social-Media-Profis ist es wichtig, sich ständig über technische Neuerungen auf den Plattformen, Branchen-Trends und journalistische Entwicklungen auf dem Laufenden zu halten. Deshalb sollten Sie Fachblogs aus den Bereichen Social-Media-Marketing, Soziale Netzwerke, Internetkultur und moderner Journalismus kennen und lesen. Dieses Kapitel stellt einige Blogs als Beispiele vor, die als Basis einer persönlichen „Lektüreliste" dienen können.

Schlüsselwörter:

Blogs · Social · Media · Schwindt · Hutter · Gutjahr · Jakubetz · Marketing · Weiterbildung · Literaturempfehlung

Wer sich mit Social Media im Allgemeinen und Sozialen Netzwerken im Besonderen beschäftigt, wird schnell merken: Soziale Netzwerke, Benutzeroberflächen, Tools ändern sich im Wochenrhythmus; auch gibt es immer wieder neue Tools und Apps, die neue Erkenntnisse und neuen Nutzen bringen. Und es gibt Neues aus der Medienwelt zu entdecken, wie Journalisten und Werbetreibende Social Media nutzen, neue Formate und Strategien ebenso wie neue Nutzungszahlen und Statistiken. Nicht jede dieser Neuerungen ist gleich wichtig, nicht jedes Gerücht stimmt, nicht jede potenzielle Facebook-Änderung kommt dann wirklich. Für eine Einzelperson ist es kaum möglich, hier tagesaktuell auf dem Laufenden zu bleiben und die vielen Nachrichten einzuordnen – zumindest dann nicht, wenn man noch etwas anderes zu tun hat. Zum Glück gibt es eine Reihe von Bloggern und Fachmedien, die vieles, was da schnell vermeldet wird, erklären, angebliche Trends einordnen,

Statistiken liefern und bewerten – und Tutorials für diejenigen erstellen, die ggf. tatsächlich mit einer geänderten Facebook-Nutzeroberfläche arbeiten sollen.

Wer eine Zeit lang in diesem Geschäft ist, wird bald seine 20, 30 Blogger und Kollegen haben, denen er auf Twitter folgt und deren Blogs er mit Interesse liest zusätzlich zu den journalistischen Fachmedien wie turi2.de oder allgemeinen Medien- bzw. Online-Journalismus-Blogs wie onlinejournalismus.de (Autoren unter anderem: Thomas Mratzek, Fiete Stegers) oder jakblog.de (Christian Jakubetz). Im folgenden stelle ich fünf Blogs vor, die sich regelmäßig und ganz praktisch mit Sozialen Netzwerken, Social Media und Journalismus beschäftigen und hohen Nutzwert für den Alltag haben. Damit kann man anfangen. Dass einige der Blogger auch Geschäftsinteressen mit ihren Blogs verbinden, sollte man wissen und einberechnen – es mindert nicht die Nützlichkeit der dort gebotenen Informationen.

Fürs Doing: „In Sachen Kommunikation" von Annette Schwindt

Hier gibt es Rat und praktische Hilfe, denn Annette Schwindt erklärt in ihrem Blog immer wieder in Form von etlichen technischen Anleitungen mit vielen Screenshots und Schritt für Schritt, wie man eine Facebook-Seite administriert. Sie erläutert die allenthalben von Facebook vorgenommenen Änderungen. Ähnliches – wenn auch nicht so umfangreich – leistet sie für Google + und Twitter. Daneben gibt sie wertvolle Basic-Tipps für Strategie und Organisation. Absolut konkurrenzlos und empfehlenswert für jeden, der eine Facebook-Seite betreut! Tipp: Blogsuche nutzen http://www.schwindt-pr.com/blog.

Für Marketing und Vertrieb: Allfacebook.de

Wenn Facebook mal wieder seinen Edgrank (siehe Glossar) oder andere Funktionen ändert, dann beantwortet „Allfacebook.de" die Frage „Was bedeutet das für Unternehmen" und Medien? Das Blog liefert recht schnell kurze und prägnante Einschätzungen. Es wurde von **Philipp Roth** und **Jens Wiese** unter dem Namen „Facebookmarketing.de" begründet, und dieser Schwerpunkt auf dem Thema Marketing ist bis heute erkennbar. Beide betreuen die Seite noch immer – auch wenn das Blog mittlerweile dem Medienunternehmen Mediabistro (MecklerMedia) gehört, der AllFacebook weltweit als Medienmarke führt http://allfacebook.de/.

Noch einmal Marketing: Thomas Hutter

Ähnlich wie Allfacebook.de nähert sich auch Thomas Hutter dem Phänomen von der Marketingseite her. Er geht aber weit über Facebook hinaus und liefert aktuelle

Statistiken und Marktforschungsergebnisse, die auch für Journalisten und Entscheider in Medienhäusern interessant sind http://www.thomashutter.com/.

Digitaler Film: das Blog zu Social TV, YouTube & Co
Bertram Gugel ist der Kopf hinter dem Blog „Digitaler Film". Von YouTube-Stars und YouTube-Netzwerken bis zu Social-TV für den Tatort, von Netflix bis HbbTV: Er kennt die Trends in Sachen Bewegtbild, analysiert und bewertet sie. Bis hin zu ganz praktischen Fragen: Was ist ein YouTube-Channel wert? http://www.gugelproductions.de/blog/.

Richard Gutjahr als Prototyp des modernen Journalisten
Der Blogger und Journalist Richard Gutjahr hat sich in den letzten Jahren einen Namen nicht nur dadurch gemacht, dass er Trends im Journalismus und in der Mediennutzung frühzeitig erkannte. Er hat auch immer versucht, sie gleich – manchmal auf eigene Faust, manchmal mit anderen Partnern, manchmal mit großen Medienhäusern – umzusetzen. So versuchte er sich unter anderem als (ausgebildeter) Bürgerjournalist im arabischen Frühling, Social-TV-Pionier (Rundshow), crowdsourcender Datenjournalist (Lobbyplag) und multimedialer Blogger. In seinem Blog berichtet er immer wieder über seine Projekte und gibt interessante Einblicke und Einschätzungen http://www.gutjahr.biz/.

15 Journalistische Berufsbilder im Social-Media-Bereich

Zusammenfassung

Aufgaben im Bereich Social-Media reichen vom Erstellen von Inhalten über das Betreuen von Kunden/Usern bis hin zur Planung von Kampagnen und dem Entwickeln von Strategien für PR und Werbung. Entsprechend vielfältig sind die Berufsbezeichnungen für Social-Media-Spezialisten in Medienhäusern: Community-Manager, Social-Media-Manager, Social-Media-Redakteur, Head of Social-Media. Wie unterscheiden sich die Berufsbilder und Tätigkeitsfelder?

Schlüsselwörter

Social-Media-Redakteur · Social-Media-Manager · Community-Manager · Berufsbild · Journalismus · Ausbildung · Aufgabenprofil · Stellenausschreibung

Social Media ist zwar ein Phänomen, das alle Journalisten betrifft und ihre Arbeit verändert. Doch bedarf es zusätzlicher Spezialisten für diesen Bereich in Medienunternehmen – und zwar sowohl im rein redaktionellen Umfeld, wo der Übergang vom Online-Redakteur zum Social-Media-Redakteur fließend ist, als auch in den Übergangsbereichen zu Marketing, Vertrieb und Leser/Zuschauer-Service (Kundenservice) sowie zur Öffentlichkeitsarbeit/Public Relations.

Das Buch „Berufe in den Medien" (Edition mediencampus/Verlag Dr. Gabriele Hooffacker, München 2014) führt neben dem Online-Redakteur die Berufe Social-Media-Redakteur sowie Social-Media-Manager auf.

Der Social-Media-Redakteur „als Profi" bewegt sich „gewandt durch alle möglichen Netzwerke wie Facebook, Twitter, Google+, YouTube oder Instagram. Er erstellt Profile, schreibt Beiträge, betreut die Communitys und entwickelt eine Social-Media-Strategie für sein Unternehmen. Social-Media-Redakteure arbeiten in Redaktionen, Agenturen und Pressestellen von Unternehmen". Als Aufgaben definieren die Autoren: Recherche, Contenterstellung, regelmäßige Aktualisierung, Reporting, Monitoring.

Demgegenüber soll der Social-Media-Manager „redaktionelle und/oder werbliche Inhalte in unterschiedlichen Kanälen des Social Media gestalten und verbreiten. Ziel ist es, über Facebook, Xing, Blogs, Twitter, YouTube und Co das Image und die Bekanntheit des Unternehmens zu optimieren. Darüber hinaus entwickeln Social-Media-Manager Werbestrategien, mit denen Unternehmen gezielt Internetnutzer ansprechen, oder geben Anregungen zur Weiterentwicklung des Social-Media-Angebots." Er könne als eine Art Hybrid verstanden werden aus den Bereichen Public Relations, Redakteur, Marketing und Vertrieb. Ebenso gehöre zu den Aufgaben die Betreuung der Community.

Wenn das nicht der Community-Manager macht. Denn „gibt es in diesem Bereich mehr Mitarbeiter wird arbeitsteilig gearbeitet, handelt es sich hierbei (Pflege der Community) um die Aufgabe eines Community-Managers". Der Social-Media-Manager ist diesem Wording zufolge eher für die Gesamtstrategie verantwortlich, während der Social-Media-Redakteur sich um die konkreten Inhalte kümmert". Der Social-Media-Manager macht also die Strategie, der Social-Media-Redakteur produziert geeignete Inhalte, der Community-Manager ist der Kümmerer für die User, so könnte man vereinfacht sagen.

Allerdings ist diese klare Aufteilung in der Praxis nur selten vorzufinden: „In kleineren Unternehmen fallen die Aufgaben der drei Berufsbilder zusammen. In Stellenausschreibungen werden diese häufig nicht trennscharf aufgeführt". In großen Unternehmen hingegen gibt es oft sogar noch eine weitere Ausdifferenzierung: von Service-Mitarbeitern, die ursprünglich aus dem Callcenter kommen und nun Kundenbetreuung in Sozialen Netzwerken leisten, bis hin zu Spezialisten für virale Webvideos.

In Social Media treffen viele Bereiche die klassischerweise getrennt sind, auch in Medienunternehmen, zusammen. Wer die Social-Media-Auftritt einer Zeitung betreut, bewegt sich also (analog gesprochen) irgendwo zwischen Blattmacher, Leserbriefredakteur, Servicetelefonnummer, Pressesprecher, Werbeabteilung und Ombudsmann, Entertainer der Community sowie investigativem Reporter, der im Web auf Themensuche ist.

Der „Head of Social Media" für eine Medienmarke ist idealerweise also zwar ein journalistischer Profi. Denn in Medienmarken wird über Medieninhalten gepunktet und diskutiert. Der Head of Social Media arbeitet aber engstens mit Kollegen aus den anderen Sparten (Marketing, PR, Service) zusammen, sodass er mit seiner Strategie und seinen Workflows die Bedürfnisse und Anforderungen aus allen Bereichen abdeckt. Mit Tools (siehe Kap. 7) ist es möglich, über mehrere Teams hinweg beispielsweise Anfragen zur Beantwortung zuzuweisen oder Kampagnen zu planen – und damit auch komplexere Kommunikationswege so zu organisieren, dass eine schnelle und zuverlässige Betreuung der Community gewährleistet werden kann.

Glossar

Augmented Reality Anreichern der Wirklichkeit mit genau passenden Informationen aus dem Internet. In rudimentärer Form bereits umgesetzt beispielsweise als Stauwarner im Navigationsgerät, als Reiseführer-App, die erkennt, welche Sehenswürdigkeit man mit dem Smartphone anvisiert und Informationen dazu liefert. Eine zunehmende Bedeutung wird von Augmented Reality im Zusammenspiel mit Computerbrillen (Google-Glass-Nachfolger) erwartet. Eine Verbindung zu Social Media ergibt sich, weil die Informationen, mit denen die Wirklichkeit angereichert wird, durchaus „sozial" sein können (zum Beispiel: dein Freund X.Y. war schon hier, es hat ihm gefallen) oder aus Sozialen Netzwerken und Apps wie etwa Foursquare kommen können.

Aggregator Software oder ein (Internet-)Dienstleister, der Inhalte nach bestimmten Kategorien oder Kriterien sammelt, aufbereitet und eventuell auch kategorisiert (Definition nach Wikipedia) oder auswertet. Das Sammeln von Inhalten geschieht oftmals anhand von RSS-Feeds oder über Dienste wie Twitter oder Facebook.

Community 1) Nicht klar begrenzte Gemeinschaft von Usern, die durch die gleichen Interessen, Vorlieben und/oder die gleiche Weltanschauung vereint sich in Sozialen Netzwerken auf bestimmten Seiten und Foren immer wieder zusammenfindet und austauscht. Die Pflege und Begleitung/Betreuung dieser Community als Betreiber einer solche Seite oder eines solchen Forums bezeichnet man als Community-Management. 2) Alternativer Begriff für Soziales Netzwerk bzw. Social-Media-Plattform. 3) Bezeichnung der Mitglieder einer solchen Plattform.

Chronik Profil -> eines Nutzers bei Facebook

Crossposten Das parallele wortgleiche Veröffentlichen derselben Inhalte in mehreren Sozialen Netzwerken.

Dashboard Tool, das Inhalte und Auswertungen aus mehreren Quellen auf einer Bildschirmseite anzeigt und ggf. Aktionen auf einer Bildschirmseite ermöglicht. Zum Beispiel bieten Hootsuite, Falconsocial oder Tweetdeck Dashboards an, mit denen man parallel mehrere Facebook- bzw. Twitter-Accounts beobachten, betreuen und auswerten kann. Im Verwaltungsbereich des YouTube-Channels ist das Dashboard die Überblicksseite im Backend, die die wichtigsten Informationen zu neuen Videos, und Statistiken anzeigt.

Drittplattformen Web-Plattformen, die Inhalte öffentlich anderen Usern präsentieren und nicht dem Ersteller der Inhalte oder dessen Medienhaus gehören. Die großen Sozialen Netzwerke (Facebook, Twitter) sowie Video- und Fotoplattformen (YouTube, Flickr, Soundcoud) sind Drittplattformen.

Edgerank (Angenommener) Wert, nach dem der Facebook-Algorithmus entscheidet, welche Inhalte Facebook-Nutzern angezeigt werden. Denn nur an einen kleinen Teil der Fans werden die Inhalte einer Facebook-Seite „ausgeliefert". Posts von einem Absender mit höherem Edgerank erreichen eine höhere lineare Reichweite als solche mit niedrigerem Edgerank (bei gleicher Fanzahl). Allerdings ist das Auswahlverfahren/der Edgerank komplexer. Faktor ist vor allem das individuelle „Verhältnis" des Fans/Empfängers zum Absender/Facebookseite (frühere Interaktionen), der Erfolg (Interaktionen) des Posts bei Usern im Umfeld des Fans (der Freunde), sowie vom Erfolg des Posts im Allgemeinen. Dazu kommen Umstände wie allgemeines Post-Aufkommen (Flaschenhals) und Post-Typ (ob Text, Fotos oder Videos bevorzugt werden, variierte bisher bei Facebook). Außerdem wird der Inhalt zum Beispiel einer verlinkten Webseite von Facebook automatisch analysiert und mit den Interessen des potenziellen Lesers/Users abgeglichen. Facebook selbst spricht nicht mehr vom Edgerank, sondern nur noch von „Newsfeed-Optimierung".

Embedden Einbinden von Fremdinhalten in die eigene Webseite, sodass der Fremdinhalt dort selbst sichtbar und – bei Audios und Videos oder ähnlichem – abspielbar ist. Anders als bei einer klassischen Verlinkung muss dafür die Webseite nicht verlassen werden (Beispiel: YouTube-Video).

Ephemeral Messaging Chat- und andere multimediale Benachrichtigungsdienste, deren Inhalte sich nach einer kurzen Zeit bzw. nach dem Öffnen/Anschauen selbst löschen. Bekanntestes Beispiel ist die App Snapchat.

Fan Nutzer, die für eine Facebook-Seite „gefällt mir" geklickt haben. Der Begriff „Fan" wird mittlerweile von Facebook selbst nicht mehr verwendet. „Fanschaft" ist einseitig, das heißt, Fans brauchen – wie Abonnenten oder -> Follower – nicht bestätigt zu werden. Nicht zu verwechseln mit dem Fanboy (siehe: Troll).

Follower Abonnent von Inhalten eines Nutzers bei Twitter und Google+. Entsprechung bei Facebook: Fan oder Abonnent. Verb: „folgen".

Freund Facebook-Nutzer, dessen Freundschaftsanfrage man auf Facebook bestätigt hat. Beide „Freunde" nehmen sich dadurch gegenseitig in den Verteilerkreis ihrer Facebook-Freunde auf. Bessere Bezeichnung wäre: Bekannte.

Hangout Videochat auf Google+/YouTube. Hangouts können so angelegt werden werden, dass sich Nutzer am Video-Chat beteiligen können (offener Hangout). Öffentliche Hangouts werden aufgezeichnet und stehen auf YouTube als Video im eigenen Channel zur Verfügung. Auch die Google-Text-Chat-App heißt „Hangout".

Clickbaiting extreme Form des Teasertextens, die erreichen will, dass der User auf einen bestimmten Link klickt. Dabei wird auf Neugierde und persönliche Ansprache gesetzt und es werden Techniken wie der Cliffhanger ebenso eingesetzt wie das Stilmittel der Übertreibung. Typische Phrasen beim Clickbaiting lauten: „Es sieht aus als ob, aber … ihr werden nicht glauben, was dann geschah". Oder. „Was ich dann sah, rührte mich zu Tränen."

Kuratieren Auswählen, Zusammenstellen und Wiederveröffentlichen bzw. kommentiertes Weiterverbreiten von Inhalten aus dem Web nach bestimmten inhaltlichen und journalistischen Kriterien.

Linkhurerei Das Posten von inhaltlich gehaltlosen Kommentaren auf anderen Blogs mit dem offensichtlichen Ziel, dadurch Rück-Links auf das eigene Blog/ die eigene Webseite zu setzen (um Leser zu gewinnen und SEO zu betreiben).

Linkschleuder Abwertende Bezeichnung für Twitter-Accounts, die sich darauf beschränken, (oft automatisch) Links auf die eigene Webseite zu promoten.

Mem Internet-Phänomen, das eine umfassende virale Verbreitung unter großen Teilen eines Sozialen Netzwerks (und darüber hinaus) erfährt. Oft verbunden mit kreativen Nachschöpfungen und Parodien. Beispiele: „Harlem Shake"; „JesuisCharlie", „Merkelraute".

Post oder Posting Blog-Eintrag oder Einzelveröffentlichung/ Meldung in Sozialen Netzwerken. Ein Post bei Twitter heißt Tweet. Verb: posten.

Profil Die für andere Mitglieder eines Sozialen Netzwerks angezeigte Seite eines Nutzers in einem Sozialen Netzwerk. Das Profil enthält Grunddaten, meist ein Profilbild und einen Überblick über die veröffentlichten Inhalte des Users.

Retweeten Wortgleiches Weiterverbreiten des Tweets eines anderen Absenders.

Reposten Teilen (vgl. Retweeten, Rebloggen).

Selfie Selbstporträt, typischerweise mit dem Smartphone an der ausgestreckten Hand produziert. Das Selfie vor einem attraktiven Hintergrund, zum Beispiel einer Sehenswürdigkeit, oder während eines Events gehört zu den beliebtesten Fotogenres in Sozialen Netzwerken.

Sharen siehe Teilen

Shitstorm Länger andauernde heftige Empörungswelle in Sozialen Netzwerken, mit immer wieder wiederholter und zum Teil maßloser Schmähkritik gegen eine Person, Firma oder Institution. Auslöser eines Shitstorms ist häufig eine Äußerung oder – aus Sicht der Kritiker – ein Fehlverhalten. Shitstorms können den Ruf (und die Psyche) von Personen und das Image von Firmen schädigen. Analog gibt es auch Wellen von Zuspruch/Trost als Candystorm.

Social Login Einloggen oder Anmelden über den Account eines Sozialen Netzwerks. Auf vielen Foren, Kommentarbereichen von Medienportalen, Firmenseiten, Apps etc. kann man sich über seinen Facebook-, Twitter-, oder Google-Account anmelden. Der Vorteil für die Nutzer: Sie müssen nicht mehr aufwändig Namen und weitere Daten angeben; diese Daten oder auch Profilbilder liefern dann Facebook oder Twitter. Auch das Soziogramm des Netzwerks wird mitunter genutzt. Aus Gründen des Datenschutzes ist das Social Login problematisch.

Syndizieren Unter Content-Syndication wird der Austausch oder die Mehrfachverwendung von Medieninhalten verstanden. Die Austauschschnittstelle im Web ist dabei oft der RSS-Feed. Siehe auch „Aggregator".

Teilen Weiterverbreiten von (Medien-)Inhalten in Sozialen Netzwerken. Neudeutsch: Sharen.

Timeline Spalte mit Meldungen, die zeitlich sortiert (das neueste oben) einlaufen. Wichtigste Anzeigeform von eigenen und fremden Inhalten sowie Suchen auf Facebook, Twitter, Google+; (Live-)Blogs etc. Im Sinne einer Timeline werden oft auch die Begriffe „Stream" (für „Nachrichtenstrom") oder „Feed" verwendet.

Tweet Meldung/Post bei Twitter, maximal 140 Zeichen. Kann Foto oder Video enthalten.

Twitterwall Webseite, die die in Echtzeit die einlaufenden Tweets zu einem bestimmten Event/Hashtag anzeigt. Häufig bei Veranstaltungen an eine Wand projiziert.

Troll Der „Problembär" unter den Mitgliedern einer Community bzw. den Fans auf Facebook. Er provoziert mit seinen Kommentaren bewusst andere Fans, zettelt sinnlose Diskussionen an und treibt Debatten in die Eskalation. Die Grenze zwischen echtem Fanatismus, aufmerksamkeitsheischender Trollerei und (positivem) Aufmischen der Community ist fließend. Sonderformen sind der Fanboy (fanatischer Verteidiger und Gratis-Propagandist einer Marke/eines Stars) und sein Gegenteil, der Hater.

Virale Verbreitung Verbreitung eines Inhalts in Sozialen Netzwerken über die eigentliche Community bzw. Follower-/Fanschaft des Erstellers hinaus, und zwar durch vielfaches Teilen (Retweeten, Rebloggen, Reposten).

Printed in Poland
by Amazon Fulfillment
Poland Sp. z o.o., Wrocław